国家社会科学基金重大项目（20&ZD157）结题成果

中国城市空间生产的
理论与实践研究

Research on the Theory and Practice of
Urban Space Production in China

曾　鹏/著

中国财经出版传媒集团

经济科学出版社

Economic Science Press

图书在版编目（CIP）数据

中国城市空间生产的理论与实践研究/曾鹏著 . --
北京：经济科学出版社，2022.5
ISBN 978 - 7 - 5218 - 3700 - 1

Ⅰ.①中⋯　Ⅱ.①曾⋯　Ⅲ.①城市经济 - 研究 - 中国
Ⅳ.①F299.2

中国版本图书馆 CIP 数据核字（2022）第 093210 号

责任编辑：李晓杰
责任校对：孙　晨
责任印制：张佳裕

中国城市空间生产的理论与实践研究

曾　鹏/著

经济科学出版社出版、发行　新华书店经销
社址：北京市海淀区阜成路甲 28 号　邮编：100142
教材分社电话：010 - 88191645　发行部电话：010 - 88191522
网址：www. esp. com. cn
电子邮箱：lxj8623160@ 163. com
天猫网店：经济科学出版社旗舰店
网址：http：//jjkxcbs. tmall. com
北京季蜂印刷有限公司印装
710 × 1000　16 开　15 印张　280000 字
2022 年 8 月第 1 版　2022 年 8 月第 1 次印刷
ISBN 978 - 7 - 5218 - 3700 - 1　定价：66.00 元
（图书出现印装问题，本社负责调换。电话：010 - 88191510）
（版权所有　侵权必究　打击盗版　举报热线：010 - 88191661
QQ：2242791300　营销中心电话：010 - 88191537
电子邮箱：dbts@ esp. com. cn）

作 者 简 介

　　曾鹏，男，1981 年 7 月生，汉族，广西桂林人，中共党员。哈尔滨工业大学管理学博士，中国社会科学院研究生院经济学博士（第二博士），中央财经大学经济学博士后，经济学二级教授，现任广西民族大学研究生院院长，重庆大学、广西民族大学博士生导师，博士后合作导师。是国家社会科学基金重大项目首席专家、教育部哲学社会科学研究重大项目首席专家、"广西五一劳动奖章"、"广西青年五四奖章"获得者，入选国家民委"民族研究优秀中青年专家"、国家旅游局"旅游业青年专家"、民政部"行政区划调整论证专家"和"全国基层政权建设和社区治理专家"、广西区党委、政府"八桂青年学者"、广西区政府"广西'十百千'人才工程第二层次人选"、广西区党委宣传部"广西文化名家暨'四个一批'人才"、广西教育厅"广西高等学校高水平创新团队及卓越学者"、广西区教育工委、广西教育厅"广西高校思想政治教育杰出人才支持计划"卓越人才、广西知识产权局"广西知识产权（专利）领军人才"等专家人才称号。

　　曾鹏教授主要从事城市群与区域经济可持续发展方面的教学与科研工作。主持国家社会科学基金项目 5 项（含重大项目 1 项、重点项目 1 项、一般项目 1 项、西部项目 2 项）、教育部哲学社会科学研究后期资助重大项目 2 项、省部级项目 20 项。出版《区域协调发展战略引领中国城市群新型城镇格局优化研究》《珠江—西江经济带城市发展研究（2010 – 2015）（10 卷本）》《中国—东盟自由贸易区带动下的西部民族地区城镇化布局研究——基于广西和云南的比较》《区域经济发展数学模型手册：北部湾城市群的算例》《中西部地区城市群培育与人口就近城镇化研究》等著作 11 部（套）；在 *Journal of Cleaner Production*、《科研管理》、《自然辩证法研究》、《社会科学》、《国际贸易问题》、《农业经济问题》等 SCI 源期刊、EI 源期刊、CSSCI 源期刊、中文核心期刊上发表论文 112 篇，在省级期刊上发表论文 25 篇，在《中国社会科学报》

《中国人口报》《中国城市报》《中国经济时报》《广西日报》的理论版发表论文43篇，在CSSCI源辑刊、国际年会和论文集上发表论文26篇。论文中有1篇被SCI检索，有9篇被EI检索，有4篇被ISTP/ISSHP检索，有96篇被CSSCI检索，有3篇被《人大复印资料》《社会科学文摘》全文转载。学术成果获省部级优秀成果奖31项，其中广西社会科学优秀成果奖一等奖2项、二等奖4项、三等奖8项；国家民委社会科学优秀成果奖二等奖1项、三等奖1项；商务部商务发展研究成果奖三等奖1项、优秀奖1项；团中央全国基层团建创新理论成果奖二等奖1项；民政部民政政策理论研究一等奖1项、二等奖5项、三等奖3项、优秀奖1项；广西高等教育自治区级教学成果奖二等奖1项；全国优秀博士后学术成果1项。

序：从历史—地理唯物主义到中国城市空间生产的探索

　　1982年，大卫·哈维出版了《资本的界限》，运用历史—地理唯物主义方法，从空间视角重构了马克思主义政治经济学的某些理论，详细论证了资本积累与空间生产的关系。40年过去了，国内外关于空间生产的讨论此起彼伏，而这40年又恰恰是中国改革开放不断发展的重要时期，中国经济持续增长，中国特色社会主义建设不断完善。理论研究的空间转向和社会现实的经验发展，为中国学术界关于空间生产的研究提供了充分的条件。回顾中国关于城市空间生产的研究，大概可以分为三类：一是关于城市空间生产基础理论的研究。这些研究主题包含"空间生产""城市发展""空间重构""空间生产理论""空间异化""住房商品化""空间拜物教""空间再生产""差异空间"和"空间政治经济学批判"等关键词，尝试着从概念内涵界定、核心要素构成和关键影响因素等方面，对其展开深入的研究与探讨。二是关于城市空间生产实践的研究。这些研究主题包含"资本主义""工业资本主义""全球化""空间资本化""西方马克思主义""新型城镇化""城乡一体化""乡村"和"新生代农民工"等关键词，主要由国外城市空间生产的研究和中国城市空间生产的研究等两方面组成。三是关于中国城市空间生产的主要问题的研究。这些研究主题包含"空间正义""社会排斥""全球化""空间资本化""城市承载力""空间边界""区域发展""城市空间重构""时空修复""城市空间正义"和"可持续发展"等关键词，主要探讨城市之间的区域发展不平衡问题、城市发展规模边界无限扩大化问题、城市承载力与发展速度不匹配问题、城市发展过程中的空间正义的问题等内容。从以上三个研究主题可以发现中国关于城市空间生产的研究具有三个特点：一是理论研究逐渐深化，对经典著作的研读和外来理论的借鉴渐趋成熟；二是现实研究更加具体，对中国社会的分析和实践经验的阐释更符合实际；三是尝试构建中国理论，运用西方理论分析中国问题。

　　我们可以这样认为，国内关于"空间生产"的研究深受社会历史背景和理论研究背景的影响。随着改革开放的不断深入，学术界渐渐从不同视角、不同观念去解读和研究西方马克思主义，尤其是唯物主义研究的空间转向，让学术界进一步深化探讨历史唯物主义和辩证唯物主义的理论。同时，几十年来中国的城市建设和发展取得了令人瞩目的成绩，但建设的过程是一个不断涌现新问题，解决新难题的过程。在这个过程中，我们积累了大量具有中国特色的城市建设经验。这些经验既为学术界关于中国城市空间的研究提供了宝贵的社会经验素材，同时也为其他国家的城市发展建设贡献了中国方案。

　　在庆祝改革开放40周年的重要讲话中，习近平总书记回顾了改革开放的光辉历程，总结了改革开放的伟大成就和宝贵经验，号召全党全国各族人民在新时代继续把改革开放推向前进，为实现"两个一百年"奋斗目标、实现中华民族伟大复兴的中国梦不懈奋斗，"坚持马克思主义指导地位，不断推进实践基础上的理论创新"对于中国的城市空间生产来说，要想进行理论创新，就要充分分析中国城市空间生产的问题和现状，反思城市空间生产发展过程中错误的理念和实践问题，进而提出自己的城市空间生产理论，构建中国城市空间生产推进机制。改革开放以来，随着中国城市化进程的不断推进，中国的城市形态和结构发生了许多新变化，也产生了许多新问题。这些新变化和新问题，亟需新的理论去解释和应对。因此，关于中国城市空间生产的理论和实践问题，理应受到理论界和实践界的重视。正源于此，在学术理想的支持之下，曾鹏同志在获得了教授职称和哈尔滨工业大学技术经济及管理专业的博士学位后，毅然到中国社会科学院跟随我攻读政治经济学第二博士学位，开始了《中国城市空间生产的理论与实践研究》的探索。

　　理论建构源于社会现实，此书从回顾和梳理中国城市发展历程开始，总结了中国共产党领导集体根据不同时期的经济发展状况和水平，并依据不同的城市发展理念所制定的城市发展战略规划。同时，厘清了中国城市空间生产的理论来源和现实基础。中国城市空间生产的历程，就是在马克思主义政治经济学、苏联区域经济学、新经济地理学和新马克思主义城市学派等各种城市发展理论的指导下逐步开展的。而以美国为代表的发达资本主义国家城市空间生产实践和以印度为代表的欠发达资本主义国家城市空间生产实践，也带给我们新的启示。接下来，本书以中国城市空间生产的城市发展不平衡、城市边界扩张无序、城市承载力与发展速度不匹配和城市空间正义的问题为导向，通过"人民逻辑＋资本逻辑""使用价值＋交换价值""政府主导＋市场手段""公有制经济＋非公有制经济"四个维度，构建中国城市空间生产的分析框架，并对其进行了解释。理论模型构建与实证模型测算确立了中国城市空间生产的科学问题，理论批判与价值回归明确了中国城市空间生产的价值取向，价值导向和政策建议明确了中国城市空间生产的实现路径。

因此，我认为此书的理论价值在于：第一，以空间生产为主题，提出了新的概念；第二，梳理了国外城市空间生产理论，拓宽了理论的解释边界；第三，以理论批判和价值回归为视角，为分析城市空间生产提供了新的思路；第四，从中国城市空间生产内涵的维度，提供了新的对策方案。所以，这本书对中国城市空间生产的理论和实践的探索是有重要意义的，是能为同主题的研究提供借鉴价值的。

读完此稿，有几个问题在我的脑海里不断出现。我们如何进一步加大对国外马克思主义经济学和哲学有扬有弃的借鉴和超越？如何运用马克思主义基本理论去解释和回答不同时期、不同民族所面临的时代问题？我相信曾鹏教授的研究，为我们认识和理解这些问题提供了有价值的理论参考和范式借鉴。但若要进一步搞好我们的学科建设，深化我们的理论研究，形成我们的理论特色，还需要更多的学者和专家贡献智慧和力量。我相信，随着中国社会主义建设的不断发展和马克思主义中国化研究的不断深入，我们一定可以在中国的历史实践和理论探索中找到这些问题的答案。

程恩富

2021 年 11 月

摘　　要

空间生产是马克思主义地理学和新马克思主义城市学派的主要研究对象。所谓空间生产，指的是权力、资本和阶级等政治经济要素对城市空间进行塑造的过程，即"空间扩展"和"空间商品化"的过程。从全球视野来看，城市化发展、世界体系和国际分工都受到了空间生产的影响和制约。改革开放以来，随着中国城市化进程的不断推进，中国的城市形态和结构发生了许多新变化，也产生了许多新问题，这些新变化和新问题，亟需新的理论去解释和应对。因此，关于中国城市空间生产的理论和实践问题，理应受到理论界和实践界的重视。

本书以中国城市空间生产为研究对象，通过文献回顾，探寻中国城市空间生产的理论来源和现实基础，解析中国城市空间生产的内涵、构成维度和分析框架，对中国城市空间生产进行理论模型构建与实证模型测算，从而对中国城市空间生产进行理论批判与价值回归，并在此基础上提出中国城市空间生产的社会主义道路，实现中国城市空间生产的可持续、高质量、生态式发展。

理论来源和现实基础奠定了中国城市空间生产的基石。本书对马克思主义政治经济学、苏联区域经济学、新经济地理学和新马克思主义城市学派理论中的核心观点、代表人物、关于城市发展的重要观点进行总结归纳，构建出中国城市空间生产的理论基础。并分别从以美国为代表的发达资本主义国家、以印度为代表的欠发达资本主义国家和以中国为代表的社会主义国家的城市空间生产实践的特点、存在的问题、共性，以及对中国城市空间生产理论构建的作用和启示等方面进行分析，构建出中国城市空间生产的现实基础。

概念界定和分析框架解析搭建了中国城市空间生产的分析范式。本书通过明晰中国城市空间生产的内涵和特征，以"社会过程决定空间形式"的方法论为指导原则，揭示资本积累、空间生产和地理景观三者之间的内在逻辑关联来划分构成维度，并解析其内涵。在此基础上，以中国城市空间生产的城市发展不平衡、城市边界扩张无序、城市承载力与发展速度不匹配和城市空间正义的问题为导向，通过"人民逻辑＋资本逻辑""使用价值＋交换价值""政府主导＋市场手段""公有制经济＋非公有制经济"的四个维度，构建中国城市空间生产的分析框架，并对其进行了解释。

理论批判与价值回归明确了中国城市空间生产的价值取向。本书以中国城市空间生产的四个维度为基础，通过对中国城市空间生产的理论批判，总结中国城市空间生产过程中，因"资本逻辑"过度、"交换价值"过度、"市场主导"过度、"非公有制经济"过度而造成的城市空间生产矛盾问题；通过理论批判发现问题，并进一步通过"人民逻辑＋资本逻辑""使用价值＋交换价值""政府主导＋市场手段""公有制经济＋非公有制经济"共同作用，互为补充的价值回归，为城市空间生产提供保障，解决城市空间生产的矛盾问题。

价值导向和社会主义道路明确了中国城市空间生产的实现路径。本书以中国城市空间生产的四个维度为指引，提出了通过"人民逻辑＋资本逻辑""使用价值＋交换价值""政府主导＋市场手段""公有制经济＋非公有制经济"的中国模式来解决城市发展不平衡、城市边界扩张无序、城市承载力与发展速度不匹配和城市空间正义问题的社会主义道路，从而促进区域协调发展，缩小城市发展差距；控制城市蔓延边界，实现城市发展内涵；提升城市承载能力，匹配城市发展速度；实现城市空间正义，共享城市发展成果。

目 录
Contents

>   >   >   >   >   >

第一章

绪　　论

第一节　研究背景及问题提出

一、研究背景

自 1949 年中华人民共和国成立以来，中国的城市发展从初期的百废待兴、一穷二白，通过不断地调整发展方式（如单点突破、点线结合），到今天的城市群连片发展，实现了质的飞跃。回顾和梳理中国的城市发展历程，可以发现中国共产党领导集体根据不同时期的经济发展状况和水平（马建堂，2019），依据不同的城市发展理念，制定了相应的城市发展战略规划，总体来看可以大致分为三个阶段。

第一个阶段是新中国成立到"文化大革命"结束的近三十年艰辛探索期。其特点是受苏联和东欧社会主义的影响，实行以计划规划为主导的资源配置方式（施昌德，1987）。这个阶段由于受到战后百废待兴的国情影响，亟需恢复国家经济，只能借鉴苏联的社会主义发展经验，实行计划经济（唐莉，2004）。在这种模式的推动下，城市发展得到了恢复，失业问题、通货膨胀、劳资问题等城市社会发展问题得到了解决（赵晋，2014）。

第二个阶段是改革开放到 2010 年中国成为世界第二大经济体的三十多年高速发展期。其特点是受美国、日本和欧洲等资本主义国家和地区影响，实行以自由与计划（或规划）相结合的经济模式进行资源配置。这个阶段由于受到欧美资本主义社会经济快速发展的影响，中国与发达国家差距进一步拉大。城市经济发展理念受到发达资本主义国家影响，因此采取的是"自由市场＋宏观调控"的"欧美模式"。在这种模式的推动下，中国城市快速发展，中国城市化水平显著提高。城市基础设施建设逐步完善，城市中心带动作用增强。

第三个阶段是中国成为世界第二大经济体后的内涵发展期。其特点是受国际经济环境和中国进入经济新常态的影响，实行"创新、协调、绿色、开放、共享"五大发展理念，自主探寻具有中国特色的新型城市发展道路。由于受到国际金融危机的影响，发达国家在这个阶段面临多重困境，而中国要走自主创新之路，把创新主动权、发展主动权掌握在自己手中，因此采取的是五大发展理念＋四大战略布局的"中国模式"。在这种模式的推动下，中国城市实现了创新发展，新的发展理念使城市发展的全局性、持续性、系统性、积极性、宜居性明显增强，绿色城市、智慧城市、人文城市建设稳步推进。

作为一个相对年轻又非常重要的学科，众多经济学家从规范主义和实证主义两个方向对城市发展进行了大量的研究，特别是在工业化、信息化和全球化的快速推进中，西方国家城市发展中资本积累下的城镇化加速了全球的连接、城乡的连接和中心—边缘的连接，从而导致出现了许多历史上从未有过的城市问题。为了能够解释这些新的现象和问题，从 20 世纪 70 年代起，以亨利·列斐伏尔、大卫·哈维、曼纽尔·卡斯特为代表的西方马克思主义学者们将马克思的生产实践理论与资本积累原理结合起来，引入到城市地理空间的研究中，提出了著名的"空间生产"的概念。而传统的马克思社会分析批判则通过空间生产这一概念的产生实现了空间分析批判的转化，从而带来了城市发展批判理论空间转向范式的革命，并标志着当代西方新马克思主义空间地理学派的产生。

亨利·列斐伏尔被称为现代法国辩证法之父、城市空间生产理论的发起人，列斐伏尔因开创日常生活批判理论而闻名。他的研究以对城市空间生产的资本主义本质的批判为核心，以"时间—空间—社会"三元辩证法为主要方法，以全球化、城市化、日常生活空间为阐释维度。在研究方法的构建方面，列斐伏尔基于马克思主义历史唯物主义辩证法，加入了"空间性"，从而建构起"时间—空间—社会"三元辩证法。在理论的构建方面，他在空间生产理论体系中，通过理论分析发现了都市居民沉默与被动的真相，并提出了以"城市自治"与"日常生活革命"为主要内容的都市战略，同时，他认为必须要让"差异"成为社会与政治实践的背景和条件，要在更为广阔的领域中积极争取差异权，以进行空间均质化和隔离的抗争。在理论的独创性方面，他的研究通过创建空间生产理论和差异空间理论，即以日常生活的批判到空间生产的分析为抓手。在理论的价值和贡献方面，他在"空间实践""空间的再现"和"再现的空间"基础上建立的包含社会、历史和空间的"三元辩证法"，凭借空间维度既发展了马克思的历史唯物主义辩证法，又开启了人们对空间的新认识，拓展了西方马克思主义空间研究的理论视野。

大卫·哈维是当代西方地理学主要代表人物，历史—地理唯物主义理论的发起人，时空修复理论的提出者。他的研究以时空压缩和时空修复理论为核心，以历史—地理唯物主义为主要方法论，解释和批判资本主义的基本矛盾。在研究方法的构建方面，他将哲学空间转向、地理学辩证转向作为基础，并吸收马克思的历史唯物主义理论、黑格尔的辩证法思想和亨利·列斐伏尔的空间哲学，建立了历史—地理唯物主义理论。哈维提出城市空间生产以"社会过程决定空间形式"的方法论为指导原则，揭示资本积累、空间生产、地理景观三者之间的内在逻辑关联。"在资本主义条件下，城市建构环境的生产和创建过程是资本控制和作用下的结果，是资本本身的发展需要创建一种适应其生产目的的人文物质景观的结果"。① 在理论结构的内容方面，他试图通过马克思主义理论分析城市空间生产带来的困境，解释和批判资本主义的基本矛盾——生产社会化和资本主义生产资料私有制之间的矛盾。其历史—地理唯物主义主要阐释了对当代资本主义的理解，并强烈地批判了新自由主义的阶级性本质和后现代主义，同时他在对资本主义空间生产进行批判的过程中，提出时空压缩和时空修复的理论，时空修复理论是其空间生产理论的核心内容，时空修复以资本的过度积累和剥夺性积累作为重要手段。在理论的独创性方面，他的研究通过创建历史—地理唯物主义理论，即以分析全球化、城市化带来的困境，解释资本主义的基本矛盾；通过对历史唯物主义的方法、基本原则、实现途径的考量，将过程辩证法、"社会—空间"的研究范式、时空修复手段应用于历史唯物主义。在理论的价值和贡献方面，他建立的历史—地理唯物主义理论既坚持了历史唯物主义的基本原则，又弥补了以往历史唯物主义研究空间角度的缺失，为推进马克思主义理论当代化提供了一条有益的思路和启示，使得马克思主义在新的历史条件下得到了丰富和发展。

---

① 张应祥，蔡禾. 资本主义与城市社会变迁——新马克思主义城市理论视角［J］. 城市发展研究，2006（1）：105 - 110.

曼纽尔·卡斯特是与亨利·列斐伏尔和大卫·哈维齐名的马克思主义城市社会学派的"三剑客"之一，信息社会理论知名专家。他的研究以城市空间形态与生产方式之间的联系为核心，研究以"集体消费—社会运动—政府干预"的系统性框架为方法，以对城市危机的分析和阐释为研究对象。在研究方法的构建方面，他从对世界城市发展史的简单勾勒入手，逐步过渡到对主流城市社会学的批判性分析，再以结构马克思主义的方法重构了城市结构模型，并以此结构模型对城市政治过程展开了理论分析和实证研究。在理论构建方面，他通过分析城市内部结构变化的规律提出了集体消费危机是导致资本主义社会城市社会危机与城市空间问题最根本的原因，国家通过提高集体消费的投入来缓解资本积累与居民消费间的矛盾，而这又导致了政府的财政赤字危机。这个过程中，阶级矛盾虽然得到了缓解，但却激增了社会矛盾，由此他建立起了"集体消费—社会运动—政府干预"的系统性的新马克思主义城市研究框架，将扩大市场规模、发动社会运动、加强政府干预作为缓解资本积累与消费性生产供给之间矛盾的重要路径。研究框架具体探讨了城市结构与城市政治实践之间的互动关系，揭示了城市危机的表现、根源、实质和意义。在理论的独创性方面，他的研究通过创建城市集体消费理论，即城市社会运动与空间结构的关系为抓手，通过把阿尔都塞的结构马克思主义的基本方法应用于城市研究领域，建构了一个以集体消费为主导结构的城市系统模型方法。在理论的价值和贡献方面，他建立的城市集体消费理论是马克思主义与城市科学相结合的产物，在城市领域重新激活了马克思主义所固有的方法论逻辑和批判性立场，彻底颠覆了传统城市社会学以社会整合为价值取向的理论范式，是进一步扩大马克思主义在非传统领域话语权的一次有益尝试，在新的历史条件下丰富和发展马克思主义与城市科学意义重大。

总体来看，资本主义的发展伴随着工业化和城市化，对发达资本主义城市空间生产的研究，形成了新马克思主义城市理论。这一理论在西方城市问题凸显、城市危机加重和文化思想界"空间转向"的影响下，将马克思主义思想对资本积累原理的揭示引入城市地理空间的研究中，为城市经济社会发展提供了全新的研究视角与分析框架。这一理论用马克思主义理论透视当代资本主义社会现实和城市问题，为我们理解全球化浪潮中的城市空间生产的发展提供了一个全新的视角，同时也对中国城市空间生产具有理论指导意义和实践借鉴价值。

中国现阶段解决城市发展问题的一系列经验是在长期的中国特色社会主义

城市建设和发展过程中积累起来的，是中国特色社会主义理论体系的重要组成部分。这些经验的累积，主要源于对中国一段历史时期内城市发展问题的应对和处理。

现阶段中国城市发展中存在的问题与资本主义国家存在的问题基本相似。

首先，城市间发展不平衡的问题。中国城市间发展不平衡问题是由内外双重因素所导致的。中国是一个幅员辽阔、人口众多、气候和自然条件迥异的多民族大国，区域发展不平衡主要受到历史地理环境与自然资源条件、交通环境、政府政策、开放程度、人口流动等因素影响，主要表现为：一方面，中国城市发展的空间分布不平衡，呈现出明显的"东部—中部—东北部—西部"这样的东高西低特征。相比之下，东部地区城市发展要成熟和先进很多；中西部城市发展速度相对缓慢，城镇数量较少，规模较小，城市发展水平较低。另一方面，中国城市发展各维度之间也严重失衡。东部地区土地城市化与人口城市化之间的失衡最为明显；东北地区人口城市化与社会城市化之间的失衡情况最为严重；中部地区的土地城市化速度最快，与产业城市化之间的失衡情况最为严重；西部地区各分项城市化的水平均不高，城市化进程的主要问题是产业城市化水平过低，工业化对城市化的有效支撑不足。同时，社会城市化和土地城市化是中国绝大多数城市的主导维度，土地扩张、基础设施和公共服务改进是中国城市化进程的主要引导力量。

其次，城市发展规模边界无限扩大的问题。城市发展规模边界无限扩大的问题是由城市发展进程加快所导致的。城镇人口增速加快，促使中国从"农业社会"一跃进入到"城市社会"，城市发展一味追求城市空间的不断扩展，从而导致了城市空间生产中对生态功能建设的忽视。但"鬼城"频频曝光的同时，各类新区新城建设的速度并没有放缓，主要表现为：城市群核心地区的城镇发展连片，部分城市的开发强度（建设用地面积占行政辖区面积比例）超过30%，这使得区域的生态承载力面临了巨大的挑战，出现了建设用地不断扩张、环境污染不断加剧、城市扩张范围不断扩大、土地利用规划与城市总体规划不协调等问题，这些问题的产生让城市开发边界的问题得到了很大程度的重视。城市开发边界的控制，以及对城市开发边界的约束与管理，都会对城市转型升级、城镇化内涵提升、生态城市建设、耕地保护以及城市可持续发展等产生非常重要的推进作用。

最后，城市承载能力与发展速度不匹配的问题。城市承载力危机主要是由发展速度过快与承载力不协调所导致的。城市化速度和工业化进程加快的双重影响，同时城市人口规模不断扩张，城市经济社会结构日新月异，这些要素都促使了问题的滋生和发展。城市现有规模和综合治理水平已经无法满足扩张的现状。除了面临上述与资本主义国家的相似问题外，中国的社会主义性质决定了中国城市发展中存在的问题有其特殊性。中国的城市空间生产是在经济社会发展相对落后的历史背景下进行的，中国的空间生产受到了现实的社会关系的制约和影响，因而呈现出特有的空间问题。这些特有的空间问题具有鲜明的中国特性，与资本主义空间生产进行比较之后，其特性更加凸显，具体表现为城市发展中的空间正义问题。

随着中国城市发展水平提高，居民的空间区位隔离问题正在不断加剧。许多大城市的城区中心与边缘区域呈现出了二元化的发展现象：城区中心集中了大部分的公共资源，呈现出很大的优势；而与此同时，边缘区域却极度缺乏这些资源，并且资源和环境治理局面十分混乱。这导致了城市空间矛盾问题日益尖锐，最终有越来越多的"二元化城市"出现和发展。这种城市空间生产情况和状态导致了社会不同阶层和群体的隔离日益严重，居民的空间平等权利受到侵害，空间流动性也因这类发展问题而受到了阻碍。由此，中国城市空间正义问题十分凸显，并具有鲜明的中国特征。中国特色社会主义的城市空间生产坚持以人为本，这就决定了城市发展要以"人民性"为核心原则，就是要全面彰显城市经济、政治、社会、文化、生态五维空间生产的正义价值，改变传统城市发展过程中对空间正义原则的背离。加强中国特色新型城市发展的资源配置，需要重塑空间正义价值，选择五维空间的发展路径，主要包括，在经济层面加强供给侧结构性改革；在政治层面提高城市居民的政治参与度和获得感；在社会层面加快基本公共服务均等化供给；在文化层面注重城市文化个性与特色城市建设；在生态层面加强环境污染治理与城市绿色转型。

城市空间生产以"社会过程决定空间形式"的方法论为指导原则，揭示资本积累、空间生产、地理景观三者之间的内在逻辑关联。以此为理念指导，在城市空间生产诸多问题出现之后，中国提出了一系列解决城市发展问题的"中国方案"，并在不同的历史发展时期采取不同的发展理念对城市生产实践进行指导，这套方案实质上是集合了各种理论的中国道路。也正是有了这样一套中国理论和中国方案，我们才能在理论上和实践上实现城市空间生产的快速发展。这些理论源于实践，也充分地指导了中国城市空间生产的实践，使得中国克服了西方资本主义城市空间生产过程中出现过的问题，走在了世界前列。

第一个阶段（1949～1977年）为艰辛探索期，城市发展的特点是城市经济发展从属于工业化发展。中国通过在新中国成立初期经济极端落后的基础上偏重于积累并压缩消费，强调建设生产性城市的办法，遵循"通过工业发展带动城市化进程"的指导思想，集中力量尽快实现工业化，实现了建设一个富强独立的社会主义国家的建设目标。经过近三十年的工业化发展带动城市发展实践，中国现代化工业基础初具规模，农产品产量位居世界前列，解决了人民温饱问题，国民经济迅速恢复，城市发展水平稳步提升。

第二个阶段（1978～2010 年）为高速发展期，城市发展的特点是坚持市场导向，坚持先难后易，逐步深化，渐进式推进。中国通过借鉴欧美发达国家城市发展经验，坚持开放性发展理念，加大城市基础设施建设力度，扩大城市发展规模的办法，遵循"城市发展三步走"的指导思想，达到了加快城市化发展速度和规模，完善城市功能，增强城市整体经济实力和水平，带动区域发展，提高城市居民收入的建设目标。经过三十多年的城市发展，三步走的过程，极大地推动了中国城市化的进程，中国基本实现了生产技术、科学技术和人的素质的现代化。

第三个阶段（2011 年以来）为内涵发展期，城市发展的特点是发展目标发生了变化，不再单一地把追求城市规模的扩大和经济效益的提高作为发展目标，而是将更注重城市化内涵质量的提升作为发展的目标和要求。中国通过协调发展，合理配置资源，优化产业结构，科学合理布局，实现多产业类型共存，建立"市场主导、政府引导、民营经济推动"的城市发展机制的办法，遵循"科学合理布局，走新型城市化道路"的指导思想，达到了建成绿色和谐发展、功能智慧完善、创新创业便利、人文素养提高、空间布局合理的现代化城市的新型城市化建设目标。经过近十年新型城市化道路的过程，中国的城市发展的持续性、科学性、人文性得到了极大的提升，并逐步向绿色生态保护、智慧科技创新、人文素质提升的城市发展水平迈进。

综上所述，在目前的国际环境下，中国的城市发展要想实现从"跟跑"到"领跑"的转变，就要结合已有的各个理论和中国独特的城市社会发展现实来构建自己的理论体系，为国际城市空间生产提供具有中国特色的"中国方案"。作为世界上正经历着巨大体制转型的最大的发展中国家，中国未来城市空间生产的成功与否也因而具有了超越本国本民族的特殊价值和意义。正是对这样的理论的呼唤和诉求，使得中国城市空间生产的问题成为国内外经济学和地理学领域重要的研究课题和热点之一。

二、问题提出

在庆祝改革开放 40 周年的重要讲话中，习近平总书记回顾了改革开放的光辉历程，总结了改革开放的伟大成就和宝贵经验，号召全党全国各族人民在新时代继续把改革开放推向前进，为实现"两个一百年"奋斗目标、实现中华民族伟大复兴的中国梦不懈奋斗。在讲话中，习近平总书记提到要"坚持马克思主义指导地位，不断推进实践基础上的理论创新。"对于中国的城市空间生产来说，要想进行理论创新，就要充分分析中国城市空间生产的问题和现状，反思城市空间生产发展过程中错误的理念和实践问题，进而提出自己的城市空间生产理论，构建中国城市空间生产推进机制。

首先，理论创新是中国城市发展的重要推动力。从理论层面来说，理论来源于实践、高于实践的同时又能反作用于实践、指导实践。理论创新是在原有理论充分发展的基础上的提高和优化。通过创新发展理论，可以不断实现与实践的动态互动、互补和互相促进。从实践层面来说，改革开放几十年来，中国城市发展成就显著。一方面，中国在具体城市发展实践中不断进行理论探索和构建；另一方面，中国通过借鉴苏联、美国、欧洲、日本等国家或地区的先进城市发展理论来指导中国城市发展实践。但自 2010 年中国超过日本，成为仅次于美国的全球第二大经济体以来，我们所面临的各种发展新问题，其他国家已经无法提供合适的、先进的相关经验供我们参考，需要我们在充分总结中国城市发展问题，准确把握当前国际经济发展形势的基础上，对经验进行系统梳理并进行理论创新，进而指导中国的城市发展实践。

其次，中国城市发展需要与实践有机结合的理论。第一，中国城市发展需要的理论必须是坚持立足本土实践的理论，因此必须是以城市发展的本土实践为基础，从具体的本土实际经验出发，以此为立足点、出发点和归宿点去审视、检验、应用和发挥的理论。第二，中国城市发展所需要的理论应该具备动态性，即能始终保持理论向实践的动态开放和更新，因此必须是能不断吸收新的城市发展的实践智慧，不断总结和提炼新的城市发展实践经验，根据实践的变化不断做出补充、调整、改进、修正与完善的理论。第三，中国城市发展需要的理论必须是突出问题导向的理论，因此必须时刻把握时代脉搏，以问题为导向，关注时代问题，在分析、研究和创造性地回应和解决新出现的时代问题中，深化、创新和发展理论。

最后，中国城市发展需要兼顾过去、现在、未来的理论。第一，中国城市发展需要有传承性的理论。中国城市发展历程，是一个在几代领导集体的带领下，前后相继、首尾相依的连续性发展过程，因此一定要继承已有理论中的精髓，融入新时代的理论成果，加工成系统性的理论体系。第二，中国城市发展需要有时代性的理论。因此一定要符合时代发展的规律和特点，并能够回答时代的新问题，紧紧抓住时代特征，以鲜明的时代性指导时代的新实践。第三，中国城市发展需要有前瞻性的理论。因此，需要的理论一定是除了能解释和回答当下的突出问题之外，还能在把握时代发展规律的情况下预见未来发展问题，以问题为导向，随时补充、调整、完善理论，以此去回答和应对未来有可能出现的发展问题的理论。具体分析中国城市发展面临的现实困境与产生的矛盾，我们发现，尽管几十年来城市发展成绩突出，但是仍然存在着以下问题。一是城市发展面临着诸如城市发展不平衡、城市承载力与发展速度和规模不相匹配、城市边界无限扩张和城市空间正义等一系列突出的现实问题与矛盾；二是针对这些城市发展问题，在分析已有城市发展经验和借鉴其他国家先进经验的前提下，尽管制定了相应措施加以应对和改善，但是仍然没有形成系统性、本土性、时代性的中国城市发展理论体系。

不论是从理论层面还是实践方面，都表明了研究中国城市空间生产的紧迫性以及重要性，所以需要我们回答一系列中国城市空间生产的问题：中国城市空间生产的理论来源和现实基础是什么？中国城市空间生产和资本主义国家城市空间生产的差异是什么？中国城市空间生产的内涵和分析框架是什么？如何进行实证？中国城市空间生产的理论批判与价值回归是什么？基于以上的理论构建和问题分析，要提出哪些政策建议来指导未来中国城市空间生产实践？

因此，以上这些城市空间生产的实践问题，反映出城市发展理念上的偏差，具体体现为过度强调市场经济发展的"交换价值"而忽视了各类要素资源的"使用价值"，导致城市的经济社会发展与空间生产落入"新自由主义经济陷阱"的危机之中。中国城市空间生产理论所需要回答的一系列理论和现实问题，成为中国的城市空间生产理论构建的出发点。探寻中国特色社会主义城市空间生产的道路及规律，构建中国城市空间生产理论体系，对新时代中国城市空间生产的各类现象与现实背景进行理论化的总结，是今后一个较长时期内中国特色社会主义理论体系政治经济学、经济地理学研究的重点与热点问题。

第二节　文　献　回　顾

随着中国实行城市改革以来，城市的空间结构和形态发生了巨大变化，城市化的迅猛推进也带来了很多城市发展问题。20 世纪 70 年代开始，空间问题成为社会学的核心问题。亨利·列斐伏尔、大卫·哈维、曼纽尔·卡斯特尔等将马克思的生产实践理论与资本积累原理结合起来引入到城市地理空间的研究中，提出了著名的"空间生产"的概念。作为历史—地理唯物主义的核心理论，"空间"视角及"空间生产"有关理论因其本身对城市问题具有强解释力的原因，受到国内学者的关注与应用。

为应对海量文献纷繁复杂，难以找出重点文献和梳理研究趋势的问题，陈超美教授开发了信息可视化软件 CiteSpace。通过收集研究主题有关文献数据，利用该软件提供的多种算法，就能绘制出科学知识图谱，将所研究主题的现状和历史演进脉络可视化。

本书通过收集中国社会科学引文索引数据库自开发以来所有有关城市空间生产的文献数据，借助 CiteSpace 以及 Excel 两款软件，将城市空间生产有关研究可视化，对有关文献共被引情况进行分析，梳理中国城市空间生产的知识基础。对文献进行关键词共现分析，掌握目前中国城市空间生产研究的主要问题，以期能将中国城市空间生产研究现状可视化，为研究者厘清研究脉络和探寻新的研究切入点提供参考。

一、数据处理与初步计量分析

本书数据主要来源于中国知网（CNKI）和中国社会科学引文检索（CSSCI），以及两个数据库，CNKI 内涵盖了中国大部分的学术文献，其中也包括了 CSSCI 所收录的文章，但由于 CNKI 数据库缺少文献被引有关数据，所以使用 CNKI 数据库中的文献数据进行共现词分析；使用 CSSCI 数据库中的引文数据进行被引分析。

使用 CNKI 数据库，在期刊下选择专业检索，利用布尔运算符构建有关中国城市空间生产的检索式"SU = 城市空间生产 + 城市生产 + 空间生产 + 空间正义"，时间限定为 1997 ~ 2019 年，对检索出的 2978 篇文献进行筛选，剔除如出版声明等非研究型成果，以及与城市空间生产无关的文献，得到有效文献数量 2654 篇。

使用 CSSCI 数据库，构建检索式"所有字段 = 城市空间生产 or 城市生产 or 空间生产 or 空间正义"进行数据收集，时间来源为 1997～2019 年。初步搜索得到 384 条相关文献，剔除与城市空间生产无关的文献，获得文献 307 篇及 5905 条被引文献。

将上述收集到的有关数据导入 CiteSpace 中，分别对这两类数据进行去重和格式转换预处理，转化为软件可识别格式，并将重复数据删除，最终得到 2613 条文献数据用于共词分析，5897 条被引文献数据用于被引分析。

第一，将经过预处理的文献数据导出，按照发文年份以及发文数量提取信息，导入 Excel 中绘制发文数量趋势图，如图 1－1 所示。

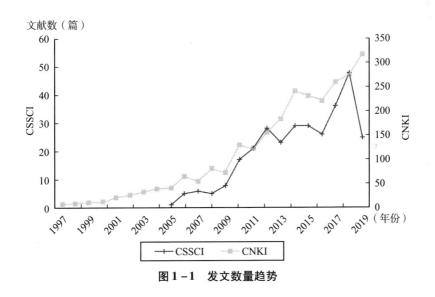

图 1－1 发文数量趋势

可见，在观察期内（1998～2019 年），国内有关城市空间生产的文献整体呈上升趋势，这表明该期间城市空间生产的研究热度和受重视度在不断上升。自 21 世纪起，中国学者陆续运用和介绍"空间生产"理论，2005 年相关成果开始不断增加，并有得到广泛认可的优秀文献产出。2010 年相关研究的文献数量增长了 112%，《学习与探索》期刊在 2010 年展开了"空间生产与空间批判"哲学问题探索的专题讨论，发表了系列相关文章，这一方面是空间生产理论受到学界重视的反映，同时又带动了研究热度的爆发，为后来研究者研究和应用空间生产理论打下了基础。在此之后，城市空间生产研究不断增加。

当列斐伏尔、哈维、卡斯特等学者将马克思主义引入地理学和城市研究，进行综合的社会、空间和政治经济分析，并批判和构建理论时，就赋予了空间生产理论跨学科融合的特点。通过统计文献主要所处学科，总结出研究文献的学科分布如表1-1所示。

表1-1   研究文献的学科分类

学科类别	文献比例（%）
经济学	32.68
哲学	23.35
社会学	19.07
人文、地理经济	7.78
其他	17.12

城市问题作为空间生产理论的聚焦点，一直是空间生产理论的重点研究对象，通过统计文献发现，现有研究主要集中于经济学（32.68%）、哲学（23.35%）和社会学（19.07%）领域。这反映了当前中国城市空间生产研究主要从经济学视角出发进行宏观的研究，多关注人、资本两大要素对空间的作用；而哲学的大幅占比，也反映了现阶段中国有关研究还处在引介和初步应用阶段，需要梳理原有理论，同时积极探索符合中国国情的解释运用与一般规律。

如图1-2所示，在研究对象上，研究者通常喜欢选择上海、广州、北京、南京等地，这些城市的空间生产进程推进快，是中国经济社会快速发展的地区。伴随着城市化的快速推进，这些城市中各类城市问题凸显，对其的实证研究结果就更具代表性和说服力。在对空间生产资料的开发中，自然资源丰富、具有民族特色的空间因为作为开拓旅游地而受到关注，如何在这些地区从事空间生产的同时保护其自然资源和差异文化也是重点议题，因此，诸如四川、云南这些旅游资源丰富的地区，也受到中国城市空间生产研究者的关注。值得注意的是，广州和南京两地除了与其城市发展速度快、城市发展过程中凸显的问题具有代表性之外，也和其学术研究基础好有关，中山大学在城市地理规划研究方面卓有实力，而南京多所高校如南京大学、东南大学等也有深厚的城市空间生产研究基础。

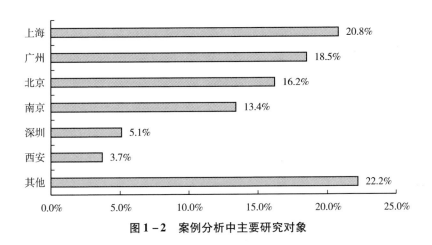

图1-2 案例分析中主要研究对象

二、城市空间生产研究的知识基础

研究者在论文中会引用前人的成果，以参考文献的形式列在研究中，这些被引文献是现有研究的知识基础。随着城市空间生产研究的推进、成果不断的产出，论文在引用前人成果时又不断被再应用，引文网络由此形成。将收集到的5897条去自引文献导入CiteSpace中，节点类型（Node Types）栏选择被引作者（Cited Author），数据阈值（Selection Criteria）栏使用g-index算法对有关文献进行知识单元抽取，再使用寻径网络（Pathfinder）算法进行剪裁，降低网络密度，以提高知识图谱的可读性。最后生成共被引知识网络图谱，从国内和国外两个角度对城市空间生产研究的理论基础进行梳理。

研究者们经常会为了生产新的科学知识而展开多种形式的科学合作；科研机构间也会为此展开合作，这有利于凝聚创新思维、共享研究资源、整合不同机构的优势学科生产出高质量的跨学科知识。通过将中国知网的数据导入Citespace软件中，节点类型（Node Types）栏选择机构（Institution）来进行科研机构合作（Co-authorship）分析，可以探究当前中国城市空间生产理论科研机构间的合作情况。

本部分通过对引文网络中的被引作者和科学合作网络中的发文机构进行数据整理以及科学知识图谱绘制，梳理目前城市空间生产研究的知识基础。

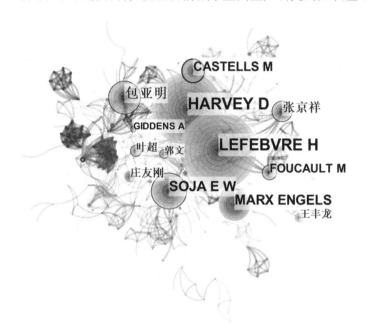

图1-3 城市空间生产研究的作者共被引网络

在生成的知识网络图谱中，节点大小代表了其被引频次的高低，有外圈的节点为具有高中介中心性的节点，结合 CiteSpace 计算出数据和生成的网络知识图谱，如图1-3所示。

我们可以发现，国外学者中亨利·列斐伏尔（Lefebvre H）、大卫·哈维（Harvey D）、爱德华·W. 索亚（Soja E W）、曼纽尔·卡斯特（Castells M）、米歇尔·福柯（Foucault M）、尼尔·史密斯（Smith N）、尼尔·布伦纳（Brenner N）对中国城市空间生产的研究影响深远。

亨利·列斐伏尔是空间生产理论的发起人，他首先对什么是空间这一哲学问题进行了解答，并指出"（社会的）空间上是社会的产物"，在此基础上，他将空间生产与城市空间、都市革命结合起来，开启了后现代城市空间批判，构建起"时间—空间—社会"三元辩证法并对日常实践进行分析。他对资本主义的社会空间进行反思和批判，并且将其分为空间实践（spatial practice）、空间表象（representation of space）和表现的空间（representational spaces）这三个要素。列斐伏尔对空间的深刻认识，无疑有力地批判了当时重视时间而忽略空间的传统观点，带动了 20 世纪 70 年代西方社会理论和社会学研究领域的空间转向，开启了影响深远的思想变革。他不仅对空间这一概念进行剖析，还以此来分析城市发展及其带来的问题。他在其著作《城市的权利》一书中明确了工业化和城市化之间的差异，批判资本主义的政治和金融活动在不断侵蚀"城市的权利"，即公民控制空间社会生产的权利；在其《城市革命》一书中将城市作为重点，认为工业化后必然迎来城市化进程，而且城市将会成为能动力量。《资本主义的幸存》也论证了资本主义得以成功再生产、摆脱灭亡危机的过程就是城市化运动。最后，他在最著名的《空间生产》城市研究著作中，提出了"空间生产"的概念作为城市研究的起点，把以城市空间为重点的空间作为日常生活批判的现实切入点，从空间的角度把握了城市阶层的划分和形成。

曼纽尔·卡斯特则将城市空间看作由生产、消费、交换、城市政治制度组织和城市象征符号组成的城市社会结构的具体物质表现，认为消费决定着城市空间的特殊属性，构建起了"集体消费—社会运动—政府干预"的系统性的新马克思主义城市研究框架。与列斐伏尔的人道主义理论立场不同，卡斯特站在了阿尔都塞的结构马克思主义理论立场上。

大卫·哈维不仅较早引用和传播了列斐伏尔的著作，还运用马克思主义理论阐发了社会正义与城市之间的关系，他以巴尔的摩为实证研究对象，探讨资本主义城市化过程中的空间正义是如何在不同阶层的主张中变化的，还提出了空间修复理论。他的研究通过创建历史—地理唯物主义理论，即以分析全球化、城市化带来的困境，解释资本主义的基本矛盾为抓手，通过对历史唯物主义的方法、基本原则、实现途径的考量，将过程辩证法、"社会—空间"的研究范式、时空修复手段应用于历史唯物主义。

米歇尔·福柯则将空间和个体关系作为讨论的中心，从政治的角度来分析权力是如何通过空间达到锻炼人、规训人和统治人的作用，更关注权力运作、知识谱系与空间之间隐性的关联。爱德华·W. 索亚将列斐伏尔三元辩证法的空间概念与福柯所构建的"异形地质学"融合，在此基础上构建了第三空间的理论，并发展马克思主义对城市现象的空间批判，进行后现代地理学的理论更新。他以洛杉矶和阿姆斯特丹为实证对象进行了对比研究，分析政治权力与意识形态在空间生产中对空间结构的改造。

以亨利·列斐伏尔、曼纽尔·卡斯特和大卫·哈维为代表的马克思主义城市社会学派，主张将城市问题置于资本生产的理论框架下考察，着重分析资本主义城市空间生产和集体消费，揭示城市发展的脉络以及其城市问题内在的基本矛盾。因此，他们对国内城市空间生产研究影响最大，也是目前空间生产理论的主流方向。而福柯和索亚为代表的后现代主义学派，更强调结构和行动与文化的力量，不同于以城市为核心研究的马克思主义城市社会学派，其研究对象更为广泛分散，对文学和政治学都有影响。表1-2为城市空间生产研究高频被引作者节点信息。

表1-2   城市空间生产研究高频被引作者节点信息

作者	被引频次	中介中心性	首次被引时间
Lefebvre H	155	0.36	2005
Harvey D	144	0.33	2005
Soja E W	72	0.15	2006
Marx E	68	0.07	2007
包亚明	65	0.18	2006
Castells M	48	0.1	2005
张京祥	43	0.13	2009
Foucault M	32	0.13	2005
庄友刚	25	0.04	2012
叶超	22	0.08	2012
王丰龙	20	0.01	2013
郭文	15	0.03	2015

国内主要以包亚明、张京祥、庄友刚、王丰龙、叶超、郭文等学者为代表。包亚明主编的《都市与文化》系列译丛围绕不同主题，将都市问题与文化问题置于西方都市研究的背景下讨论，每一个主题以大师级人物为重点，译介他们的论文及相关文献。其中以《后现代性与地理学的政治》为题，介绍了福柯空间与权力关系的相关理论；以《现代性与空间生产》为题，介绍了列斐伏尔及其空间的生产理论；以《后大都市与文化研究》为题，介绍了索亚及其第三空间理论等。这一系列译介外国都市研究对空间理论进行深刻探讨的丛书，在普及国外经典空间生产及相关理论上无疑起到了巨大的推动作用。

张京祥主要以南京为研究对象，运用空间生产有关理论，针对地域营销大事件、城中村、近现代历史风貌区等特定空间生产行为进行了分析和批判。他以奥体新城为实证对象，分析了在全球化带来激烈竞争的背景下，政府为实现经济增长，会与利益集团合作采取地域营销，而如果两者间结成的增长联盟快速形成又快速接替，就会使得联盟各方行为具有高趋利性和高投机性，这值得转型时期的城市政府对自己的角色定位进行进一步思考，以构建"发展性政府为目标"来寻求城市治理的方向。他以南京江东村为例，将空间生产作为元理论，从社会生产关系的再生产角度出发，分析城中村的改造和演变过程，深刻解释了城中村的改造不仅是空间的再塑造，更是新的生产关系和社会结构的建立。除此之外，张京祥还在其著作《西方城市规划思想史纲》中系统地阐述和总结了从古希腊时期至 20 世纪 90 年代以来西方城市规划思想史。与此相对应，他在其《中国城乡规划思潮》中梳理了 1949 年以来中国在城乡规划中面临的问题和不同时期规划思潮的变迁。这两本著作梳理清晰了城市规划思想的演变，为城市规划研究奠定了扎实的基础。

庄友刚在现代性反思和批判的宏观历史背景下，从哲学层面梳理了空间生产发展的三条主要线索，即对空间有关问题的反思、都市社会学研究以及人文地理学研究。总结西方空间生产理论研究主要从马克思主义立场和一般社会学立场来进行。他批判了西方空间生产理论中存在极端注重空间向度而忽略了过程性分析，在论证空间生产问题的根源时无法摆脱主观色彩，未能指明空间问题的历史出路等问题。同时，为纠正国内部分研究者倾向将空间生产等同于资本权力后果来加以批判的现象，他从物理性质和社会关系两个角度阐释了空间的内涵及其所对应的空间中的生产与空间本身的生产两个层面的具体含义，从而指出空间生产历史逻辑与人的发展生产历史逻辑是相联系的，前者是后者的外在特定表现形式。而空间生产在资本主义生产方式发展全球化不断加快后才开始得到显著的发展，这很容易导致人们将空间生产的发展逻辑和资本发展的逻辑相等同，实际两者是既有联系又有区别的。资本逻辑顺应了空间生产的发展逻辑，但因其自身以获取最大限度的增值为根本指向，所以僭越了人的发展的历史逻辑，指向了物的发展趋向和其他的历史趋势。因此，他提出要将空间生产及其产生的城市问题置于人类历史的总体发展进程中来分析和审视。

王丰龙和叶超都对空间生产理论研究进行了梳理，叶超侧重梳理空间生产理论产生的背景、代表人物及其主张的思想，并和中国的有关研究做了比较分析，指出城市空间生产尚待形成一个牢固的研究范式，提倡中国地理学界应把握契机将马克思主义和城市问题相结合来进一步丰富地理学理论。

王丰龙侧重根据宏观、微观、一般研究这三个研究对象进行理论归纳，并且构建了包含在地化和去地化两大核心过程的空间生产理论分析框架，是分析范式上的重大突破。他还和刘玉刚等学者合作以广州瑞宝村为研究对象来探讨由弱势群体推动的"弱"空间生产所产生的"非正规"空间，即"黑色集群"的形成原因，倡导在关注"强"空间生产的同时也要深化对"弱"空间生产的研究，来应对区域管制带来的挑战。同时他还系统梳理了20世纪70年代以来西方地理学尺度概念的演化过程，并对中国尺度政治的研究进行了展望。这为城市空间生产研究者使用"尺度"这一有力工具来解释中国社会空间现象和建构中国特色的理论体系明晰了理论，夯实了基础。

郭文则采用空间生产理论的视角，以周庄古镇、惠山古镇等地为研究对象，采用问卷调查法、深度访谈和参与观察等方法，对研究对象的多维空间生产进行了分析，得出结论：政府极化主导下的空间生产带来了极大的空间效应，但同时也导致社会效能的缺失，现阶段旅游场域形成后的空间更倾向"社会属性"，与此同时，乡土社会受到多元的社会分工的强烈冲击。因此，他倡导学界关注空间生产理论，不仅要探讨"空间中要素的生产"，更要关注"空间本身的生产"，以期更深刻理解旅游空间的形成、生产和包容性发展的机制。

在生成的科研合作网络图中，节点大小代表对应科研机构发文频次，具有外圈的节点是具有高中介中心性的节点，节点间的连线代表着机构间存在合作，连线越粗即合作强度越大。生成的科研机构合作网络图谱，如图1-4所示。

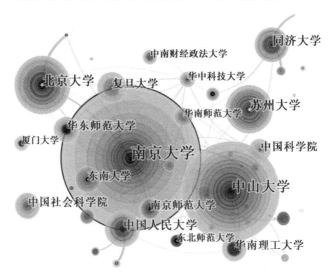

图1-4　科研机构合作网络

我们可以看出，目前有不少从事中国城市空间生产理论的科研机构，说明城市空间生产受到了广泛关注，其中南京大学、中山大学、北京大学和苏州大学研究机构多、影响力大。从机构间相互合作的情况来看，目前该研究领域存在着合作，但是机构相互间的合作连线强度主要在 15 至 35 间浮动，这反映出合作相对较少，现阶段城市空间生产以独立研究为主，合作力度较为微弱。其中，北京大学和北京大学深圳研究生院之间的合作强度最大，两者间的连线强度为 87；其次是同济大学与上海城市设计规划设计院、上海交通大学，同济大学与这两个机构间的连线强度都为 71；中国人民大学与上海大学间连线强度也为 71。

在科学知识图谱中，发文频次较高的机构是南京大学、中山大学、北京大学和苏州大学，南京大学和中山大学两个研究机构在该领域有着长期研究经验，研究连续性好，一直都有新的相关研究成果产出。作为研究城市空间生产的领头机构，南京大学、中山大学和苏州大学虽然都从经济学、地理学、社会学、城乡规划的角度开展了研究，并且多是从经济学视角分析空间生产问题，但是各有不同侧重以及特点。

南京大学对城市空间生产的研究较为全面，既有经济学、地理学、社会学角度的研究，也有哲学层面的探讨，并且分布均匀。从经济学角度，更侧重从城市经济城乡规划与市政出发，对空间生产中的城市经济问题进行分析，提出城市规划的批判反思与建议。如对以上海"新天地"、宁波老外滩为代表的近现代风貌区，即城市文化消费空间，产生的原因和动机进行探讨，批判了其商业利益的本质驱动以及在看似对近现代历史风貌保护的背后其实是一种批量生产的、低成本且短暂的波普化行为，这些消费空间的塑造加剧了城市社会的不平等和文化层的断裂。从区域经济出发，对城市与区域重构过程中内在资本、权力与空间内涵的挖掘；对全球化导致地理尺度改变，区域重要性凸显，区域合作关系的特点以及其治理方式的探讨。从商业经济出发，对城市营销大事件、郊区化消费空间等空间生产的内在逻辑和其对空间的作用进行了批判。从地理视角出发，对城市群整合与构建、非正规空间生产的日常生活实践等展开了实证分析；对马克思地理学、地理学中的空间转向及发展进行梳理。从社会视角出发，分析物质空间与社会变迁的过程，空间生产所带来的社会效应、阶级流动，住宅问题所反映的生产关系结构改变等。还有从哲学角度，对空间生产理论一般性层次的探讨。

中山大学主要从经济学、社会学、城乡规划与市政角度出发，通常城乡规划与市政是和其他角度相结合进行论述批判的。而经济学又主要从旅游经济、城市经济和区域经济这三个分支进行分析。在旅游经济方面，分析了空间商品化后旅游地所呈现的形式差异及其影响，民族旅游社区和村寨如何应对旅游经济带来经济社会发展的同时对文化和环境的冲击及其空间生产机制，度假型旅游地如何利用时空修复使度假地理性回归，都市水上夜游船空间生产的特点及将来如何呈现"同中有异"等问题。在城市经济方面，对城市空间生产的范式和理论进行了梳理，比较了国内外城市空间形成的过程；对城市创意产业园、城市居住空间的空间生产进行了分析，总结了广州在全球化背景下的城市发展经验。在区域经济方面，结合区域经济一体化、空间生产、大都市治理等理论，总结了粤港澳大湾区的发展历程和基本特征，对区域发展的制度创新尝试了方向上的探索。分析了在全球化趋势下，中国区域空间生产的逻辑并对其做出研判。空间生产理论认为，在城市空间作为生产资料不断进行生产时，社会关系与社会秩序也在不断重组和构建。而中山大学也侧重从社会学的角度运用空间生产理论，对绿色社区建设进行了案例分析，指出当前非政府组织尝试进入社区的公共空间时，依然面临着强大的物理边界，但其缓慢增强的影响在将来可能会导致社会边界发生变化。同时还有对在华外籍人士的城市生存经历以及这些跨国群体社会关系与社会行动重构逻辑的分析。以国内为研究对象的有：农村空间形态变迁下资本与权力的流变，以及揭示村民空间权力被忽视的现状；外来务工者在不断被资本强化的空间实践中所经受的压力及其在虚幻与现实空间中反抗空间秩序的斗争；城市边缘群体的社会空间生产等。

苏州大学则更偏向从哲学的角度进行分析，即探寻空间生产理论的一般性，不论空间尺度的具体大小，从中提炼空间生产的普遍关系或一般特征。其中包括空间生产具体含义的探究；对空间生产的出场路径进行梳理；从资本循环、政府干预以及社会运动三个方面对城市空间生产的运作逻辑进行总结；对城市作为资本空间承载形式而能使其克服资本主义自身危机，实现空间修复的原因进行了归纳，得出空间修复的内在矛盾，指出新文明要产生就需要建设一个具有人本主义的城市观；对中国城市基层治理过程中所构建和塑造的空间正义特征进行了概括。

三、中国城市空间生产主要问题

研究者完成文献主体内容的陈述后会认真选择文献中标引的关键词，以此来反映文章的内容，本部分通过提取 2654 篇有关中国城市空间生产论文的关键词，构建关键词—文献隶属矩阵，通过运算得到关键词和关键词的共现矩阵，对一组词两两统计它们在同一组文献中出现的次数，利用 CiteSpace 的 Node Types 栏选择关键词（Keyword），数据阈值（Selection Criteria）栏使用 g-index 算法对有关文献进行知识单元抽取，再使用寻径网络（Pathfinder）算法进行剪裁，降低网络密度，生成关键词共现网络知识图谱、关键词脉络表，并根据算法嗅探出不同时间点突现的关键词，进行可视化展示，进行共现词分析，以此反映出当前城市空间生产研究的趋势和主要问题，如图 1-5 所示。

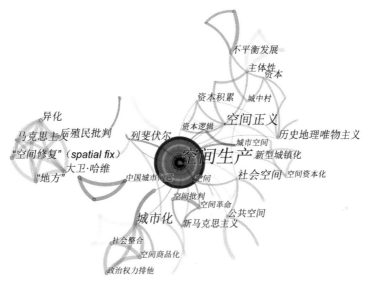

图 1-5　关键词共现网络知识图谱

结合被分析的论文，以及关键词共现网络知识图谱，我们可以看到，目前中国城市空间相关研究主流方向是运用以列斐伏尔和大卫·哈维为代表的新马克思主义学派观点和范式来研究空间生产，即突出表现为城镇化、城市化过程中资本对空间产生的影响以及结构的影响。受到"资本累积"和"资本逻辑"的影响，空间是否被过度资本化，在历史—地理唯物主义指导下的空间生产该如何批判和发展，以解决中国城市问题，促进社会整合，这是亟需解决的问题。而中国城市的问题又主要集中在城市之间的区域发展不平衡问题、城市发展规模边界无限扩大化问题、城市承载力与发展速度不匹配问题、城市发展过程中的空间正义等问题上。

第一，城市之间的区域发展不平衡问题。在中国城市空间生产的主要问题中，城市之间的区域发展不平衡问题尤为突出和明显。孙东琪等学者运用空间生产理论，从区域空间生产中主体间相向型与背离型两者不同战略互动方式出发，以环上海与环北京地区为对象，总结出现阶段中国的区域发展中存在着区域内部发展相互协同度高的案例，但中心城市孤立发展，无序竞争导致外围产生大面积的发展阴影区的现象也非常突出。政策规划下的区域发展不平衡主要是面临着缺乏城市群制度文化、管理文化和政策而导致无法突破行政区划以城市群为单位进行统合发展；首位城市缺乏制度性认同；城市群内部的单体城市定位趋同而缺乏整体规划和全盘的思考等。

周韬（2017）则基于半变异函数模型，对长三角城市群界限实测，最后通过 Arcgis 可视化了长三角城市群产业和空间之间的协调程度，并指出在区域空间一体化发展中坚持柔化性、层次性、多样性和多核化才能解决城市群"空间—产业"错配而导致的区域发展不平衡等城市问题。殷洁、罗小龙等（2018）基于尺度构建角度对国家级新区的空间生产中所呈现的不同结合机制与特征进行归纳，并指出国家级新区的尺度与原先行政区划的耦合程度将会正面影响新区的尺度重组进程，但目前多数国家新区都面临着地域逻辑不统一等问题，主体多元化将阻碍塑造区域增长极。周韬（2018）基于"结构—行为—绩效"（SCP）分析框架，构建城市反需求函数、市场总需求量函数等对城市空间生产的城市间分工与城市外部分工机理进行了探讨，指出要建立合理的城市层级体系和产业分工协作机制，才能规避掉无序的蔓延和不断趋于同质的竞争，实现大、中、小城市和城镇合理分工，协同发展。李鲁奇、马学广（2019）认为空间发展不均衡是从具体劳动的视角看，由资本主义的内在属性所决定的。在市场经济体制下，中国试图均衡发展，生产出均质化的空间，然而资本会逐渐附着于特定地理空间，借其区位优势获得超额利润。这就会使得资本空间变得难以流通，区域发展的不均衡由此产生。但资本长期的固定也会造成过度积累，因此，当危机集中于特定环境时，就会找寻新的空间来实现空间修复。而目前中国常见的做法就是通过"飞地经济"进行修复。表 1-3 为城市空间生产高频关键词脉络表。

表 1-3 城市空间生产高频关键词

年份	关键词
1997	东北地区，东北城市，铁路，北京，城市化过程，城市化
1998	人口比重，人口迁徙，交通革命，中心城市，城市化进程，人的活动
1999	人的活动，产业，城镇，城市社会空间，中国
2000	中下等收入国家，人力投资，中央政府，西部开发，国际比较
2001	人口规模，20世纪前期，人口流动，乡镇企业，社会时间，芝加哥学派，城市人口，城市化水平，中华人民共和国，社会空间
2002	苏联，市郊化，大都市区化，城市群，工业化，郊区化，空间生产
2003	大都市，差距，人口分布，城市社会地理
2004	乡村社会空间，欠发达国家，都市化，人居环境，农民市民化，可持续发展，城乡一体化，城市
2005	居住分异，因子生态分析，演变，大都市区，社会空间结构，城市空间
2006	实证分析，城市发展，大城市，广州市，城市社会，资本主义
2007	思想体系，和谐社会，城市蔓延，财政管理，农村劳动力转移，欧洲，空间，空间正义
2008	人口城镇化，因子分析，城市文化，就业，信任，中产阶层化，空间分异，广州，列斐伏尔，公共空间
2009	后现代地理学，土地制度，社会结构，社会转型，南京，治理，启示，空间理论，全球化
2010	"十二五"，中小城镇，中国城市，再城市化，封闭社区，城镇化率，空间拜物教，发展伦理，空间批判，城中村，公共空间，哈维，资本逻辑，资本
2011	公民教育，空间性，美国化，生活空间，人文地理学，空间的生产，历史唯物主义，空间转向
2012	乡村空间转型，公共政策，主体性，创新，马克思主义地理学，国际经验，权力，资本积累
2013	市场，社会，生产方式，场域，城市正义，时间，社会空间分异，城市更新，新马克思主义，现代性，新型城镇化，城镇化
2014	新型城镇化建设，俄罗斯，城市哲学，城市权利

年份	关键词
2015	二元论，乡村，合肥，空间生产理论，居住空间，城市规划，《资本论》，消费空间，马克思主义
2016	一带一路，日本，空间政治，空间再生产，网络空间，发达国家，日常生活
2017	资本空间化，都市马克思主义，社会治理，空间哲学，旅游空间，社区治理，旅游，空间实践，社区，大卫·哈维，城市治理，马克思
2018	空间修复，城市规模，后殖民批判，流动人口，大数据，开发区，异化，时空压缩，时空修复，空间治理，文化空间，乡村振兴，空间重构
2019	协调发展，意识形态，尺度重组，《共产党宣言》，政治经济学批判，习近平，人类命运共同体，不平衡发展，空间社会学，深圳

第二，城市发展规模边界无限扩大化问题。资本为了进一步获取作为生产资料的空间，常常会先打破因行政区划而造成的界限障碍，再给自己设立以不同资本属性为标准的空间界限，让原有属于不同行政边界和不同资本划分的界限变得模糊。顾朝林等（2003）利用1998年各行政区的统计资料，以因子分析法对1984年以来北京城市社会分区进行实证分析，得出空间分布呈现出多核空间结构；冯健、周一星（2003）利用第三次和第五次人口普查数据，以因子生态分析法研究了北京整个都市区的所有街区，从而动态地展示了北京都市区空间结构"中心城区人口减少，近郊人口快速增长，而远郊的人口在低速增长"的区域差异演化格局；李志刚、宣国富等使用因子生态分析法对上海的社会空间分异现象和中心城社会结构进行了分析，研究显示，随着不断向外寻求生产资料的空间生产的推进，城市空间结构呈现出双核式、连片带状、多级触角式形态，在开拓新空间及其空间生产相对成熟的过程中，城市整体会呈现空间破碎、基础设施缺乏、空间尺度失调和城市精神丧失。

在破碎的城市空间中，城市中的"非正规空间生产行为"大量产生，小产权房、城中村、流动摊贩、违规建筑商铺就是其突出表现形式。薛德升、黄耿志等（2008）以广州下渡村为代表对城市中大量外来农民工聚集的非正式移民聚居区进行了分析，并认为处于城市破碎空间的城中村因其宽松的制度环境、廉价低成本的居住场所和良好易进入的市场等特征产生了非正规部门。一方面，对于居住于其中的居民而言，经济利益驱动他们支持其存在；另一方面，非正规部门因为消费者会带来环境污染、占道经营等负面影响而抵制他们。因此，若想实现破碎空间的健康发展，需要真正了解及掌握其运行机制才能实现有效的"管制"。与此相似的还有张嘉欣（2016），他以广州里仁洞为例探究了位于城市边缘区聚居区的社会关系结构。叶丹等（2015）从表征的空间视角以宁波市孔浦街为代表对在城市空间不断扩张下的城市正规空间的飞地进行了分析。这些都是城市边界无限蔓延过程中在城市景观上的体现。表1-4为城市空间生产突现词强度表。

表1-4　　　　　　　城市空间生产突现词强度表

突现词	强度	开始年份	结束年份	1996~2019 年
美国	22.36	1997	2010	
美国城市化	6.91	1997	2005	
城市化过程	3.85	1997	2006	
城市化进程	3.38	1998	2006	
城市社会空间	4.72	1999	2008	
城市化	16.69	2000	2005	
郊区化	7.66	2002	2007	
社会空间结构	7.84	2005	2008	
中国	3.70	2007	2013	
上海	4.27	2008	2010	
城市	4.85	2009	2013	
南京	4.24	2009	2010	
治理	3.92	2009	2011	
资本逻辑	4.18	2010	2013	
广州	4.06	2011	2012	
空间的生产	4.24	2011	2012	
资本积累	3.32	2012	2017	
社会空间分异	3.22	2013	2015	
农业现代化	3.77	2013	2014	

突现词	强度	开始年份	结束年份	1996~2019 年
城镇化	13.14	2013	2016	
新型城镇化	7.06	2014	2019	

注："▬"为关键词频次突然增加的年份，"▭"为关键词频次无显著变化的年份，下同。

第三，城市承载力与发展速度不匹配问题。与城市边界无限扩大相伴而生的就是城市的综合承载力与发展速度不匹配的问题。多数学者认为，城市的综合承载力既包括物质层面的自然环境承载力，同样也包括非物质层面的城市功能承载力。

在城市化快速推行过程中，资源能源和生态环境作为空间中重要的生产资料被快速挖掘和开发，导致雾霾频现、水域污染等环境污染问题凸显，这就极大地降低了城市的自然环境承载力，存在着政府未根据地区资源环境承载能力来确定区域范围内城市的数量、规模和空间集聚形态进行空间生产的问题。武廷海等（2013）也积极使用新马克思主义理论来寻求答案，他从空间的使用价值和交换价值、乡村关系与城市关系、空间与资本这三个角度分析了1840~2013 年间中国城镇化的历史发展脉络，从而指出在社会主义建设全局中，面对生态承载力接近极限的问题时，不能在空间生产过程中各自为政，而应该寻求平衡互补。

郭文等（2012）采用结构性问卷调查法，以江南水乡为例对旅游空间生产过程中居民的体验进行研究，指出在旅游空间生产推进时居民会在社区的就业结构、整合程度、空间等方面出现"融入欠缺"。王建新在以空间生产理论为指导探求如何构建江苏高铁交通圈达到"三苏同城"时，指出江苏在快速推进空间生产的过程中存在着"抛开苏北"的域内空间生产倾向，苏北并没有被合理辐射带动发展，在空间生产面临着难以"共享"江苏经济发展的挑战。王德起等（2016）以远郊工业区为研究对象，探究如何克服该类园区空间内部功能单一难以适应快速城镇化发展的需要而导致的生命周期逐步衰落的困境。这些都分别是城市功能承载力中包容力、辐射力、带动力无法与空间生产的速度协调发展的具体突出表现。

经济社会的发展常是对城市的承载力与发展速度的多方面挑战，如具有代表性的大城市营销事件。体育经济能使城市引发深刻的社会空间效应，大型体育赛事所要求的基础设施建设、配套的组织和服务工作都从外部带来了巨大的空间生产需求，面对规模超前的基础设施建设投入，空间生产必须考虑社会极化，维持住空间的长久竞争力，让集体能消费到高成本生产的空间，保证空间不被剥夺等。

第四，城市发展过程中的空间正义问题。以卡斯特和哈维为代表的后现代取向研究者在戈登·皮里提出的"空间正义"的基础上，对正义的空间性与空间性的正义所展开的探讨，为空间正义从概念层次深入理论化并走向现实世界和政治实践产生了巨大影响。在对西方资本主义城市空间不正义问题的讨论中，"空间正义"发展起来，成为解释城市及其他相关议题的独特视角且富有解释力，同样受到国内学者的关注和运用。

陈忠（2010）梳理了列斐伏尔的空间辩证法、苏贾的城市辩证法第三空间理论、奥尔森的集体行动理论，既梳理了理论成熟推进的进程，又对解决空间问题的途径加以思考。他认为空间正义是根生于集体行动的，如果多元的空间性集体行动无法保证空间正义就无法实现。保证多元的空间性集体行动首先要构建一个更合理的空间制度来克服对空间生产权的垄断；其次，要处理好地方政府与空间生产者之间的关系；最后，要给民间组织和社会组织成长空间，以组织松散的空间消费者形成紧密的空间权力结构。曹现强等（2011）对空间正义的具体内涵进行了探讨，认为"空间正义"包括社会价值资源要实现在空间的合理分配、空间政治组织要将对弱势群体的剥削降到最低等七个方面的具体内涵，并且提出在面对城乡关系问题、实现可持续发展的城市建设、解决城市贫困、社会排斥和城市治理等问题时可以从"空间正义"的价值和原则中思考，获取现实意义。任平（2006）认为在政府责任、政策引导和生产力的发展与解放这三方面贯彻"空间正义"的原则，中国就可以构建起符合人民需求的和谐可持续发展的城市。

宋伟轩、朱喜钢等（2009）以南京的滨水空间为例，对城市公共空间、稀缺资源在城市空间生产中出现不断被私有化，而导致经济效益、社会公平和空间正义三者难以平衡共赢的问题进行了探讨，他们以玄武湖、秦淮河、月牙湖和百家湖为研究对象，实证了公共空间保存度逐一递减的四种程度的空间现状，并结合美国芝加哥、密尔沃基、查尔斯顿等滨水空间生产所提供的经验与启示，提出在进行滨水空间生产过程中建立城市规划"白线"制度、树立奖惩措施、开展专项规划与研究、培养市民参与和监督热情，才能使城市空间生产经济效益与社会效益相统一，实现城市空间资源配置的公平与正义。刘辰阳等（2019）针对城市老旧住区为了实现公平正义进行更新规划，却没有改善居住条件，反而激化了居民间的矛盾这一问题进行实地调研访谈的深层次研讨，指出当前老旧住区的公共空间主要存在着赋权方式、参与程序、协商机制三方面的非正义性，而社区居民的意识也尚待觉醒，因此，在规划实践中，规划师要注重空间正义具体问题，居民也要充分把握自己的权利。代兰海等（2019）则用贫困综合指数构建了空间贫固指数，并通过 GIS 和对西安市的问卷调查数据对西安新城市贫困的空间时空研究趋势进行了研究。研究表明，在研究期内西安新城市的贫困程度在不断减轻，贫困空间固化却正在形成，所以要在坚持空间正义的前提下，构建空间正义的"起点—过程—结果"的保障体制，才能确保城市空间生产和重构的公平公正。这些都是对空间生产实践中空间正义受阻表现和对策的研究。

四、研究述评

目前国内外对城市空间生产、空间布局研究、空间发展规划、空间系统发展等相关问题开展了大量研究并取得了多方面研究成果，为开展城市空间生产研究奠定了一定的理论基础。但是，从国内外现有的研究成果来看，关于中国城市空间生产的理论和实践，特别是构建中国城市空间生产的理论体系研究的成果还不是很多，对城市空间生产理论分析问题并指导实践的研究成果不多且分散。

从"中国城市空间生产"理论研究来看，国外对城市空间生产关系、历史—地理唯物主义城市空间理论的研究较为丰富、原创性强。国内大多引进国外理论进行分析，以介绍、评述性成果为主，并以此理论为指导，进一步分析了中国城市空间生产的问题并提出对策。国内关于空间生产的研究大都以西方经济学相关理论为基础，对于中国城市空间生产的实践进行了研究和探索，但是目前的研究大多是对城市发展规律、空间结构形态、城镇化进程进行研究，缺少基于马克思主义思想与中国特色社会主义理论体系下的城市空间生产的研究，对中国具体场景下应用的经验总结和城市空间生产关系理论中国化的尝试不足，缺少原创性的新理论，更缺乏系统的具有社会主义的城市空间生产的理论体系指导。

从研究范式来看，目前关于城市空间生产的研究，还没有符合中国实际的体系化的分析框架。关于中国城市空间生产理论的研究，应该从中国城市空间生产的内涵、特征、维度和划分依据等角度来分析和阐释中国城市空间城市的理论内涵。因此，应该构建一套以中国城市空间生产问题为导向、以中国城市空间生产独特性为核心、以解决中国城市空间生产问题为目标的理论体系，并以此为范式开展相关研究。

从研究方法来看，目前关于中国城市空间生产的研究，还没有使用理论模型构建和实证模型测算的方法来研究城市空间生产的问题，相关研究还缺乏立足中国国情实际、符合中国特色特征的空间生产实践理论构建和实践检验。理论模型构建是中国城市空间生产理论的核心方法，可以指导中国城市空间生产实践或分析中国城市空间生产问题，而实证模型测算是为了对理论模型进行科学性分析和实用性检验，并进一步证实理论的可行性和准确度。因此，需要通过使用理论模型构建和实证模型测算的方法来对中国城市空间生产问题进行研究。

从价值判断来看，目前已有研究对中国城市空间生产的问题进行了分析，批判了中国城市空间生产过度追求快速发展，以资本逻辑为导向等，并尝试对中国城市空间生产的路径进行探索。但是问题和路径之间缺乏统一的价值体系和相对应的逻辑体系，不能对其进行问题分析和发展指导，因此，应该通过"理论批判"和"价值回归"的方法，对中国城市空间生产中的问题进行理论批判，并相应地从"价值回归"的角度明确发展方向和价值导向，以此来完成中国城市空间生产整体的价值判断。

从政策建议来看，当前已有研究对中国城市空间生产的发展提供了建议和对策，但是政策建议往往与中国城市空间生产问题、特征、维度等相剥离，是较片面的。缺乏一套兼顾中国城市空间生产问题的、独特特征的、价值维度的政策方案，因此，需要构建一套立足中国城市空间生产个性特征，围绕中国城市空间生产问题，发挥中国城市空间生产价值，前后呼应、逻辑统一、针对性强的政策方案，从而更好推动中国城市空间生产向前发展。

因此，研究的理论基础是马克思主义思想与中国特色社会主义理论体系，并进一步结合新马克思主义、西方经济学等相关理论，立足于中国特色社会主义市场经济体制下的城市发展实际情况，建立理论与实践相统一的中国特色社会主义城市空间生产的理论体系化研究，构建"人民逻辑＋资本逻辑""使用价值＋交换价值""政府主导＋市场手段""公有制经济＋非公有制经济"相统一的城市空间生产。

第三节　研究目的及意义

一、研究目的

本书以中国城市空间生产为研究对象，以马克思主义政治经济学、新马克思主义城市学派理论、新经济地理学和苏联区域经济学为主要理论来源，分析以美国为代表的发达资本主义国家、以印度为代表的欠发达资本主义国家和以中国为代表的社会主义国家的城市空间生产实践的特点、存在的问题和共性及其对中国城市空间生产理论构建的作用和启示、中国城市空间生产与资本主义国家城市空间生产的差异等，并以分析和概括中国城市空间生产的矛盾为出发点和着力点，以构建中国城市空间生产理论体系框架为目标，以指导中国城市空间生产实践为重点，完成"中国城市空间生产的理论和实践研究"的整体架构。

本书在对国外城市空间生产相关理论和实践进行研究的基础上，对中国城市空间生产的历史和现实进行回顾，梳理相关文献。再从基本逻辑与分析框架的层面对中国城市生产的相关理论进行回顾分析，判别中国特色社会主义市场经济体制下的城市空间生产的基本内涵特征，进而构建以"使用价值"为核心的、以地理—历史唯物主义为视角的社会主义城市空间生产的理论体系与分析框架，实现城市空间生产"使用价值"与"交换价值"的回归与统一、"人民逻辑"与"资本逻辑"的回归与统一、政府与市场的回归与统一，公有制经济和非公有制经济的回归与统一，并以此为主要分析逻辑，进一步对中国城市空间生产及其矛盾的现实背景、内在原因和发展趋势进行现实批判，分析和解决中国城市空间生产出现的城市发展不平衡问题、城市承载力与发展速度不匹配问题、城市边界无限扩张问题以及城市空间生产的空间正义问题，构建出以马克思主义思想与中国特色社会主义理论体系为基础的中国城市空间生产理论体系，形成中国城市空间生产的实践方案。

二、理论意义

第一，以"空间生产"为主题，提出了新的概念，即"中国城市空间生产"，它研究中国城市空间生产的内涵和特征，分析和归纳中国特色社会主义市场经济体制下的城市空间生产与新自由主义经济体制下资本主义社会城市空间生产的异同，在理论与实践层面为中国特色社会主义城市空间生产理论体系与分析框架的建立奠定了研究基础。本书进一步发展与完善了马克思主义思想历史唯物主义的研究范畴，以"社会过程决定空间形式"的方法论为指导原则，揭示资本积累、空间生产及地理景观三者之间的内在逻辑关联，为中国特色社会主义市场经济体制下城市空间生产"使用价值"回归提供理论支撑。

第二，梳理了国外城市空间生产理论，拓宽了理论的解释边界。本书梳理了马克思主义政治经济学、苏联区域经济学、新马克思主义城市学派以及新经济地理学等理论中关于"城市空间生产"的相关理论和阐释，同时分析了以美国为首的发达资本主义国家和以印度为代表的欠发达资本主义国家的城市空间生产发展情况，并借鉴已有的城市空间生产理论，结合中国城市空间生产实际，对中国的城市空间生产问题进行了分析，拓宽了已有理论的解释边界，同时也为构建中国城市空间生产理论提供了参考。

第三，从"理论批判和价值回归"角度，为分析城市空间生产提供了新的思路。从理论层面对中国城市空间生产的作用机理与动力机制进行理论框架构建，批判了中国城市空间生产实践中"资本逻辑"过度、"交换价值"过度、"市场主导"过度和"非公有制经济"过度的问题，建立形成以"人民逻辑 + 资本逻辑""使用价值 + 交换价值""政府主导 + 市场手段"和"公有制经济 + 非公有制经济"回归为核心的地理—历史唯物主义视角下的城市空间生产的理论体系与分析框架，实现城市空间生产"使用价值"与"交换价值"的回归与统一，"人民逻辑"和"资本逻辑"的回归与统一，对进一步丰富与完善中国特色社会主义理论体系、中国特色政治经济学、空间经济学和区域经济学等学科研究的理论内涵及外延提供了新的思路。

第四，以中国城市空间生产内涵的维度为基本逻辑起点，从对策上提供了新的方案。从城市空间生产的概念内涵、特征特性、发展规律、问题分析以及实践路径等方面构建形成城市空间生产的"中国方案"，对新时代下大、中、小城市与小城镇协同发展机制构建，区域协调发展战略、新型城镇化、乡村振兴战略的实施，加快完善社会主义市场经济体制，推动形成全面开放新格局具有极其重要的理论与现实指导意义。

三、现实意义

第一，为解决中国城市发展不平衡的问题提供理论指导。对中国城市空间生产发展模式下出现的城市发展不平衡问题进行深入调查分析，并结合当前中国城市空间生产的特性规律，对中国城市空间生产及其矛盾问题进行研究判断，为政府针对性梳理协调城市空间生产规划、完善城市空间布局、建立区域协同发展机制，从而为解决中国城市发展不平衡问题提供了具有现实意义的指导。

第二，为解决中国城市边界无限扩张问题提供理论指导。本书对中国城市空间生产发展模式下城市空间生产的商品化与"交换价值"优先的新自由主义思想进行批判，对城市空间生产中"资本逻辑"过度进行批评。从"使用价值"回归和"人民逻辑"回归的角度对中国在"新常态"的经济结构转型背景下，出现的"大城市病"问题、缺乏城市空间规划布局问题、区域城镇体系失衡等问题的内在逻辑关联进行分析，为政府以使用价值和人民权益优先为核心，形成城市空间生产的"中国方案"，控制城市边界扩张速度和规模提供了理论与现实相结合的逻辑关系依据。

第三，为解决中国城市资源环境承载力与发展速度和规模不相匹配的现实问题提供理论指导。通过以马克思主义思想与中国特色社会主义理论体系为基础，进行中国城市空间生产的"使用价值＋交换价值"和"人民逻辑＋资本逻辑"的回归，从"使用价值"与"交换价值"相统一的政府—市场—社会三位一体的多层次角度进行整体性研究，形成中国城市空间生产的实践路径的政策系统设计，对制定解决当前中国城市承载力危机问题等方面的政策具有十分重要的决策参考意义。

第四，为解决中国城市空间正义的现实问题提供理论指导。通过将中国经济发展与城镇化进程中的区域空间主体形态结构与发展核心目的两大重要内容相结合，探讨新时代下中国城市空间生产的"使用价值"回归和"人民逻辑"回归，有利于建立"使用价值"与"交换价值"相统一的"人民逻辑"和"资本逻辑"相统一的、"政府"和"市场"相协调的、"公有制经济"和"非公有制经济"相补充的中国特色社会主义市场经济体制下城市空间生产关系的协调机制。为新时代巩固中国城市空间生产成果，坚持人民主体地位，实现发展成果由人民共有共享，不断保障人民当家作主的社会主义国家性质提供理论指导。

第四节 研究内容、技术路线和研究方法

一、研究内容

本书主要研究中国城市空间生产的理论与实践问题，主要包括五部分内容。

第一部分是中国城市空间生产的理论和现实基础。通过对马克思主义政治经济学、苏联区域经济学、新经济地理学和新马克思主义城市学派理论中的核心观点、代表人物、关于城市发展的重要观点及其对中国城市空间生产理论构建的作用和启示等方面进行总结归纳和分析，构建出中国城市空间生产的理论基础。通过从以美国为代表的发达资本主义国家、以印度为代表的欠发达资本主义国家和以中国为代表的社会主义国家的城市空间生产实践的特点、存在的问题、共性分析及其对中国城市空间生产理论构建的作用和启示等方面进行总结归纳和分析，构建中国城市空间生产的现实基础。

第二部分是中国城市空间生产的内涵、构成维度和分析框架。通过对国内外文献的梳理，明晰中国城市空间生产的内涵和特征，以"社会过程决定空间形式"的方法论为指导原则，揭示资本积累、空间生产和地理景观三者之间的内在逻辑关联来划分构成维度，并解析其内涵。在此基础上，以中国城市空间生产的城市发展不平衡、城市边界无序扩张、城市承载力与发展速度不匹配和城市空间正义问题为导向，从"人民逻辑＋资本逻辑""使用价值＋交换价值""政府主导＋市场手段""公有制经济＋非公有制经济"四个维度，构建中国城市空间生产的分析框架，并对其进行解释。

第三部分是中国城市空间生产的理论模型构建与实证模型测算。通过以集聚—扩散效应为核心，先在静态环境下构建单城市空间生产理论模型，后在动态环境下构建多城市空间生产理论模型，最后在空间正义与时空修复相统一下，构建出中国城市空间生产的理论模型。并基于城市综合实力评估指标体系综合评价、城市空间生产集聚—扩散效应、物理学中"场"的原理，创造性

地构建出中国城市空间生产的实证模型，并对中国城市及东部地区、中部地区、西部地区城市的边界和承载力进行识别和测算。

第四部分是中国城市空间生产的理论批判与价值回归。以中国城市空间生产的四个维度为基础，通过对中国城市空间生产的理论批判，总结中国城市空间生产过程中，因"资本逻辑"过度、"交换价值"过度、"市场主导"过度、"非公有制经济"过度而造成的城市空间生产矛盾问题；通过理论批判发现问题，并一步通过"人民逻辑＋资本逻辑""使用价值＋交换价值""政府主导＋市场手段""公有制经济＋非公有制经济"共同作用，互为补充的价值回归，为城市空间生产提供保障，解决城市空间生产的矛盾问题。

第五部分是中国城市空间生产的政策建议。以中国城市空间生产的四个维度为指引，提出通过"人民逻辑＋资本逻辑""使用价值＋交换价值""政府主导＋市场手段""公有制经济＋非公有制经济"的中国模式来解决城市发展不平衡、城市边界无序扩张、城市承载力与发展速度不匹配和城市空间正义问题的政策建议。

二、技术路线

本书的技术路线见图 1-6。

三、研究方法

（1）文献研究法。通过文献研究法，对城市空间生产进行文献计量学分析，进而对城市空间生产基础理论、城市空间生产实践的研究和中国城市空间生产的主要问题进行文献研究，总结国内外关于中国城市空间生产的研究成果、发展趋势和存在问题，为构建中国城市空间生产理论提供借鉴。

（2）理论分析法。通过梳理中国城市空间生产的理论来源，分析马克思主义政治经济学、苏联区域经济学、新经济地理学、新马克思主义城市学派，为中国城市空间生产理论的构建提供理论支撑；通过对理论来源进行总结和分析，结合中国城市空间生产实践，对中国城市空间生产内涵进行界定，并总结其特征，解释中国城市空间生产构成维度划分的依据，构建中国城市空间生产的分析框架，并对框架进行阐释；通过批判"资本逻辑"过度、"交换价值"过度、"市场主导"过度、"非公有制经济"过度导致的城市空间生产矛盾的一

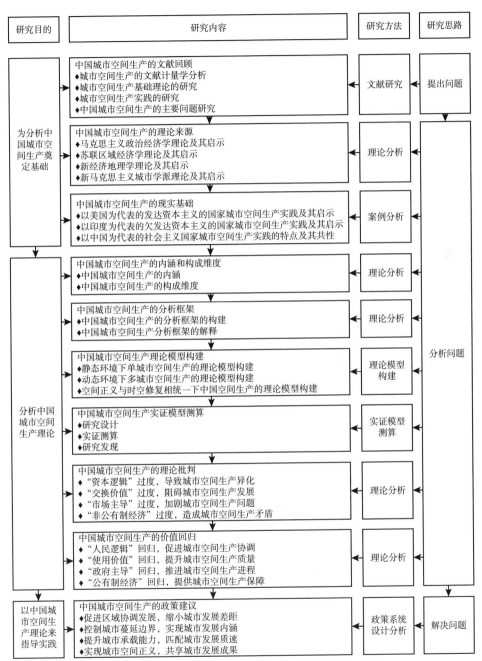

图1-6　中国城市空间生产理论与实践研究的技术路线

系列突出问题，提倡和追求中国城市空间生产的"人民逻辑""使用价值""政府主导"和"公有制经济"价值的回归，促进城市协调可持续发展。

（3）案例分析法。在构建中国城市空间生产理论体系之前，通过与以美国为首的发达资本主义国家和以印度为代表的欠发达资本主义国家进行比较，找出中国城市空间生产的问题共性和实质差异，为构建中国城市空间生产理论体系和指导中国城市空间生产实践提供案例参考。

（4）实证模型测算法。基于城市综合实力评估指标体系综合评价、城市空间生产集聚—扩散效应、物理学中"场"的原理，对中国城市及东部地区、中部地区、西部地区城市的边界和承载力进行识别。

（5）政策系统设计分析法。通过"人民逻辑＋资本逻辑""使用价值＋交换价值""政府主导＋市场手段"和"公有制经济＋非公有制经济"四个维度的回归和共同推动，将实现路径分为马克思主义实现路径和中国特色社会主义城市空间生产实现路径两个子系统，从问题导向出发，以中国城市空间生产的特征为主，解决城市空间生产不平衡问题、城市边界无序扩张问题、城市承载力与发展速度和规模不相匹配问题、城市空间正义问题，实现城市协调式发展、内涵式发展，优化城市承载力，实现城市空间正义。

第二章

中国城市空间生产的理论和现实基础

第一节　中国城市空间生产的理论来源

　　理论对实践具有指导作用，实践的成功与否，深受理论正确性的影响。中国城市空间生产的历程，就是在马克思主义政治经济学、苏联区域经济学、新经济地理学和新马克思主义城市学派等各种城市发展理论的指导下逐步开展的。其中，马克思主义政治经济学作为无产阶段的政治经济学，深刻揭示了历史发展规律，这一理论贯穿中国城市发展实践始终。中国城市空间生产在以马克思主义政治经济学为总指导的前提下，在每个不同的发展阶段又借鉴和融合其他国家的先进城市发展理论。首先，在新中国成立到"文化大革命"结束的 30 年艰辛探索阶段中，主要借鉴苏联的社会主义建设经验，根据苏联区域经济学的生产力布局和区域规划理论开展这一时期的城市发展建设，奠定了中国城市发展的基础，迅速恢复了生产力。其次，在改革开放到 2010 年中国成为世界第二大经济体的 30 年高速发展阶段中，在市场化与全球化共同推动下，中国城市发展理论主要受到了欧美城市发展理论的影响。这一阶段深受新经济地理学理论的影响，区域经济非均衡发展，但加快了城市发展建设速度，中国整体城市化水平显著提高。最后，在中国成为世界第二大经济体后的 10 年内涵发展阶段中，对新经济地理学理论进行了辩证取舍，主要依照新马克思主义城市学派的理论和方法开展新时期的城市发展建设，并自主探索具有中国特色的、适应中国现阶段发展特点的全新的中国城市发展理论。

一、马克思主义政治经济学理论及其启示

马克思主义政治经济学是由马克思、恩格斯在 19 世纪 40 年代初创立的无产阶级政治经济学。关于马克思主义政治经济学的兴起，一个很重要的原因是无产经济政治经济学理论长期缺位，以往资产阶级政治经济学只研究资本主义生产的外部联系和表面现象，而无产阶级反对资产阶级的阶级斗争实践迫切呼唤无产阶级政治经济学的产生。马克思主义政治经济学从对物质资料的生产的相关研究出发，研究视角是特定社会制度中的社会生产关系，以此为基点来阐释社会历史发展中的经济规律。其中，在指导思想上主要有两大来源，即资产阶级古典经济学，还有 19 世纪三四十年代英、法等国空想社会主义。在理论主题上，马克思主义政治经济学以"物质资料生产"的研究为主要对象，以社会生产关系及其发展规律为研究维度，以揭示经济发展规律为研究主题。在理论目标上，总体是研究特定社会制度中的社会生产关系，并尝试揭示社会历史发展中的经济规律。在理论贡献上，马克思主义政治经济学的诞生，改变了无产阶级缺乏无产阶级政治经济学理论指导的现实，创立了剩余价值学说，揭露了无产阶级与资产阶级之间阶级对立和斗争的经济根源。

马克思主义政治经济学的代表人物是卡尔·马克思。其中，在思想来源上，马克思对很多经典的经济学著作都进行了研读和分析，也为构建他的经济学理论奠定了良好基础，他在初步分析了经济问题之后，深入地剖析了社会的经济结构，并构建了阐释路径，主要是运用辩证唯物主义和历史唯物主义思想，通过对当时国民经济学的批判，创立自己的政治经济学，对当时的资本主义社会进行批判，进而建立起科学社会主义理论，设想未来的共产主义社会。在主要观点上，第一，马克思在对商品二重性进行研究的过程中，又发现了劳动二重性；第二，马克思对几组概念进行了辩证区分和解释，其中包括"劳动和劳动力"的辩证关系讨论，"使用价值和价值"的辩证论述等，在此基础上，又创造出马克思主义政治经济学的重要经典理论，即"剩余价值学说"，对后世影响极为深远；第三，马克思还揭示了资本积累的规律，也就是剩余价值如何转化为资本。在学科影响上，马克思的经济学思想填补了无产阶级经济学的空白，创建了马克思主义政治经济学，为揭示社会发展规律，指导无产阶级生产实践奠定了理论基础。

从理论上讲，马克思主义政治经济学的经典理论涉及城市建设的相关内容

很少，但是从实践上看，中国共产党领导集体秉承着马克思主义政治经济学的理念对城市建设和发展都做了有益的思考和实践。

第一阶段的艰辛探索期主要是以毛泽东的城市建设发展思想对城市建设实践进行指导。毛泽东关于城市管理有着极其丰富的指导思想。在城市管理问题上，毛泽东采取了一系列的有效措施，并提出了城市建设的指导思想，这些指导思想和措施大大提高了新中国成立初期的城市建设和管理水平，也让城市的基础设施得到了巩固，促进了城市事业的发展和人民生活水平质量的提高。城市的稳定对新中国成立初期国家政局和社会安定起到了非常重要的推动作用，同时这一时期的城市管理和建设经验也为后来的全面建设小康社会的进程提供了启示和借鉴。毛泽东具体的城市建设思想是在新中国成立前夕的中共七届二中全会上提出的，在大会上毛泽东明确指出："党和军队的工作重心必须放在城市，必须用极大的努力去学会管理城市和建设城市"。关于城市管理和建设，毛泽东主要开展了以下几点工作。

第一，健全城市管理机构。在新中国成立前夕，毛泽东号召全党在接手城市管理后，要着力恢复和发展城市的生产事业，要提高城市的管理和治理能力，要提升城市的综合实力和水平。毛泽东大力提倡在接手城市管理时，既要稳妥接收官僚资本，同时也要注意保护好民族工商业，确保民族工商业能够逐渐开工，恢复生产。正是在这样的指导思想的带动下，城市实现了稳定的生产和持续的发展。健全的城市管理机构是城市发展建设的核心，为了追求这一目标，1952年8月11日，毛泽东号召并经政务院批准，由公安部牵头公布了《治安保卫委员会暂行条例》，在该条例的相关要求下，各个城市相继设立了治安保卫委员会，委员会作为城市管理机构，统筹城市的发展和建设。治安保卫委员会的工作职责日益明确、成效不断凸显，1954年12月31日，在第一届全国人大四次会议上通过了《城市居民委员会组织条例》。

第二，建设城市基础设施。城市基础设施既反映了城市的发展水平，又决定了城市居民的生活条件和城市的发展速度。在解放战争时期，毛泽东便提出了城市解放的主要途径，并指出在解放城市过程中，以保护为主，尽量减少对城市的破坏，尽量争取用和平的方式来实现城市的解放。1947年6月4日，他致电各局各首长："我军所到之处……对于一切普通公私建筑物、道路、桥梁、矿山、工厂、机器、军用或民用物质，均照上项原则，除战术上必要之外，一律重申禁令，不得破坏"。① 毛泽东要求在解放每座城市的过程中注重对城市基础设施的保护，避免对城市的破坏。因此，很多宝贵的城市文化得到了保护和保存，这样的做法成效十分明显，为新中国成立后城市基础设施的完善巩固和城市经济的恢复发展奠定了良好基础。1949 年后，对于城市工作来说，最重要的就是加快城市恢复速度，尽快提高城市生产力，提升城市基础设施建设效率。1954 年 6 月，全国第一次城市建设会议在北京召开，在这次大会上确立了"重点建设，稳步前进"的城市建设方针。在该方针的指导下，中国开展城市建设和生产，城市基础设施建设无疑是此时城市管理最重要的任务之一，因为一座城市只有具备了基础才能开展更大规模的社会主义工业化建设，完善城市基础设施便成为这一时期的城市建设主要任务。

第三，适应生产生活需要。帝国主义控制着旧中国，同时又因为反动派的长期统治、连年不断的战争毁坏等因素，共同导致了新中国成立初期的城市基础设施破败不堪的现状。其中比较明显的是工人普遍无住房状况，交通设施不完善，城市供水、排水管道常年失修。1951 年，毛泽东指导有关部门制定公布了城市管理性文件——《关于进一步整理城市地方财政的决定》，这份文件主要解决了城市基础设施的建设和管理的经费来源问题。当时的城市基础设施还很落后，人民的生活状况也很差。为此，毛泽东做出了指示："现在大城市房屋缺乏，已引起人民很大不满，必须有计划地建筑新房，修理旧房，满足人民的需要。"在这之后，毛泽东大力支持城市基础设施发展和建设，各个城市集中主要力量开始完善城市的基础设施，其中包括对劳动人民聚居区的路灯、给水站、下水道等基础设施进行建造和完善，同时，使用大量的资金对人民的居住场所进行改造和维护修缮。这些综合措施的实施，让城市的基础设施得到了迅速的发展，后续管理也比较得当，实现了"人民当家作主"的发展目标，维护了人民群众的根本利益，使党和政府赢得了民心和民众的拥护。

第二阶段的高速发展期主要是以邓小平理论中的城市建设发展思想对城市建设实践进行指导。

回望改革开放的历史实践，邓小平的城市管理思想对中国城市建设和发展成果显著，城市发展速度大幅度提升。城市体系框架在全国范围内基本建成，这样的城市发展格局对中国经济发展和社会建设产生了极其深远的影响。邓小平提出："城市工作同志的任务是一步一步地学会管理城市和建设城市，恢复

① 毛泽东选集. 第 4 卷 [M]. 北京：人民出版社，1991：1427.

和发展城市中的生产事业，用全力去学习生产的技术和管理生产的方法。"①改革开放后的中国城市建设基本是按照邓小平的城市建设指导思想来完成的，具体有如下几点。

第一，注重人民群众的切身利益与实际需求。"把解决好人民群众的切身利益与实际需要作为城市建设遵循的最高准则"，② 这是邓小平城市发展建设思想的最主要准则。在这条准则的要求下，以人民利益为核心是城市建设的根本目标，在城市建设过程中要始终秉持全心全意为人民服务的理念，牢牢把握把广大人民群众的切身利益与实际需要紧密结合在一起的建设原则。只有"城市建设为人民"，人民才会建城市，人民群众才会参与、关心城市建设，才会真正实现"人民城市人民建"、实现"人民城市人民管"。在城市发展建设中，邓小平突出强调了解决人民群众的生活难题的重要性，聚焦人民群众最为关切的生活问题和生活难题，注重关心城市群众现实生活中的热点和难点，努力做到目标明确、合力解决、准确把握，力争在城市建设中少花钱，多办事，做实事，办好事。改革开放以后，中国改善人民群众的居住环境主要是通过建设城市居民小区的方式来实现的。改革开放以来的城市发展建设实践也突出地证明了城市建设只有切合广大人民群众的根本利益和现实需求，才能更好发挥城市建设在国民经济、社会生活中的强大影响和带动力。

第二，注重城市建设从实际出发和实事求是。邓小平的城市建设思想是务实的思想，是实践的思想，是科学的思想。因此，这一时期的城市建设十分重视和强调发展工作开展的务实性，一切工作要源于实际，指导实践，从实际情况出发，关注现实问题，分析现实状况，解决现实难题。因此可以说，邓小平城市建设理论以及城市建设实践，自始至终都是在实事求是的精神指导下开展的。实事求是精神也是改革开放以来中国城市发展建设的根本性指导精神。从实际出发和实事求是作为城市建设的根本指导思想对改革开放后的城市建设产生了非常重要的影响，但是在具体的建设实施过程中，仍然存在着城市建设发展不尊重客观规律和社会现实，脱离城市实际状况的做法。这种情况考验着城市管理者的水平和思想观念，因此，邓小平有关城市建设应坚持实事求是的思想路线的重大意义便凸显出来，对那些受主观影响的、盲目无序的城市建设行为来说起到了纠偏作用。由此可见，改革开放后中国城市建设的发展，城市经

---

① 毛泽东选集第4卷 [M]. 北京：人民出版社，1991：1427.
② 邓小平文选第1卷 [M]. 北京：人民出版社，1994：267－268.

济的增长，中国城市综合实力和水平的增强，正是在这种指导思想和发展原则指导下的结果。

第三，注重住宅的大力发展和城市的多样化。党的十一届三中全会的胜利召开，把党的工作重心转移到经济建设和发展上来，并由此拉开了中国改革开放的序幕，从这一阶段开始，中国的城市建设迎来了快速发展、极大提高的新阶段。在城市建设中，邓小平确定了城市建设的起点，就是住宅建设模式、住房分配制度的改革和创新。而改革开放初期，中国城乡居民住房紧张，且形势十分严峻。因此，邓小平在1980年就如何改善城乡居民住房条件、推进城镇住宅制度改革在原则上做了指导：一是通过多样化的手段方式来解决城镇居民住房困难问题，城镇居民个人住房既可以自建，也可以购买。二是主张要通过多样化的方式确保城市建设，并建好、建快、建全。调动多种因素来推动中国城市建设进程。在邓小平城市建设思想的倡导下，并遵循中国对外开放的战略决策，天津、宁波、深圳、厦门、珠海等沿海港口城市相继对外开放，并设立为经济特区，在对外开放政策下，这些城市先后取得了令人瞩目的成绩，在当地取得快速发展的同时也极大程度地带动了内地经济的增长，并进一步促进了各地城市建设的发展。

第三阶段的内涵发展期主要是以习近平新时代中国特色社会主义思想中的城市建设发展思想对城市建设实践进行指导。

新型城镇化坚持加强顶层设计、实现整体发力、协同推进发展，为当今世界各国的城镇化建设提供了参考、启示。新型城镇化以中国特色社会主义思想为主导，坚持从社会主义发展建设的全局出发，强调新型城镇化是政治、经济、文化、社会、生态五位一体发展的城镇化，是以"四个全面"战略和"五大发展理念"为指导思想的城镇化。因此，今天的城市发展建设，系统性、整体性、科学性更强，城市发展建设更具中国特色，也为其他国家的发展实践提供了中国模式的参考借鉴。2016年2月，习近平对深入推进新型城镇化建设作出重要指示，强调新型城镇化建设"要坚持以创新、协调、绿色、开放、共享的发展理念为引领，以人的城镇化为核心……更加注重提升人民的获得感和幸福感"。① 新时代的城市建设和发展主要遵循以下几点原则。

第一，以"人民性"为核心。坚持以人为本，以此为指导思想来进行城

---

① 新华社. 习近平对深入推进新型城镇化建设作出重要指示［EB/OL］. 中华人民共和国中央人民政府. 2016 – 2 – 23. http：//www. gov. cn/xinwen/2016 – 02/23/content_5045328. htm.

市建设。而以人为本就是要重视人的主体性，发挥人的主观能动性的同时也尊重客观发展规律。城镇化建设中的"以人为本"方面，具体可以总结为以下几个方面。首先，新时代的城镇化发展，是以人为核心的发展。城镇化的出发点和落脚点，是要实现人与城市的和谐共生，实现城市中的人的发展。中国庞大的人口基数和复杂的社会情况决定了中国的城镇化进程必然面临系统性、长期性的艰难处境。其次，以人为本的城镇化发展目标是服务城市中的人。在2015 年召开的中央城市工作会议上，习近平强调："城市工作是一个系统工程。做好城市工作，要顺应城市工作新形势，坚持以人民为中心的发展思想，坚持人民城市为人民。这是我们做好城市工作的出发点和落脚点"。① 同时，习近平也多次对户籍制度提出了改革要求，指明户籍制度改革的最终目的是要建立起较为完善的城乡社保体系、建设更多的保障性住房，而这些改革措施都是为了提升城市居民的幸福度、获得感。由此可见，习近平总书记以人为本、心系人民的办事特点，在城市建设发展中体现得淋漓尽致。除此之外，习近平总书记还极为关心进城务工人员落户和子女教育问题、宅基地使用权、土地承包权等问题，这些问题都是人民最为关心的民生问题，是关系到人民根本利益的诉求问题。这些事关人民群众切身利益的问题，实际是城镇化问题的几个小方面，但习近平总书记对这些问题，既有战略高度的设计，也有微观层面的关怀。这充分说明了习近平总书记将"以人为本"的理念贯彻到中国城镇化建设的各个方面。

第二，以"科学性"为手段。习近平十分重视城市建设和发展的科学性，强调从自然禀赋出发，遵循客观规律。坚持以"科学性"为准则对城市进行发展改造。首先，强调规划设计的"科学性"。2014 年，习近平在北京考察工作时指出："城市规划在城市发展中起着重要引领作用，考察一个城市首先看规划，规划科学是最大的效益，规划失误是最大的浪费，规划折腾是最大的忌讳。"② 城市规划"要融入让群众生活更舒适的理念"。其次，强调边界确定的"科学性"。他在中央财经领导小组第 11 次会议上对"十三五"时期中国城市化发展提出"六个要"要求，"要改革完善城市规划，改革规划管理体制"和"要引导调控城市规模，增强城市宜居性，优化城市空间布局"；他特别强调

---

① 新华社. 中央城市工作会议在北京举行 习近平李克强作重要讲话［EB/OL］. 中央人民政府.
2015 – 12 – 22. http：//www. gov. cn/xinwen/2015 – 12/22/content_5026592. htm.

② 新华社. 习近平在北京考察 就建设首善之区提出五点要求［EB/OL］. 新华网. 2014 – 2 –
26. http：//www. xinhuanet. com//politics/2014 – 02/26/c_119519301. htm.

尊重城市发展的自然规律，要逐步有序地推进城镇化，以边界性和可持续性为发展原则，切勿盲目无序扩张和建设。他指出："城市规划要逐步转向限定城市边界、优化空间结构的规划。城市规划要保持连续性"①，构建科学合理的城市化格局，根据资源环境承载力调节城市规模，防治"城市病"等。最后，强调城市定位的"科学性"。新型城镇化思想尊重自然规律，科学定位城市的发展格局，依据城市自身条件和自然禀赋来科学规划城市发展，即敬畏自然、尊重自然、顺应自然、保护自然。②

第三，以"持续性"为目标。党的第十八届五中全会强调，实现"十三五"时期发展目标，必须牢固树立并切实贯彻"创新、协调、绿色、开放、共享"的五大发展理念。五大发展理念一经提出，便成为新型城镇化的重要发展原则，五大发展理念的提出也是实现城市发展"持续性"的重要指导思想。具体如下：一是创新。创新既是发展的目标，也是发展的动力。当前特殊的发展阶段和中国的特殊国情决定了我们无法从其他国家的城镇化建设中寻找有关经验，也难以复制西方国家的城镇化模式，所以必须力求创新，这也是经济新常态下新型城镇化建设的基本要求。新时代城市建设思想要求把创新作为建设的基点，让创新成为城市建设的重要动力，必须发掘城镇化建设发展的新动力、拓展发展的新空间、探寻发展新模式。二是协调。协调是新型城镇化建设发展的重要目标，新型城镇化要实现协调推进，其中包括城镇化与工业化的协调、城镇化与农业现代化的协调、城市居民与乡村居民的协调。同时注意发展结构的协调、产业结构的协调、城乡一体的协调，以此来推动新时期中国特色现代城镇化的发展建设。三是绿色。绿色的发展要求指明了新型城镇化发展过程中不能以牺牲环境为代价，不能盲目、片面地追求发展速度，绿色发展是以节约集约、生态宜居、和谐发展为基本特征的城镇化。习近平突出强调的新型城镇化道路，是大力推进绿色科学发展，实现环境生态宜居、人与自然和谐共生、社会持续永恒发展的城镇化道路。四是开放。要充分打开城市大门，借助"一带一路"、长江经济带、京津冀协同发展的重要契机，先发展的地区积极带动后发展地区，实现互惠共赢，充分构建利益共同体，促进深度融合，加快构建互利合作格局，以此增强城市的发展活力。五是共享。以人为核心的新型

① 人民网．中央城镇化工作会议在北京举行 提出六大任务［EB/OL］．人民网．2013 - 12 -
14. http：//finance. people. com. cn/n/2013/1214/c1004 - 23841511. html.
② 王岱等．习近平经济思想与马克思主义政治经济学的内在关系［J］．当代世界与社会主义，
2019（2）.

城镇化建设，要求将城市发展建设的成果惠及全体人民，这也是进一步明确城镇化建设是为了人民、城镇化建设依靠人民、城镇化建设成果由人民公平共享的发展原则，从而实现城乡公共服务基础设施的均等化，缩小城乡发展差距，促进城镇化建设的健康可持续发展。

中国共产党秉承着马克思主义政治经济学的理念，对城市建设和发展都做了有益的思考和实践，这些重要观点对中国城市空间生产理论构建的作用和启示如下：

第一，通过加强组织领导，协调各城市间发展水平和质量，对解决中国的城市间区域发展不平衡的问题有一定的借鉴意义。从现实角度来看，中国在不同的发展阶段都面临着城市发展失衡的问题，城市和地区间发展差距较大。城市发展要统筹协调，就要加强组织领导，制定科学的发展规划，根据城市发展实际实事求是。

第二，通过制定合理规划，科学测度城市发展边界，对解决和处理中国城市边界无限扩张的问题有一定的借鉴意义。中国各个时期的城市发展都面临着城市发展速度过快而带来的边界无限扩张的问题。因城市发展所需，地方政府通过土地扩张和规模扩大来实现城市的发展，城市边界无限扩张，造成了严重的城边矛盾。中国城市规划和建设务必遵循城市发展的客观规律，充分参照城市发展的现实情况，制定适宜的发展规划。

第三，通过制定科学规划，优化城市空间承载力，对于妥善处理中国的城市承载能力与发展速度不匹配的问题有一定的借鉴意义。只有科学规划、定性分析、实事求是、注重协调，才能提升城市承载力，实现城市的内涵式发展。因此，中国城市规划和建设也要采取科学的发展方式和发展规划，合理布局，控制速度和规模，实现发展速度和城市质量的协调发展。

第四，通过夯实人民核心地位，维护城市空间正义，对解决中国的城市发展中空间正义问题具有重要意义。只有坚持解决好人民群众的切身利益与实际需要作为城市建设遵循的最高准则，以人民的利益诉求为城市发展和建设的最高宗旨；坚持以人民为中心的发展思想，坚持人民城市为人民，坚持发展成果由全体人民共同享有，才能解决中国现阶段还面临的重物轻人倾向和空间非正义问题。

二、苏联区域经济学理论及其启示

20 世纪 30 年代，随着苏联国内环境的逐渐稳定，苏联政府开展了大规模的经济建设，生产力布局被重新提上议事日程，苏联区域经济学随之兴起，苏联国内迫切要求提高社会生产力水平。传统理念无法满足实践要求，苏联需要研究在一定生产力发展水平和一定社会条件下，怎样使生产活动取得预期的经济效果。苏联通过生产力整体布局和规划，通过对"生产力和生产关系""分工问题"的分析和运用，解决全国生产力布局和自然资源的合理利用问题。

苏联区域经济学的代表人物是涅克拉索夫和格罗瓦诺夫。在思想来源上，涅克拉索夫指出："区域经济学是从整体的区域观点出发研究生产关系和生产力的科学，它作为经济科学的一个分支，以社会主义经济规律为依据，研究那些对计划建立和发展国家区域体系和每一地区生产力及社会过程有决定意义的经济社会因素和现象的总和"①。在路径阐释上，苏联区域经济学主要从区域观点、区域社会问题和地域生产的组织形式等方面进行解读，充分分析了每个经济区的经济发展情况、社会演变过程和区域经济结构，为制定长期发展纲要提供科学的参照依据。在学科影响上，第一，理论学科没有局限在对自然资源、自然条件的经济价值评论上面，同时也没有对区域经济、社会因素进行简单的、一般性的分析；第二，实现了苏联经济由粗放式向集约化发展道路的转变，提高了经济发展的质量和效率；第三，苏联区域经济研究以制定新时期科学的经济战略为基本出发点，针对当前和未来的重大区域经济问题，在理论上和实际应用上进行全面深入的研究。

苏联区域经济学中关于城市发展的重要观点认为，在理论主题上，从"布局、分配和规划"的视角，将全国生产力布局和资源的利用及配置问题作为重要的理论主题。在理论目标上，苏联所称的生产力布局强调对已经形成的生产地理分布或空间安排进行分析，解释生产的地理或空间分布的变动规律，为生产和劳动资源的物质要素在全国及各经济区的分布和再分布提供理论指导。在理论贡献上，苏联区域经济学理念改变了之前生产力布局薄弱的局面和现实，是组织社会生产的一个重要方面，也是提高社会生产效率的重要途径，同时也为其他国家提供了理论借鉴。

---

① 涅克拉索夫. 区域经济学：理论、问题、方法 [M]. 北京：东方出版社，1987.

苏联区域经济学中关于城市发展的重要观点对中国城市空间生产理论构建的作用和启示在于以下几方面。

第一，通过制定整体战略，统筹各区域间城市协调发展，对破解中国城市间区域发展不平衡的问题有一定的借鉴意义。从现实来看，随着生产规模的不断扩大和按地域组织国民经济的工作日益复杂化，苏联也在进一步加强生产力布局调整工作的计划性，并提出了改进区域规划的新方法，从而制定苏联生产力布局远景规划，制定国民经济各部门布局以及各加盟共和国和各经济区生产力布局和综合发展的专项纲要，制定各经济区的区域经济综合体和区域生产综合体的综合规划，制定国家区域经济发展战略。可见，城市发展要统筹协调，就要避免或降低因自然、政策、历史不平衡而造成的区域城市不平衡发展的影响。因此，中国城市建设和发展，要制定远景规划，综合分析论证区域城市发展能力，在政策引导下，合理解决城市发展不平衡的问题。

第二，通过合理配置资源，谋求城市空间承载力的优化，对破解中国的城市承载能力与发展速度不匹配的问题有一定的借鉴意义。从现实来看，苏联生产力布局理论和战略的发展目标是让苏联摆脱全国在能源、矿物原料资源和劳动资源方面所面临的困境。苏联的区域规划是在全国生产力布局总纲要的基础上，对某一地域范围内的资源、环境、人口、经济等条件进行综合研究和论证。可见，只有通过合理地配置生产企业、基础设施、城镇居民点和其他重大建设项目，才能谋求规划地域空间结构的优化，取得最佳的经济效益和社会效益。因此，中国城市规划和建设也要在对规划地区的资源与建设条件进行全面评估的基础上，确定地区经济的发展方向，选择专业化部门及其布局地点，同时协调大、中、小城市的发展，合理分布人口，创造良好的居住条件。

三、新经济地理学理论及其启示

新经济地理学指的是在20世纪80年代末90年代初，以美国和日本等资本主义国家为代表的新学说。新经济地理学研究的兴起和发展与世界经济的全球化和区域化发展趋势有关，传统的国际经济学的理论无法充分解释各国之间的经济关系，时代需要经济活动与空间关系的研究理论。新经济地理学通过非连续性和非单调性过程解释区域经济发展差异，试图揭开区域经济非均衡发展的谜底，解释经济系统的内生力量以及这些内生力量如何影响经济活动空间差异。

新经济地理学的代表人物是保罗·克鲁格曼。在思想来源上，克鲁格曼受到杜能、韦伯、克里斯泰勒、廖什、艾萨德等的思想影响，融入了产业组织论、非线性动力学理论以及迪克西特和斯蒂格利兹的垄断竞争理论等。他把规模报酬递增理论和不完全竞争的假设作为方法构建的基准点，进一步建立了内生发展模型，为空间均衡问题和理论的研究奠定了良好基础。在主要观点上，第一，他认为在同一产业内，很大程度上会出现双向国际贸易，这是因为产品生产中存在大量的规模经济；第二，他提出了"本地市场效应"，只要存在报酬递增和运输成本，生产要素就会向大的市场集中，本地市场就会吸引生产要素向本地集聚，从而导致新的经济地理格局；第三，他开创了"规模报酬"的理论研究。在学科影响上，第一，新经济地理学丰富了经济地理学的研究内容，开启了新时期经济地理学的研究范式，为经济地理学的学科新发展奠定了基础；第二，经济地理学的发展史为我们提供了很好的参照，该理论充分借鉴了前人理论基础，将传统的区位理论纳入到了新贸易和新增长理论的分析框架之中，构建了区别于传统空间区位理论的新理论和新方法；第三，新经济地理学弥补了传统区位理论的不足，为之前遇到的不能解决的难题提供了解决办法，为国际贸易的具体实践提供了理论依据和方法论指导。

新经济地理学中关于城市发展的重要观点认为，在指导思想上，新经济地理学的理论主要是以经济区位论、传统经济地理学、新国际贸易理论和产业组织论及非线性动力学理论为基础所产生的新理论。在理论主题上，新经济地理学从"新经济地理学"的视角，将经济活动的空间集聚和区域增长集聚的动力分析作为重要理论主题。在理论目标上，新经济地理学强调经济增长在空间上的非连续性和非单调性，并以这种非连续过程解释区际经济发展差异，为区域经济发展规划提供理论指导。在理论贡献上，新经济地理学改变了以往主流经济学对将空间因素纳入一般均衡理论的分析框架的忽视，从而使空间维度不再长期"徘徊"于主流经济学之外，为区域科学研究理论发展作出贡献。

新经济地理学中关于城市发展的重要观点对中国城市空间生产理论构建的作用和启示在于以下几方面。

第一，通过促进生产要素的区域流动，深化区域合作，可以为破解中国的城市间区域发展不平衡的问题提供借鉴。自从改革开放以来，东部在先天的区位优势和早期强大的政策优势推动下实现了产业集聚和经济增长，东部率先崛起；而与此同时，中西部地区扮演着提供低端要素、原材料供应者的角色。可见，现有的城乡结构又进一步固化了这一格局，成为阻碍中国区域发展差距缩小的桎梏。因此，为了实现中西部地区的发展，缩小与东部地区的发展差距，应该承接东部产业集群，培育产业集群和核心城市，发挥城市群的协同效应和核心城市辐射—扩散带动效应，重构城市群空间，形成多中心协同共生城市集群，优化配置和整合地区资源，促进生产要素在区域、城乡间的相互流动，深化区域、城乡的产业分工与合作，依靠内生力量实现区域、城乡统筹发展。

第二，通过对城市发展进行监测和管理，动态跟踪效果，对破解中国的城市承载能力与发展速度不匹配的问题有一定的借鉴意义。公共政策和环境政策，对城市发展承载力的提升会起到非常重要的作用，通过监测和管理，以及对动态跟踪指标和结果的分析，可以有效平衡城市承载力与发展质量之间的矛盾。因此，要借助新经济地理学架设的跨学科平台条件，来研究和分析区域发展政策、公共政策与环境政策的动态协调情况。

四、新马克思主义城市学派理论及其启示

新马克思主义城市学派指的是从 20 世纪 60 年代以来，兴起于法国、美国等资本主义国家的理论学派。新马克思主义城市学派的兴起与西方发达资本主义国家普遍遭遇了严重的城市危机有关，传统的城市社会学在城市危机面前丧失了解释力，时代呼吁着城市研究范式的转型和新的分析理论的出现。新马克思主义城市学派运用马克思历史唯物主义与辩证唯物主义的思想对资本积累与市场扩张下的城市空间问题展开讨论，解释资本主义社会城市社会危机与空间问题产生的根本原因。

新马克思主义城市学派的代表人物是亨利·列斐伏尔、大卫·哈维、曼纽尔·卡斯特。

在思想来源上，列斐伏尔受到黑格尔、海德格尔以及萨特等人思想的影响，将马克思主义历史辩证法融入"空间性"，并综合运用到城市研究当中；哈维在哲学空间转向、地理学辩证转向的理论基础上，通过吸收马克思的历史唯物主义理论、黑格尔的辩证法思想和列斐伏尔的空间哲学，建立了历史—地理唯物主义理论；卡斯特从阿尔都塞学派的结构主义马克思主义方法出发，结合阿兰·杜兰的社会运动理论，以城市系统的概念为基本框架，开创了"集体消费"和"城市社会运动"的理论范畴。

在路径阐释上，列斐伏尔从空间的社会性出发，通过对资本主义空间生产的政治经济学批判，尝试对马克思主义进行空间化改造，进而探讨了"差异空

间"的生产及社会主义空间的可能性，为马克思主义研究的"空间转向"奠定基础；哈维从历史—地理唯物主义的角度切入，以马克思主义理论为指导分析资本主义发展的不平衡本质，并且将其与空间和地点之间的动态关系联系起来；卡斯特作为研究城市与社会运动关系的专家，在研究时始终围绕着什么是城市社会运动的本质展开论述，聚焦社会运动在改变生产、消费和资本主义发展方式中的作用，阐释了城市社会运动的重要性。

在主要观点上，列斐伏尔有以下贡献：第一，"差异"必须成为社会与政治实践的背景，必须在更广阔的领域争取差异权，以抗争空间的均质化和隔离；第二，提出了对城市空间生产的资本主义本质的批判，揭示了空间进入生产领域后成为生产和再生产的对象的事实；第三，开创了"都市战略"研究，他在分析都市社会住户们沉默与被动的真相后，提出城市自治与日常生活革命的都市战略；第四，城市空间生产带来剩余价值，成就资产阶级的剥削统治，导致城市空间碎片化。哈维有以下贡献：第一，运用历史唯物主义方法论来解读资本积累、生产和资本主义历史地理及其不平衡性；第二，从政治经济学、哲学层面展开关于空间的思考；第三，以地理学视角阐释马克思理论中所蕴含的空间化思想，这也是哈维对不平衡地理发展理论的重大突破，为不平衡地理发展理论作出了自己的贡献；第四，提出了"时空修复"和"资本三级循环"理论。卡斯特有以下贡献：第一，提出城市空间作为城市活动的表现，可以体现在空间的生产和空间的消费两个方面；第二，从政治、经济、文化等角度去考察信息时代形成的网络社会；第三，思考网络空间中权力关系的流动，并将网络作为一种传播形式来描述网络空间中的权力关系。

在学科影响上，列斐伏尔的理论有以下影响：第一，开启了城市空间社会学，为国外都市马克思主义研究奠定了基础；第二，在前人研究基础上，把对空间异化现象的关注和对"空间正义"的追求引入到城市生产的研究当中，开辟了一条不同于国外其他马克思主义城市理论的研究方向；第三，解决了以往认识当代资本主义的发展逻辑不准确的问题，同时也为我们诊断中国城市问题提供了思考路径，对研究中国的城市空间生产实践具有重要的启发作用。哈维的理论有以下影响：第一，用全新的角度对政治经济实践和全球化资本积累进行理论批判，有力地推动了城市社会学的发展；第二，用空间解读资本主义，其空间理论、历史—地理唯物主义理论和时空修复理论具有重要的理论价值，开辟了新的方法路径理论；第三，很好地将马克思理论在地理学方面的概念和空间观点进行了有效结合，有效指导了马克思主义在地理学方面的实践和应用。卡斯特的理论有以下影响：第一，实现了城市社会学的研究转向，提出了"新都市社会学"；第二，将城市社会学拆分为消费社会学和空间政治经济学两个组成部分，丰富了社会学理论的视域，这在社会学的理论发展历史上具有开创性的贡献；第三，聚焦了城市社会中的消费、空间领域和政治自治，紧扣时代的发展，创造性地接受和改造传统理论，从中构建出全新的消费理论和社会运动思想，弥补了传统马克思主义研究在这一领域的实践空白。

在指导思想上，新马克思主义城市学派的理论主要以马克思主义基本理论和研究范式为基础，进而分析和批判资本主义城市化的理论流派。在理论主题上，新马克思主义城市学派从空间视角重新阐释了城市的性质和功能，以城市化与全球化的关系、城市危机的根源以及城市革命等作为理论主题。在理论目标上，新马克思主义城市学派力图揭示城市负载着资本的逻辑，在这一逻辑的影响下，资本主义生产方式的基本矛盾便在城市空间生产的基本实践中不断凸显出来，解释资本主义矛盾的深层次原因，为城市空间生产提供理论指导。在理论贡献上，新马克思主义城市学派弥补了传统城市研究只重视文化心理，而对政治经济动因和阶级冲突状况的研究方向关注的不足，从而将城市研究的"空间"视角引入学术界，对丰富和发展马克思主义城市理论作出了理论贡献。

新马克思主义城市学派中关于城市发展的重要观点对中国城市空间生产理论构建的作用和启示在于以下几方面。

第一，通过转变城市空间生产方式，制定科学城市空间规划，对破解中国城市的发展规模过快导致边界无限扩大的问题有一定的借鉴意义。从现实来看，大量人口、资源和技术在城市空间聚集，不断转换为"市民化"的城市地理空间，"市民化"空间的最大特征就是兼具精神性和社会性，由此可以得出，中国城市空间生产应当控制对自然空间开发、利用的程度和频次，保障空间资源可持续利用，进行长效式发展。因此，城市空间规划应该不断朝向科学性、应用性和整体性方向迈进，统筹各项城市空间生产领域的发展和建设，避免因规划不当，无节制发展而导致城市边界无限扩张，城市承载力无法与发展速度相协调的问题。

第二，通过发挥资本的作用，同时加强政府对资本的管控，可以为破解中国城市承载能力与发展速度不匹配的问题提供参考和依据。马克思主义城市空间理论通过事实分析得出了资本主义生产方式所进行的空间转向，促使资本变得空间化了的结论，城市作为一种空间形式，既是资本主义生产关系的产物，也是资本主义生产关系的再生产者。在"资本逻辑"的发展模式中，"交换价值"的地位要优于"使用价值"，但是对"交换价值"的追求和推崇，不但没有创造出宜居、幸福、公正的城市空间环境生活，反倒因资源环境承载力不足，进一步导致了更为严重的各种城市化问题。可以看出，若城市空间生产的发展单纯由"资本逻辑"支配，是很难实现承载力与发展质量的协调共进的，这就需要政府加强对资本的规范和管控。因此，在中国新型城市空间生产发展过程中，既要注意发挥资本的作用，又要注意对资本的引导和管控。

第三，通过以人民性为发展核心，促进城市空间正义的实现，可以为破解中国的城市发展中空间正义的问题提供参考和依据。新马克思主义城市空间理论的形成过程中，充分分析了资本主义世界所普遍面临的城市空间生产问题和日益激烈的社会危机，也就是以空间非正义问题为导向和逻辑起点的城市空间问题，通过研究得出的结果是，资本主义国家的城市化受到资本支配，集中体现为"物"的城市化，这样的城市化发展模式和状况，造成了空间非正义问题。与资本主义"物"的城市化相对，社会主义城市空间生产所追求的是人的城市化，并且体现了空间正义性。综上所论，新马克思主义城市学派理论对中国的经济发展是有重要启示的，要把以人为本和实现空间正义作为中国城市发展的根本价值取向。

第二节　中国城市空间生产的现实基础

一、以美国为代表的发达资本主义国家城市空间生产实践及其启示

美国作为发达资本主义国家的代表，其城市空间生产实践具有以下特点。

第一，城市化发展速度较快。城市化水平也与工业发展状况和水平息息相关，而美国的特点是先发展轻工业，后发展重工业，通过最大程度、更大范围地吸收农村劳动力，来加快城市化的发展速度，在这种发展模式下，霍夫曼比例不断下降。一方面，从美国区域城市化的发展历程来看，在"非均衡发展模式"的引导下，美国城市发展取得了很大成就，进而促进了周围地区经济的快速增长。另一方面，美国城市发展的显著特征是工业化发展到一定阶段以后，

对城市化的促进作用随着时间的推移影响力逐渐减弱，在这种情况下，服务业逐渐兴起，在工业化的基础上，接续发挥拉动城市化进程的作用。这些都反映出美国城市发展的连续快速化。

第二，城市郊区化特征明显。城市郊区化发展是美国城市化的一个重要特点。由于美国人口郊区化的发展特征，美国大都市区的发展主要发生在郊区。首先，从理论上来讲，城市化发展是与人口数量息息相关的，美国城市不同的发展阶段，人口特征有着明显差异，在城市发展初期，中心城市人口和郊区人口是基本相同的；在战后时期，美国城市发展速度不断加快，受此影响，中心城市的人口增长速度和规模远远超过了非中心城市和区域；而近年来，美国城市发展出现"郊区化"趋势，郊区的人口又反超中心城市。从以上不同发展阶段的美国人口分布特点可以看出，郊区化的发展导致了多中心城市空间结构的形成和巨型城市群的兴起。

第三，立足本土优势实现城市发展。美国城市发展和规划始终立足于城市竞争优势和城市自身特色亮点。美国的城市管理机制有着自身独特性，与其他国家不同的是，美国很多城市都专门聘有城市经理来对城市进行经营管理，市政委员的法定工作程序都置于大众和新闻媒体的直接监督之下。具体表现为美国的城市风格各具特色，形成了如机械制造中心芝加哥、汽车之城底特律、航空航天名城休斯敦、影视名城洛杉矶等，进而呈现出各具特色的城市发展模式。这使得美国在城市化进程中形成了许多个性鲜明的功能城市，具有较强的吸引力和辐射力。

经过多年的发展，美国城市空间生产中存在的问题也十分明显。

第一，城市无限蔓延带来的边界问题。按照哈维的资本积累理论来分析，资本家为了在竞争中获取超额利润，必须以不断扩大资本供应为先决条件来进行科技创新和扩大生产规模。所以，美国的资本扩张使美国城市发展总体上产生了城市郊区化问题、旧城改造问题以及基本农田保护等问题。城市蔓延式的发展，造成了十分严重的次生问题，其中包括社会、经济和环境等多个维度，这种蔓延式的发展使得城市边界无序扩张的趋势愈发严重，城市扩张带来了对空间土地的大量吞噬，其中包括农田土地资源。同时，郊区化的发展引起旧城中心不断衰落破败，又加剧了城市空间内部的阶层分化问题。

第二，居住和就业不平衡。按照哈维资本三级循环理论分析，在次级循环中，有越来越多过剩资本流向第二级循环，过度积累的问题再一次出现，而这次出现的原因是城市人造环境的生产和使用。在美国传统的城市化发展阶段，有一个十分突出的问题，即土地利用模式单一化。这种单一化模式的主要表现是居住和就业的空间分布不均衡，造成了美国大城市的居民为了工作不得不远距离通勤。人们主要选择独自开车外出工作及满足生活需求，给城市交通系统运转带来了巨大考验，这进一步造成了其他社会矛盾问题的出现。

第三，城市发展郊区化造成的社会空间矛盾。按照哈维资本积累与不平衡地理发展的理论来看，资本在地理上的集聚能有效实现资本积累，但是这种地理空间上的集聚激化了资本家和劳动者之间的矛盾和斗争，为社会的不安定提供了滋长的温床。这种问题的演变过程基本是城市居民收入较低，而郊区房价和通勤费用极高，低收入人群无力负担这些昂贵的开支，在此影响下，社会空间分异问题更加突出和严重，并不断恶化。这个问题所带来的更为直接和严重的现象就是阶层的隔离和分异，加剧了社会矛盾。概括起来主要表现为，美国城市的郊区化发展实际上体现了社会空间非均质化，这种非均质化是中产阶层对工作、居住空间的选择所塑造的，阶层隔离问题就此产生，而这个问题一直都是美国发展中极为严重的社会疾病，只有依靠政府才能得到解决，政府只有不断实现空间的公平公正，才能减少负面影响，保障弱势群体的权益。

美国作为发达资本主义国家代表，其城市空间生产实践对中国城市空间生产理论构建的作用和启示在于以下几方面。

第一，通过均衡配置城市空间资源，形成多中心格局的城市结构。城市群形成、发展和不断壮大的重要条件是改变原有区域内"一城独大"的格局和形态，向"区域多中心化"不断演进和发展。因此，美国城市群建设遵循此路径，形成了多个大城市中心格局，诸如洛杉矶、旧金山、圣地亚哥等多个大城市主导地区发展，这些大城市的多中心格局对远距离的乡村有很大的辐射影响，带动了周边地区的发展和进步。因此，中国要注意资源再配置与均衡化问题，通过区域次级市镇扩张而形成多中心的城市群结构，使各等级市镇共同发展。

第二，合理规划和控制城市边界。美国对城市边界问题提出了"精明增长""新城市主义"等发展理念来进行指导和规划。中国对城市边界问题的重视程度不断提升，已经注意对城市扩张进行约束和管控，划定了城市发展的边界，城市总体规划空间布局落定之后也会有一条建设用地边界线。中国在城市发展过程中应该在对区域的生态敏感区和重要自然资源深入分析的基础，合理开发，控制发展速度和规模。

第三，注意"郊区化"发展的空间正义问题。美国城市化的发展进程占据了城市，对郊区用地、郊区环境、资源、公共设施等受到了一定程度的破坏和影响。郊区居民的生活成本增加，生活压力变大，空间异化问题造成了空间非正义问题的出现。中国未来城市发展速度也会加快，规模也在不断扩大，我们在发展的过程中一定要处理好空间正义问题，注意土地扩张和城市蔓延的同时，还要兼顾对郊区或城镇居民的利益的保护，保障居民生活水平，合理解决农地矛盾。

二、以印度为代表的欠发达资本主义国家城市空间生产实践及其启示

印度作为欠发达资本主义国家的代表，其城市空间生产实践具有以下特点。

第一，城市化发展进程缓慢。印度现代化过程中比较明显的发展特点是不平衡不协调。表现为社会以及地区发展的不平衡，这种不平衡阻碍了印度城市化进程。一方面，从经济成就来看，印度独立以来，取得的经济成就很大，工业体系的发展也逐渐形成了一定规模，农业方面也有很大突破，这些都大大提高了印度的城市化水平。另一方面，印度与其他国家比起来，城市化的进展仍是比较缓慢的。城市发展速度较慢，经济发展增长率较低，这些都反映出印度城市进程的缓慢。

第二，城市发展区域差异性显著。印度城市化发展还有一个非常重要的现象就是地区差距较大。印度实施的经济自由化政策，导致区域间城市发展差距不断加大。首先，城市化的发展主要跟生产力有关，尤其与工业化水平密切相关，工业化发展程度直接影响着城市化水平的高低。其次，印度各地区城市化的发展是在地区的工业化发展基础上的，因此，二者之间关系十分密切。特别是印度政府在国内实行经济自由化的政策，更进一步扩大了各邦之间的经济差距。从这一点可以看出，未来印度城市发展，各邦的城市化进程和水平参差不齐，呈现出明显的不平衡性和不协调性。

第三，人口自然增长提高城市化率。印度城市化进程与人口自然增长有关。与其他国家城市化进程有所不同，导致印度城市人口增长的最主要原因是城市人口的自然增长。具体表现为，印度城市外来移民和城镇地域的扩张并没有成为其城市化率提高的主要因素，而是印度城市人口的自然增长，使得城市

居民不断增多，进而提高城市化率。这是其不同于其他发展中国家的显著特点。这使得印度的城市化在人口自然增长的影响下得到了发展。

经过多年的发展，印度城市空间生产中存在的问题也十分明显。

第一，缺乏管理机制，带来边界问题。按照哈维的资本三级循环理论分析，在资本初级循环中，个体资本家为了积累而积累，不顾市场限制而不断扩大市场上的商品数量，这产生了种种危机和矛盾。所以印度城市发展中就经历了初级循环中城市边界扩张矛盾。城市边界矛盾带来了严重的环境问题和社会问题，出现了城市运行效率低，城市盲目扩张的现象。环境压力增大，加剧了城市居民和农民的矛盾冲突等问题。

第二，城乡发展不平衡。按照哈维的不平衡地理发展理论分析，资本往往通过将人口和生产资料高度集中到某个地理空间，从而加速资本积累。但是这种空间上的集聚激化了资本家和劳动者之间的矛盾和斗争。印度城市在发展的过程中有一个突出问题，即印度的城市发展没有很好地带动城市周围地区的发展，主要表现为有些大城市周围没有形成完整的城市格局。城市发展汇集了大量劳动力，远远超过了城市的承载力，导致了城市失业严重。这种状态下，大城市带动整个区域经济发展的能力会减弱，无法发挥城市对周边地区发展所具有的突出带动作用，这就进一步造成了城乡差距不断扩大。

第三，土地压力造成工业和农民的空间矛盾问题突出。印度的工业化也是通过对土地资源的掠夺来发展的。印度工厂通常建设在农村地区，造成了城市发展对农村土地空间的压榨和占领。主要表现为，一方面，印度工业发展大多依靠农副产品为原料，对农副产品的掠夺，带来了严重的资本与农民的矛盾。另一方面，在城市内部，住房越来越紧张、基础设施条件变差，地价越来越高，而与之相比，农村土地和劳动力却都是廉价的，工业化的发展在农村显然更加有利可图。尤其是近年来的发展情况，使得农村地区出现了多种工业活动，这些密集的工业活动必然会增加有限土地的压力。

以印度为代表的欠发达资本主义的国家城市空间生产实践对中国城市空间生产理论构建的作用和启示在于以下几方面。

第一，注重地区发展平衡，促进落后地区的经济发展。城市发展的重要条件是缩小城市发展差距来解决国家和地区贫困问题。经济落后是导致印度民族冲突的重要导火索。在印度城市化进程里，有一部分大城市的经济在发展中得到了发展，实现了财富增长，但是更多地区的实际情况是城市经济长期处于很落后的状态，这造成民族矛盾日益积深。对中国城市发展来说，同样要注意地区发展不平衡的问题，通过加大对落后地区的经济投入，促进落后地区的经济和社会发展，使各地区实现共同发展。

第二，合理培养和发展城市化区域。在印度，人口流动是不被限制的，这种状态导致了大城市的无限扩张和蔓延，而中小城市发展却更加缓慢。面对这一问题，中国已开始注意建立城市群来对区域内部的产业结构加以调整，促进升级，提高效率，有效地节省调整成本。中国在城市发展过程中应该通过发挥城市圈的市场功能，节省公共物品的建设与经营成本，合理运用"市场主导"型思路，推动资源的优化配置。

第三，注意协调工业发展的空间正义问题。印度城市化的发展进程受到了工业化发展的带动，工业化的发展造成了工厂用地扩张，以及对农村资源的掠夺，农民生活受到了严重影响，由工业化发展造成了空间非正义问题的出现。中国城市发展的主要推动力之一也是工业化的发展，并且也出现了城市内工厂迁移周边的情况。所以，我们在发展的过程中一定要处理好空间正义的问题，注意工业发展对农村、农民、农业的影响，保障农民生活条件和水平，处理好矛盾分歧。

三、以中国为代表的社会主义国家城市空间生产实践的特点及共性

中国城市空间生产实践具有以下特点。

第一，城市化发展进程迅速。由于实行改革开放，融入世界经济体系，从而使中国城市发展进程呈现出快速化的发展特点。一方面，从城市发展规模来看，中国城镇人口数量不断增加、城市规模不断扩大。城市工业发展规模和速度不断扩大，中国城市化发展速度和水平也随之提高。另一方面，快速城市化的最显著特征是城市空间高速扩张，城市用地规模和建成区面积不断扩大，中国城市用地处于高速扩张状态。这些都反映出中国城市发展进程迅速。

第二，城市发展呈现不均衡特征。区域不平衡发展是中国城市进程的一个重要特点。由于改革开放"城市发展三步走"战略的实施，中国东、中、西部发展差异明显。首先，城市发展主要与历史基础、自然资源、人口和经济社会等有关。基础越好，城市化水平就越高。其次，中国的城市化发展进程中，"三线建设"对中西部城市布局有着非常重要的影响，关系到西部地区的城市发展。改革开放让中国东、中、西部呈现不同的发展态势，表现为梯度式的发

展模式，但这种梯度式的发展更扩大了区域城市间的差距。由此可见，城市地区的分布和区域特征是会对城市发展产生重大影响的。

第三，"政府主导"的城市化进程。中国城市化的快速发展道路与"政府主导"有关。与其他国家不同的是，中央政府在城市化进程中始终占据着主导地位，在这种模式下，国家行政力量是影响城市化进程的最重要力量。具体表现为，中国以政府为主导进行城市化，政府制定规划，统筹资源，协调部署。这使得我们的城市发展有序进行，起点相对较高，发展速度快，城市建设过程中公共产品的提供和城市规模的扩张也能保持相对协调。

通过分析中国空间生产实践的特点，我们可以看到，中国与美国、印度在空间生产实践上有一些相同的地方。

第一，城市空间生产过程都出现了不均衡发展现象。美国、印度和中国在城市空间生产的发展过程中，都会不同程度地出现不均衡发展的问题。美国的失衡是指居住和就业的不平衡，是由土地利用模式单一造成的；印度的失衡，是由于印度"一城独大"的发展特征，导致无法带动周边地区发展而造成的；中国的失衡问题是由特殊的发展战略造成的。可见，资本主义国家和社会主义国家的空间生产，尽管原因不同，但都面临过或面临着发展失衡的现象。解决失衡问题，促进平衡发展，是城市空间生产的应有之义。

第二，城市空间生产过程都面临着城市边界的限定问题。美国、印度和中国城市空间生产速度的加快往往伴随着工业产业的高速发展，工业化的发展需要通过扩张实现更多的资本收益。同时，城市的发展吸引更多外来人口，城市内部空间资源紧张。因此，无限蔓延的发展状况造成了城市与郊区的矛盾冲突，并造成了城市内部阶层分化，郊区生活条件低下等问题。所以，需要通过合理规划来控制扩张规模，解决城市边界问题。

第三，城市空间发展过程都需要实现空间正义。美国、印度和中国在城市空间生产发展过程中都出现了一定程度的空间正义问题。美国、印度等资本主义国家空间问题的出现是因为资本家的逐利本质，使城市出现了城市空间过度资本化、城乡矛盾突出和城市平等性破坏等问题。中国空间问题的出现是因为城市化的快速发展受到了"资本逻辑"的影响，出现了生态环境恶化、交通拥堵和城市新贫困等现象，所以，美国、印度和中国都需要实现空间正义。

第四，城市空间生产过程都要解决承载力与发展速度的矛盾。美国、印度和中国在城市空间生产发展过程中都出现了一定程度的资源环境承载力与发展速度和规模不相匹配的问题。在城市空间生产过程中，城市发展速度的加快和规模的扩大导致了城市经济的快速发展和城市人口规模不断扩张，城市发展与资源环境之间的矛盾愈发突出，土地资源低效利用、耕地资源的短缺、水资源短缺和环境污染都成为粗放型经济增长带来的问题。因此，美国、印度和中国都需要处理城市承载力与发展速度和规模之间的矛盾。

第三章

中国城市空间生产的内涵、构成维度和分析框架

第一节　中国城市空间生产的内涵

一、中国城市空间生产内涵的界定

城市空间生产以"社会过程决定空间形式"的方法论为指导原则，揭示资本积累、空间生产和地理景观三者之间的内在逻辑关联。空间形式……不被看成是社会形式在其中展开的无生命物体，而是以社会进程使空间的同样方式容纳社会进程的万物。在此理念指导下，中国城市空间生产理论作为城市发展理论的重要组成部分，在构建和实施的过程中应该与城市发展理论保持紧密联系，相互促进提高，不断协调发展。在城市发展过程中需要解决的问题，要纳入城市空间生产理论范畴内，同时，城市空间生产理论需要解决的问题也要纳入城市整体发展理论当中去。所以，中国城市空间生产理论的内涵应该包含以下几个层次。

第一，中国城市空间生产理论包含一系列能够提高城市发展质量和水平的相关规划和政策。首先，城市空间生产理论作为城市发展理论的重要组成部分，旨在通过理论来指导城市生产和发展的实践。而城市化和工业化是城市发展的一体两面，所以提高城市化和工业化水平的相关政策、规划内容应该包含在城市空间生产的理论当中。其次，城市空间生产是全球化的产物，发达工业社会的全球化与城市空间生产有着密切联系。当大量投资进入了城市空间生产

之后，便带来了诸如城市环境破坏、社会矛盾加剧和空间正义等问题，作为与发达资本主义国家有着不同发展逻辑的中国来说，解决这类问题需要出台相关规定和政策，所以，处理和解决城市空间生产问题的一系列规定、政策内容也应该包含在城市空间生产理论范畴内。最后，城市空间生产与市场经济有着密切联系，市场经济改革是促进城市生产发展的动力，但是计划经济的遗留问题尚有影响，阻碍了市场改革的进程，因此，需要制定相关政策法规来协调政府和市场的关系，给市场主体提供自由和创造的空间。因此，完善市场机制，促进市场改革的相关规定、政策也应该属于城市空间生产的理论范畴。

第二，中国城市空间生产理论有着狭义和广义两种概念之分。从狭义的视角来进行解读，中国城市空间生产理论指的是经济范畴的生产理论，即通过理论指导城市经济生产和发展实践，解释城市空间生产和经济发展的关系，探寻城市空间生产理论指导经济发展的方法路径；从广义的概念来看，中国城市空间生产理论除了具有经济范畴的意义之外，还要讨论空间生产的政治、文化、社会属性，分析和解释城市空间生产所涉及和造成的政治问题、文化问题、社会生活问题及全球化问题。而中国作为后发展国家，为了改变全球空间生产的弱势地位，当前中国城市空间生产最主要的任务是强调自主创新能力，加快产业结构调整，优化空间布局。在这样的阶段，我们需要解决的不仅仅是生产进步和经济发展的问题，还需要处理好空间政治问题、空间正义问题和全球化空间竞争问题。因此，本书的城市空间生产理论主要选取广义的概念。

第三，中国城市空间生产理论的核心内容是，通过构建立足于中国城市空间生产实践、具有社会主义鲜明特征的理论，来解释和分析城市空间生产的问题，探寻新时代中国城市空间生产的路径，合理规划空间布局，优化空间产业结构，平衡空间生产的各类矛盾，最终实现中国城市可持续发展，增强中国在全球化城市发展竞争中的实力。因此，中国城市空间生产理论中的经济要素要解决的问题是：能否促进资本和资源在城市空间内的合理分配，能否优化和提高空间的产业结构，能否提高工业化水平从而促进城市化发展。同时，中国城市空间生产理论中的政治要素也要回答好相关问题，即是否能够促进政府和市场关系的协调，是否能够处理好空间生产与权力之间的关系，能否解释权力如何在空间中展开以及展开的本质。另外，中国城市空间生产理论中的社会要素也要解决好城市空间生产所带来的社会问题和矛盾，即是否能够协调好城市和乡村的矛盾问题，是否能够解决工业发展和生态污染的问题，是否能够真正实现空间正义，发展成果由人民共享，让中国城市空间生产回归"使用价值"，服务人民，维护人民的权益。

所以，中国城市空间生产指的是中国城市的空间扩展和空间商品化的发展过程，在这一过程中，以"社会过程决定空间形式"为方法论指导，分析空间生产实现资本积累并进一步塑造城市地理景观的过程。而中国城市空间生产理论就是以中国城市空间生产为研究对象，借鉴已有城市空间生产理论，并结合中国特色社会主义特性，构建具有中国特色的城市空间生产理论体系，并运用该理论体系来分析和解释中国城市空间生产存在的问题和矛盾，从而提出解决这些问题和矛盾的方案，推动中国城市空间生产向前发展。

二、中国城市空间生产内涵的特征

中国城市空间生产理论作为指导中国城市发展的重要理论，具有人民性、可持续性、共享性等三大重要的特征。

首先，中国城市空间生产强调人民性。中国城市空间生产坚持为人民谋取空间利益，人是城市空间生产的主体，而不是空间资本化支配的工具。中国城市空间生产要坚持将以"交换价值"为核心的空间资本化道路转变为以"使用价值"为核心的空间人本化道路。中国城市空间生产区别于资本主义空间生产的关键，在于坚持以人为本的中国特色城市空间生产道路。即在城市空间生产过程中，坚持以人民群众为主体，规避"资本逻辑"过度对城市空间生产的绑架。强调人民性，并不意味着对资本全盘否定，而是更加清晰地认识到资本是手段而不是目的。中国城市空间生产只有加强对资本的管控和治理，改变片面追求快速、宏大的发展目标和盲目追求 GDP 的思想观念，做好宏观调控，完善市场监管，维护空间正义，夯实以人民为中心的价值定位，才能真正体现中国城市空间生产鲜明的人民性特征。

其次，中国城市空间生产追求可持续性。中国城市空间生产坚持可持续发展，中国城市空间生产要改变以追求眼前利益为主的资本化道路，走可持续发展的社会主义道路。中国城市空间生产区别于资本主义空间生产的关键，在于坚持走可持续发展的中国特色城市空间生产道路。也就是说，在城市空间生产过程中，坚持立足于长远发展目标，避免因"资本逻辑"过度逐利性本质而造成的与可持续发展之间的矛盾冲突。强调可持续发展，并不是要放弃眼前利益，而是要做好协调和节制。中国城市空间生产只有强化可持续的观念，规避资本追求利益最大化的弊端，充分发挥资本对社会、经济的推动作用，用科学、持续的眼光看待和解决问题，实现经济和环境的协调可持续发展，才能体现中国城市空间生产的可持续性。

最后，中国城市空间生产提倡共享性。中国城市空间生产坚持人民共建共享，让人民来共享城市发展的成果是中国城市空间生产的宗旨和目标。中国城市空间生产要改变资本主义经济利益由资本家垄断独享的道路，走人民平等共享的社会主义道路。中国城市空间生产区别于资本主义空间生产的关键，在于坚持以实现人民共享发展成果为发展目标的中国特色城市空间生产道路。也就是说，在城市空间生产发展中，要坚持构建共建共享的发展模式，避免出现资本主义城市空间生产所带来的利益掌握在少数资本家手上的情况。中国城市空间生产只有提倡人民共享，避免因发展成果由少数利益集体独享而造成的社会阶级矛盾，才能真正实现社会主义的发展目标。既要提升人们在城市空间生产中共建的能力，更要增强人民群众因共享而提升的获得感、幸福感，才能体现中国城市空间生产的共享性。

第二节　中国城市空间生产的构成维度

一、中国城市空间生产构成维度划分的依据

第一，中国城市空间生产的底层逻辑。在空间生产的底层逻辑方面，中国和资本主义国家存在不同，资本主义国家城市发展的底层逻辑是"资本逻辑"，而中国城市发展的底层逻辑是"人民逻辑＋资本逻辑"，"资本逻辑"强调的是以资本为中心，追求经济利益的最大化，人是资本的附庸品。具体体现在资本主义城市发展的动机、行为和选择上。动机方面，资本逻辑产生经济行为的动机是自身利益的驱使；行为方面，资本逻辑根据市场情况做出符合自身最大利益的决策；选择方面，资本成为经济发展动力在很大程度上取决于个人资本的选择，人在经济活动中只是资本的工具，人的本质也只是追逐利润提升的资本附庸。"人民逻辑"强调的是坚持以人为本的社会主义道路，使空间生产回归人本的终极目的，让一切空间生产行为符合"人民逻辑"。人民逻辑夯实人民群众的主体地位，坚持以人为中心的社会主义市场经济发展，从人民的视角解决生产关系与生产力之间的矛盾。资本主义和社会主义从不同的底层

逻辑出发，自然会呈现不同的发展状态。资本主义的"资本逻辑"是为了实现逐利性目标，构造的是"资本利益的空间"；社会主义的"人民逻辑"是为了实现人民性目标，构造的是"人的权益的空间"。所以，中国城市空间生产就是在马克思主义中"发展最根本的是人的发展""人的自身发展既是空间生产发展的动力又是空间生产发展的终极目标"的理论下开展的。中国城市空间生产应坚持"人民逻辑"的底线，以"资本逻辑"为过程和手段。

第二，中国城市空间的生产价值导向。在空间生产的价值导向方面，中国和资本主义国家存在不同，资本主义国家空间生产的价值导向是为了获取"交换价值"，而中国城市发展的价值导向是为了获取"使用价值 + 交换价值"。"交换价值"强调的是资本主义的逐利性，寻求更多的资本积累，发展成果由少部分资本家个人所享。而"使用价值"强调的是提高国家整体发展质量和水平，寻求集体利益的最大化，发展成果由全体人民共享。中国在"人民逻辑"的主导下，从事的是"使用价值"的生产，社会主义空间生产目的在于满足人民的空间需求，"使用价值"优于"交换价值"，而资本主义城市空间生产的主要目的甚至是根本目的在于满足资本家的利益需求，在这种发展目的下，生产的"交换价值"是要优于"使用价值"的。资本主义和社会主义从不同的价值导向出发，自然会呈现不同的发展状态。资本主义空间生产始终服务于"交换价值"，由于资本家追求利益最大化，不断进行资本积累，造成了严重的劳资矛盾。劳资矛盾的产生，又进一步阻碍了生产力的发展。而中国城市空间生产致力于"使用价值"，追求集体利益最大化，通过人民共享城市和社会的发展成果，让人们获得强烈的幸福感和满足感，同时，又进一步激发了人民群众自觉加入到城市空间生产建设和发展的进程中来，实现了良性循环。所以，中国城市空间生产是坚持"使用价值"为主的发展目标的，"交换价值"只是过程和手段。

第三，中国城市空间生产的主导动力。在空间生产的主导动力方面，中国和资本主义国家存在不同，资本主义国家城市空间生产的主导动力是市场，中国城市空间生产的主导动力是"政府 + 市场"。市场主导，强调的是剩余价值的生产，追求利益的最大化，为少数资本家服务。资本主义城市空间生产的演进根源在于市场经济。因为资本主义国家的市场经济最大的特点是"自发性"。因此，资本主义国家的城市空间生产主要受到市场选择和市场作用，包括城市规模、城市布局、城市产业分工等各个方面；而相比之下，资本主义国家的城市空间生产过程中，政府处于辅助地位，因此，政府主要负责宏观管理和把控，由市场调节具体细节和微观发展，政府并不过多干涉。在中国，情况是截然不同的，政府在城市空间生产中居于主导地位，主导地位的体现不仅在于宏观管理，同时还会涉及微观细节。因此，如果政府没有深度介入城市空间生产的推进中，城市空间生产便会很难有所作为。资本主义城市空间生产和社会主义城市空间生产在不同的主导动力影响下，自然会呈现出不同的发展特点。资本主义空间生产导致财富占有的两极分化，而中国社会主义市场经济的生产目的是实现全体人民的共同富裕。所以，中国城市空间生产在"政府主导＋市场手段"主导模式下，秉持"以人民为中心"的价值目标，动员一切可以发动的力量为广大群众的空间利益服务，最终实现共同富裕。

第四，中国城市空间生产的投资主体。在空间生产的投资主体方面，中国和资本主义国家存在不同，资本主义国家城市空间生产的投资主体是私有企业，中国城市空间生产的投资主体是"国有企业＋民营企业"。资本主义国家和社会主义国家在不同的所有制结构影响下，自然会呈现不同的发展状态。资本主义非公有制经济主体存在严重弊端，如经济危机的周期性爆发、收入分配的两极分化、日益突出的生态环境危机、商品交换原则泛滥成灾等问题。社会主义"国有＋民营"的主体模式是最先进的经济制度和体制，超越传统计划经济和资本主义私有制为主的经济模式，它既充分发挥了社会主义优越性，又充分发挥了市场经济优越性，这两种优越性的有机统一，使中国特色社会主义迸发出巨大的活力。

二、中国城市空间生产构成维度的划分

第一，中国城市空间生产要坚持"人民逻辑＋资本逻辑"，以"人民逻辑"为主导。中国城市空间生产以"人民逻辑"为主导，是由中国的社会主义属性决定的。社会主义的本质属性决定了中国的生产力发展是为了维护"人民当家作主"的地位，实现人的自由全面发展。中国城市空间生产是生产力发展的重要组成部分和推动力，因此，中国城市空间生产以"人民逻辑"为出发点和底线，一切以人民利益和诉求为主，并让城市空间生产发展的成果惠及全体人民。同时，也要充分利用好"资本逻辑"的手段，因为"资本逻辑"是推动生产力发展，促进企业产业转型升级的重要动力，也是实现资本增长从而更好带动城市空间生产发展的重要力量。

第二，中国城市空间生产要坚持"使用价值＋交换价值"，以"使用价值"为主导。中国城市空间生产以"使用价值"为主导，是由中国城市空间生产核心目标决定的。中国城市空间生产与资本主义城市空间生产有很大不同。资本主义城市空间生产的目的是从"交换价值"到"交换价值"，再到更多的"交换价值"，整个过程是以追逐利益交换价值为目的，一切生产都是为了资本家实现资本盈利。而中国城市空间生产发展的最终目标是实现人民对美好生活的向往目标，提高人民整体生活质量和水平，因此，其生产发展主要追求的是空间的"使用价值"，让人们在"使用价值"中真切感受到城市空间生产发展所取得的成果。同时，也要发挥"交换价值"的作用，将"交换价值"的实现过程作为中国城市空间生产的重要过程和手段，提高城市空间生产水平，从而提高"使用价值"的质量。

第三，中国城市空间生产要坚持"政府主导＋市场手段"，以"政府主导"为主体。中国城市空间生产以"政府主导"为主体，是由中国政治体制优势所决定的。中国是人民民主专政的社会主义国家，政府的宗旨是为人民服务，坚持对人民负责原则，坚定政府在城市空间生产中的主导地位，有利于充分发挥政府的职能和优势，弥补和规避市场因无序性、盲目性和逐利性而造成的生产弊端及矛盾，有利于实现中国人民的空间权益和根本利益。同时，也要充分利用好"市场手段"，发挥市场的灵活性、创新性和适应性，发挥市场的调节作用，使城市空间生产资源配置更有效率。

第四，中国城市空间生产要坚持"公有制经济＋非公有制经济"，以"公有制经济"为主体。中国城市空间生产以"公有制经济"为主体，是由中国市场经济体制所决定的。社会主义市场经济体制是由非公有制经济向以公有制为主体、多种所有制并存的所有制结构的飞跃，中国坚持城市空间生产中公有制经济的主体地位是因为公有制经济控制着国民经济命脉，拥有现代化的物质技术力量，控制生产和流通，是空间生产和全体社会成员共同富裕的物质保证，可以在城市空间生产过程发挥更大更有力的作用，不断完善城市空间生产的格局、结构和形态。同时，也要充分发挥"非公有制经济"的重要作用，因为非公有制经济对充分调动社会各方面的积极性、活跃性和适应性，加快城市空间生产发展具有重要作用。

第三节 中国城市空间生产的分析框架

一、中国城市空间生产分析框架的构建

构建中国城市空间生产的分析框架必须将中国城市空间生产的实践与马克思主义政治经济学、苏联区域经济学、新经济地理学、新马克思主义城市学派、美国和印度城市空间生产实践的经验与教训结合起来进行整体思考，并以"社会过程决定空间形式"的方法论为指导原则，揭示资本积累、空间生产和地理景观三者之间的内在逻辑关联（见图3-1）。

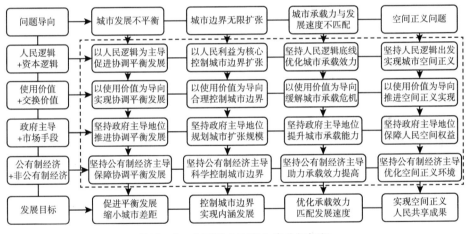

图3-1 中国城市空间生产分析框架

首先，辩证取舍已有城市空间生产理论。中国城市空间生产大致可以分为三个阶段，即艰辛探索期、改革开放期、内涵发展期。在不同时期，中国借鉴不同国家的城市发展理论开展实践。但是外来的理论只能解释和分析外国的实践问题，无法从根本上解释中国问题。其一表现为时间上的消逝性，如苏联区域经济学的相关理论，只能指导中华人民共和国成立初期的生产实践；其二表现为逻辑上的失效性，如新马克思主义城市学派对资本主义的批判理论，只能

用来批判和解释资本主义社会的发展实践问题，在中国只能解释中国城市空间生产实践中与资本主义国家相似的现象和问题，却不能从底层逻辑和根本结构上批判和解释中国的空间生产实践问题。因此，对中国城市空间生产理论进行构建和分析，第一个需要注意的问题就是辩证取舍已有理论，并结合中国城市空间生产的实践，开创出一条符合中国实际的、具有中国特色的城市空间生产理论体系。

其次，紧扣中国城市空间生产个性特征。中国城市空间生产与资本主义国家相比，具有三个特征，即人民性、可持续性和共享性。这是中国几十年城市空间生产实践所总结出来的，并且是未来中国城市空间生产实践所追求的，不同于资本主义国家的鲜明特征。这也是社会主义国家区别于资本主义国家的关键所在。其一表现为人民性的价值取向，虽然在表征上，资本主义国家的城市发展也考虑人民的问题，但与中国不同的是，在资本主义国家，人民是资本的附庸，追求资本增值才是根本目的；而在中国，资本是人民的附庸，维护人民权益才是根本目的。其二表现为共享性，资本主义国家自由追逐利益最大化，发展成果往往掌握在少数人手中，而中国的发展是以人民共享发展成果为目标的。因此，对中国城市空间生产理论进行构建和分析，需要立足于中国城市空间生产独特性，只有抓住了差别之处，才能更准确地分析问题、更有效地解决问题、更长远地规避问题。

最后，以解决城市空间生产问题为导向。中国城市空间生产与资本主义国家相比，问题有相似性，但也有独特性。可以概括为以下几个问题，即城市发展失衡、城市边界无限扩张、城市承载力与发展速度不匹配、空间非正义问题凸显。可见，中国在城市空间生产过程中出现了与资本主义国家相同或相似的问题，虽然现象相同，但是其底层逻辑和根本原因却不同。其一表现为制度体系的不同，资本主义国家问题的产生源于自由放任的经济发展模式，而中国问题的产生源于制度设计的缺失和监管力度的不足。其二表现为发展程度的不同，发达资本主义国家城市化水平更高，发展经验更丰富，而中国城市发展建设时间短，速度快，出现这些问题有其不可避免的原因，所以解决问题的方法和理念便不尽相同。因此，对中国城市空间生产理论进行构建和分析，需要我们以中国城市空间生产实践过程中出现的问题为导向，只有清楚了解决问题的方向，才能更契合中国发展实际，构建我们自己的理论体系。

二、中国城市空间生产分析框架的解释

中国城市空间生产的分析框架，应坚持以问题为导向，以中国城市空间生产实践独特性为基础，以解决发展问题为目标，以"社会过程决定空间形式"的方法论为指导原则，揭示资本积累、空间生产和地理景观三者之间的内在逻辑关联。"资本积累是在一种地理语境中发生的，并且反过来，它亦创造某种特别的地理结构"，从而构建一套具有中国特色、解决中国问题、符合中国实际的分析框架。以边界无限扩张、承载力与发展速度不匹配、城市发展不平衡、空间正义等问题为分析框架的出发点，每个问题都基于中国空间生产的"人民逻辑 + 资本逻辑""使用价值 + 交换价值""政府主导 + 市场手段"和"公有制经济 + 非公有制经济"分别采取对应的方法进行解决，最终实现既定的发展目标。

第一，从城市空间生产发展不平衡问题来看。一是坚持"人民逻辑 + 资本逻辑"，以"人民逻辑"为主导，促进协调平衡发展。中国城市空间生产应该以人的尊严和发展为核心，城市空间生产发展成果由人民共享是社会主义的基本价值取向。在城市发展失衡的情况下，不同城市人民所享有的发展成果是不平等的，因此，中国城市空间生产必须维护人民的共享权，明确共享权的法律地位，构建相应的配套措施，完善权利的补偿和救济，让人民共享中国城市发展的成果，并不断推进城市平衡发展。二是坚持"使用价值 + 交换价值"，以使用价值为导向，实现协调平衡发展。要充分利用当地的生态优势，挖掘生态价值，并且主动担当起保护生态的重大责任。我们要正视不同地区和城市之间在资源禀赋和地理位置等的差异，从差异存在的现实条件出发，实现平衡和谐的发展目标。三是坚持政府主导 + 市场手段，维护政府主导地位，推进协调平衡发展。中国城市空间生产的不平衡表现在两个方面。一方面是东、中、西部之间，经济和社会发展存在巨大差距，另一方面是同一区域内不同城市之间发展也并不平衡。因此，要加强政府主导地位和宏观调控的力度，坚持通过区域经济协调发展策略的实施和推进，有序达成地区协调平衡的发展目标。主要通过为重点开发地区的重点产业做好资金和政策的适当倾斜和扶持，并不断加快弥补落后地区的发展短板，通过发展地区的优势产业，逐步实现各地区之间发展保持相对协调。四是坚持"公有制经济 + 非公有制经济"，以公有制经济为主体，保障协调平衡发展。以城市群的发展建设为主体，作为区域发展的主要

带动力量，来协调东、中、西部的发展水平和差距，并逐步缩小南北方城市在空间生产中的差距，发挥城市群和超大城市的辐射影响作用，将城市空间不断塑造成资源环境承载力可持续、公共服务质量和水平渐次提升、空间要素资源合理配置的新格局。同时，把农村发展问题放置于重要位置，不断改善和提高农民生活水平，提升人民幸福指数，加快新农村建设速度和水准，打破城乡发展壁垒，促进协调共进。

第二，从城市发展边界无限扩大的问题来看。一是坚持"人民逻辑+资本逻辑"，以人民利益为核心，控制城市边界扩张，维护人民用地权，控制扩张速度和规模。科学技术的发展并没有摆脱土地资源对城市发展的束缚，反而因人口的增长，加剧了对土地资源的需求。城市空间生产为了实现资本增值和经济发展，不断进行土地扩张，造成了城市对人民土地资源的侵占，即用地矛盾。因此，中国城市空间生产必须维护人民用地权，完善土地补偿机制，妥善处理失地人民的权益问题，避免因城市无限扩张而造成的更为严重的土地权利问题。二是坚持"使用价值+交换价值"，以"使用价值"为导向，合理控制城市边界。首先，政府应当在权衡中心城市发展利弊条件的基础上，依据城市发展实际来针对性地制定规划措施，发展绿色城市。在规划时，把城市边界问题纳入其中，合理控制城市扩张的规模和速度，以城市自由资源和环境状态为基准考核点，确保城市扩张的合理性、有效性和可控性；其次，政府要规范各类土地的用地开发模式，确保土地资源的合理开发和有效利用，并以地区的产业发展基础作为配合，不断提升资源的使用效率和水平，减少资源的浪费和对环境的破坏；最后，政府要充分分析本地区的自然条件，以太阳能、风力等资源为主，提升可再生资源的利用率，提高可再生清洁能源的使用度，以此减少资源浪费，保护地区生态。三是坚持政府主导+市场手段，坚持"政府主导"地位，对城市扩张规模进行规划和设计。在处理城市距离过密、城市间发展极不平衡等问题时，综合运用调整行政区划、合并市县等措施来解决这些问题。西部地区要实现更高水平的集聚—扩散效应，就应当构建合理完整的城镇体系，除了集中力量建设核心城市之外，还要注重构建次级中心，培养和发展次级规模城市。在发展和建设城市的过程中着力提升城市综合实力，不盲目追求发展速度和规模，采用科学的方式来对城市边界进行规划，确保城市关系协调，优化城市承载力水平。对于目前城市建设中比较突出的城市空间挤压问题，应采取构建合理有序的城镇化体系、规范城市规模的方式进行治理。统一划分生态用地，做好区域协调，避免资本扩张造成的生态用地破坏。四是坚持

"公有制经济 + 非公有制经济"，坚持"公有制经济"主导，科学控制城市边界。在客观发展条件的基础上制定城市发展规划，具体情况具体分析，充分发挥公有制经济的主导作用和力量，通过为城市发展进行精准定位，为城市经济发展提供方向指引。加快生态城市、绿色城市建设，通过控制经济活动规模，减少经济活动对自然和生态的破坏，从而实现城市承载力和城市建设的协调平衡，保持城市空间生产的可持续发展。同时完善城市基础配套设施，满足城市居民生产和生活等多个方面的空间需求，保证社会平稳运行。

第三，从承载力与发展速度不匹配问题来看。一是坚持"人民逻辑 + 资本逻辑"，捍卫"人民逻辑"底线，优化城市承载力。根据不同城市承载力水平和现状，采取不同的处理方法和措施。首先，不同城市的发展状况不同，资源禀赋也存在很大差异，因此，政府要具体情况具体分析，有些城市人口密度低，规模较小，而土地等资源的利用程度还有很大的开发空间，对于这些城市，政府要加大财政和政策支持，完善城市的基础设施，保障人民的基本生活权利，确保城市公共设施完善和服务到位；其次，对于那些承载力超标的城市，要优化产业结构，加快传统产业和企业的转型优化升级，促进城市空间生产的可持续性，促进城市绿色建设的步伐；最后，对于那些重度超标的城市，应从资源环境、经济、基础设施等方面一起入手，改善城市承载力状况，加强法制建设，对违反资源、环境政策的行为进行严厉处罚。二是坚持"使用价值 + 交换价值"，以"使用价值"为导向，缓解城市承载危机。首先，要坚持以"使用价值"为导向，完善城市承载力的研究体系，通过理论研究和实践分析，了解城市空间承载力的具体水平，以及本城市承载力对城市社会、经济、生态发展影响的具体指标，促进承载力研究的科学化、精准化，以此来精准指导城市空间生产的行为；其次，构建城市资源环境承载力与可持续发展的指标体系，在前期科学研究和实践分析的基础上，得出二者的内在联系，为城市空间生产的行为提供科学的参考依据，避免因城市发展带来生态和环境破坏问题，并逐步提高对未来城市空间生产发展的预测准确度，以便提前做好规划；最后，应当形成动态化的城市承载力水平的评估分析系列报告，对城市的承载力水平实现高质量、高水平的动态化监控，以满足城市发展的需求。三是坚持政府主导 + 市场手段，坚持"政府主导"地位，提升城市承载能力。由"政府主导"构建多元协调机制，科学调控发展速度。构建多元协调机制就是要改变以往单一政府管制模式而带来的决策失衡和盲目追求 GDP 的问题，通过充分发展政府部分、私人企业、社会群众等多主体的共商共治共建模式，建立服务化、扁平化、网络化的治理机制，实现优化内涵发展，促进高质量可持续发展。可持续发展包含资源、经济、社会的可持续性，目的是实现社会长期的持续的发展能力。资源环境的承载力与城市发展之间有着密切联系，应在"可持续发展"理论的指导下，研究城市发展如何在保持生态平衡和环境承载力的同时实现最优的经济增长。资源和环境承载力已经从量和质两个方面限定了城市发展的理想速度和规模，遵循承载力和发展速度与规模之间的最优规律才是实现经济社会与环境可持续发展的关键所在。四是坚持"公有制经济＋非公有制经济"，坚持以"公有制经济"为主导，提高承载力。改革开放以来，由于受利润的驱动，经济发展与社会发展、生态建设的目标不一致，资源过度开发与粗放式增长导致了严重的承载力不足问题，这种现象与共享发展根本相悖。公有制应当承担更多的社会责任，加大对环境、生态与社会治理的投入力度，实现经济、社会、生态之间的动态均衡。除此之外，公有制经济应与国家整体发展大局保持一致，在缩小贫富差距、扶贫脱贫等方面发挥独特作用。

第四，从城市空间生产的空间正义问题来看。一是坚持"人民逻辑＋资本逻辑"，从"人民逻辑"出发，实现城市空间正义。中国城市空间生产是以人民为发展核心的，目标是实现城市空间生产水平的提高，并促进实现人的全面自由发展，人的发展需求是多层次的，不仅包含物质层面的满足，还包含精神需求的满足。当今社会物质极大丰富，但人们往往由于工作和生活的压力，不断滋生负面情绪。因此，要通过协调资本与人民的发展，保障人民的物质生活的同时，精神世界的丰富与身心健康同样得到维护。维护人民平等权，促进社会公平和自由。实现社会公平正义和平等自由，既是中国城市空间生产的目标，也是中国城市空间生产的途径。在城市空间生产的过程中，出现了不同程度的城市空间平等性被剥夺的问题、城市空间对乡村空间的侵占问题以及城市空间过度资本化的问题，侵害了人民空间平等权。因此，必须通过理性的制度设计和科学的空间规划来维护人民平等权。二是坚持"使用价值＋交换价值"，以"使用价值"为导向，政府应当在城市规划设计及建设发展的过程中充分考虑未来空间、长期效益，避免出现单纯追求经济效益、短期收益的政策措施、市场行为，协调管控城市以"使用价值"为导向的健康可持续发展大局；政府应当进一步推动信息化、"互联网＋"在现代化城市发展中扮演的角色，从城市长远发展出发，打造中国特色的现代化城市空间生产，形成以信息化、产业化为突出特征的健康可持续、具备充分活力与生命力的未来城市。三是坚持"政府主导＋市场手段"，坚持"政府主导"地位，保障人民空间权益。由"政府主导"构建共建共享机制，贯彻以人为本理念。构建共建共享机制就是要改变以往城市发展对人民生活空间的绑架。通过加快"资本逻辑"向"人民逻辑"的转变，构建人民广泛参与的、有序实践的、共建共享的新机制，提升人民的参与感和幸福感。依据"空间正义"理论，实现空间平等发展，实现空间正义的可持续。"空间正义"理论正是用来分析并解决城市空间生产迅速蔓延而带来的空间资源配置失衡、城乡空间矛盾突出、城市空间过度资本化的问题的。同时，我们也可以"空间正义"理论为指导，通过加强空间制度的顶层设计，提升空间生产过程中人民的参与程度和监督力度，来落实空间正义的基本原则，让空间生产的一切成果归于全部人民，惠及所有人民，服务全体人民。四是坚持"公有制经济+非公有制经济"，坚持"公有制经济"主导，优化空间正义环境。在社会主义公有制条件下，已经积累起来的劳动只是扩大、丰富和提高工人的生活的一种手段，公有制使劳动成果回归劳动者自身，有利于共同富裕目标的实现，与共享发展强调"人人参与、人人享有"的理念内在一致。社会主义公有制为广大人民提供了广泛的就业机会，与共享发展强调的共建共享内在一致。共享发展要求全面实现经济参与、社会收入公平分配和全面的社会保障，而社会主义公有制能有效提供经济参与的条件、公平分配的财富和社会保障的物质基础。

第四章

中国城市空间生产的理论模型构建与实证模型测算

第一节　中国城市空间生产理论模型构建

中国城市空间生产理论对于城市空间的解释不仅包含以固定自然属性为基础的绝对空间，还包含以社会关系结构为基础的相对空间。以"社会过程决定空间形式"的方法论为指导原则，揭示资本积累、空间生产和地理景观三者之间的内在逻辑关联。城市土地以空间生产的方式参与到人类的生产活动中，是资本积累和流动的重要动力机制。从更为广义的角度理解，城市空间生产也就是人类在社会活动中对空间进行利用和改造的过程。

工业革命后，人类社会生产效率大幅提升，社会实践活动方式以及城市空间生产产生了巨大变化。原有的田园经济模式向着现代化的城市经济不断变迁，人类的社会活动对城市空间不断进行重构与重塑，使得城市空间生产的概念成为理解城市发展、现代化经济发展的重要路径。本书通过对当前中国空间生产的重大问题的总结分析，提出了中国目前发展过程中存在的城市发展不平衡、城市发展规模边界无限扩大、城市承载力与发展速度不匹配和城市空间正义四大重要问题。中国空间生产呈现出以上问题的关键在于，改革开放之后中国的经济高速发展与城镇化变迁，使中国形成了东部沿海地区与中西部内陆地区之间的发展不平衡、城市与农村之间发展差距扩大两大主要现象，从而导致在全国范围内出现城市之间发展不平衡、部分城市无限制扩张、大城市承载压力过大、城市空间资源配置不合理导致的空间正义问题。分析和解决中国城市空间生产的主要问题，就必须紧紧围绕城市空间生产的演化规律，构建统一的分析框架，实现对中国城市的空间生产不同发展阶段的解释。

因此，研究结合马克思主义政治经济学、苏联区域经济学、新经济地理学和新马克思主义城市学派的理论，以城市空间生产发展的核心规律——集聚—扩散效应，分析城市空间生产的演化规律。新经济地理学提出了城市的集聚效应与扩散效应的理论概念来描述城市空间生产的规律变化。城市发展初期，在集聚效应的作用下，人口、产业、生产资料、资本不断在城市内形成集聚，形成规模经济。在城市发展至一定阶段后，各类要素在城市内部产生过度，城市空间生产的矛盾开始增多，规模经济效益递减。马克思主义政治经济学更为深入地对城市空间生产的集聚效应的内在演化进行分析，从资本积累与社会生产关系的角度对资本主义国家城市出现过度积累危机的必然性进行了科学解释。新马克思主义城市学派的学者在继承和发展马克思主义政治经济学的基础上，强化了对城市空间生产集聚效应与扩散效应的统一分析，结合西方新自由主义经济学的相关分析方法，构建形成了城市空间生产的三次循环理论与时空修复理论，用以解释和批判资本主义国家的城市与市场不断扩张现象。苏联区域经济学理论则从"政府主导"的视角对城市空间生产的布局、规划进行分析，着重强调通过政府来推动生产力提升与生产关系改善。

综上所述，本书首先运用马克思主义政治经济学、新马克思主义城市学派的相关理论，从单城市角度对静态环境下城市空间生产理论模型效应展开分析，研究分析资本积累与市场扩张对城市内部的集聚—扩散效应会带来哪些影响；其次，进一步结合新经济地理学，将城市间作用关系纳入理论框架，对动态变化下的城市空间生产集聚—扩散效应作用机理及演化规律进行分析；最后，研究再结合苏联区域经济学理论与中国空间生产的基本状况及重大问题，以问题导向为逻辑建立形成适合中国空间生产特征与中国空间生产要求的中国城市空间的理论模型。

一、静态环境下单城市空间生产理论模型构建

本书运用马克思主义政治经济学与新马克思主义城市学派的理论，从资本积累的视角对城市空间生产的理论模型构建及发展规律展开分析。由于工业革命后人类的劳动生产率和科学技术水平不断上升，人类的社会实践活动开始逐步摆脱空间的限制，资本、商品随着市场规模的不断扩大呈现出自然流动的特征。城市间的空间交流日益频繁，促使资本积累和扩大再生产，空间成为重要

的生产力及生产资料。人类开始在城市内部进行大量的社会实践活动，城市成为复杂的社会关系空间载体。人类的劳动生产率和科学技术水平的提高，不仅促使人类能够克服各类空间障碍，在相同空间距离下的交通时间、成本不断降低，而且资本、商品在市场中呈现出自由流动的特征。空间是社会的产物，随着人类生产力水平的不断提高，人类对社会的改造水平也在不断提升，纯粹的自然空间在城市中已经逐渐消失。自然空间不可避免地遭受到人类社会实践活动的入侵，逐渐成为人类进行社会实践活动的基地。因此，对于空间的研究不应只从自然属性层面进行，不能脱离社会生产与社会实践的过程，应当关注在时间空间相统一下社会过程所决定的空间形式。

基于上述分析进行延展，可以进一步看到，社会属性—生产方式对空间会产生影响，进而衍生出不同特性的空间状态。不同的社会结构会以其特有的生产方式使得空间呈现特有的社会结构。随着工业革命后人类生产力水平大幅提升，地区间、地区内的空间交流日益频繁，空间流动促使资本积累及扩大再生产，空间也因此作为重要的生产力与生产资料，成为进行资本积累的重要空间载体及动力机制。由于劳动生产率提高、科学技术发展，剩余价值出现，资本开始大规模积累。资本的不断积累从客观上形成了生产力和生产资料的集中，对于剩余价值的追求促使空间上出现集聚，从而降低生产运输成本，提升专业化程度促使剩余价值的最大化。城市成为资本进行空间集聚的载体，成为现代化工业化生产方式的空间化表达。

对城市空间生产的实现方式进行分析，可以看到空间是完成资本积累的重要空间载体和动力机制，现代化城市（生产力水平的时空结构）和生产力的运动方式（资本积累）是相统一的。资本对于剩余价值的追逐，驱使其不断形成空间上的集聚，通过各类要素的集中降低生产及运输成本，实现剩余价值最大化，并且通过劳动力的集中促使专业化水平不断提升，提高劳动生产率实现生产的相对剩余价值。市场经济下，资本获取超额利润需要不断通过扩大资本投入进行技术创新和扩大再生产规模，客观上使得人类运输、通信、交通能力不断提升以克服资本流动下的空间障碍。不断用于对城市运输、通信、交通能力创新提升的资本投入促使城市的空间结构出现变化。市场规模扩大和资本流动不断以新的方式对空间结构进行重组，城市在技术、资源、人力、文化上形成巨大的领先优势，世界经济社会快速进入以城市为核心的空间演化过程。城市成为资本进行空间集聚的载体，成为现代化工业化生产方式的空间化表达方式。城市内部人口、产业、资本、生产资料大规模集中，为资本积累创造了十分有利的空间条件。

随着人类的生产、消费、交换和分配等社会实践活动，资本积累过程开始集中出现在城市空间中，为了实现资本积累并获取超额利润，城市的空间生产遵循着四个阶段的发展规律。首先，城市在初期不断进行资本集聚从而降低成本，市场的专业化多样化程度不断提升，城市空间生产保持集聚效应的发展模式。其次，资本通过技术创新实现对相对剩余价值的追求，城市市场规模不断扩大，城市空间生产已达到最优集聚效应。再次，由于城市内部资本出现过度积累，城市开始出现规模扩大的需要，空间生产开始转向扩散效应。最后，城市通过空间扩张、产业转移、资本流动的方式扩大消费和贸易，实现区域性的空间生产，并且通过空间扩张及空间生产对资本过度积累问题进行修复调节，城市的空间生产逐渐保持平稳状态。

通过对城市空间生产发展规律的分析，可以发现城市空间生产的集聚—扩散效应实际上是人类社会实践活动及资本积累带来的必然效应。首先，城市内部形成的规模经济效应促使资本积累和再生产的扩大。其次，为加速资本流动和减小时间成本消除空间障碍，城市内部交通环境、通信技术不断发展，产业进一步进行空间上的集聚从而减少交换、分配成本，使得城市空间不断进行改造和重组。最后，城市为了解决资本过度积累带来的危机，驱动其为剩余资本找寻新的获利空间，在空间上开辟新的发展区域进行产业转移和资本流动。

本书进一步结合时空修复理论对静态环境下单城市空间生产理论模型进行分析（见图 4-1）。在城市空间生产处于集聚效应的阶段，人类劳动生产率的提高使得人口、资本、产业和生产要素开始在城市内部趋于集中，人类社会实践活动产生变化；同时也促使产业专业化与多样化发展，市场规模逐渐扩大，使得资本积累不断增加；而且，劳动生产的提高还会推动实现技术创新，实现资本投资的超额利润。从城市内部各类要素集聚的角度分析，一方面，通过规模效应，可以降低生产运输成本，进一步推动资本的积累；另一方面，通过内部空间的扩张，带动和影响着技术创新。从技术创新的角度分析，资本希望进一步获取超额利润就需要通过加大投入再生产规模以实现技术创新。由此可以看到，在城市空间生产的集聚效应作用下，城市发展最终取决于资本积累。实际上，人类社会实践活动中城市空间生产的变化，也就是三次循环理论下资本不断通过生产规模再投入的一次循环、基础设施建设二次循环、技术与教育投资的三次循环以缓解资本过度积累所带来的危机而对城市空间属性所形成的影响。

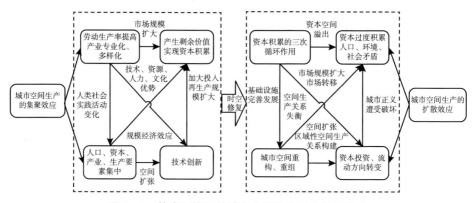

图 4 – 1　静态环境下单城市空间生产理论模型构建

随着城市发展与其边界、承载力之间呈现出不协调关系，以及资本过度积累导致危机，城市发展开始出现扩散效应。城市空间生产由集聚转向扩散，即在时空修复作用下缓解资本过度积累危机。从时间层面分析，资本通过深入的三次循环积累，实现对过度积累危机的缓解与延后；从空间层面分析，资本通过不断扩大外部市场，实现对新空间的开发以达到转嫁过度积累危机的作用。资本进行积累的过程实际上就是不断"用时间去消灭空间"的过程。资本通过不断的流动以及扩大规模实现价值的增值，加速资本流动及运转周期是扩大资本积累的重要途径，因此，对资本而言，其期望克服一切空间限制。资本不断运用技术进步促使交通及通信设施发展，实现商品流通，缩短行程，减少时间成本；与此同时，进一步打破空间障碍，实现资本的自由流动从而完成资本的积累。结合图 4 – 1 分析，在三次循环资本投资的作用下，首先，城市通过不断完善内部基础设施实现对城市空间的重构、重组，城市开始逐步突破原有边界，向外部扩张；其次，市场规模不断扩大，带来市场转移，使得资本投资流动方向转变；最后，在三次循环的作用下，城市内部由于资本、人口以及其他要素资源过度积累所导致的环境与承载力危机并未得到缓解，使得社会矛盾激增。从城市空间重构、重组的角度分析，城市的扩张一方面使得原有的空间布局结构失衡，进一步加剧了同一地区内部的不平衡；另一方面，由于城市的扩张，资本投资流动方向开始转变。从资本投资流动方向转变的角度分析，由于城市郊区化，原有的城市中心开始萎缩，城市空间遭受分割，社会矛盾进一步激增，城市的空间正义遭受破坏。由此可以看到，静态环境下单城市空间生产的集聚—扩散效应的发展会由于资本过度积累，导致最终出现城市内部矛盾激增，导致严重的空间不正义，影响城市的健康发展。

二、动态环境下多城市空间生产理论模型构建

在静态环境下，单城市的空间生产是在资本过度积累的作用下，不断由集聚效应向扩散效应转变的过程，考虑到各城市之间空间生产集聚与扩散存在相互影响作用，本书在此分析基础上，结合新经济地理学对城市间作用关系的分析，形成对动态环境下多城市空间生产理论作用机理及演化规律的分析。

资本在空间上的集聚能有效地实现资本积累，通过人口、生产资料在空间上的高度集中，可以进一步提高劳动生产率，缩短生产周期，降低商品交换、分配、消费的成本，从而加速资本积累。同时，随着城市内部的集聚趋势超过其空间的自然属性与社会属性承载范围，城市内的空间生产矛盾开始出现。城市的生产生活成本不断提高以及城市的空间结构僵化都不利于资本的积累与流动，通过资本集聚获取的规模经济效益逐渐被抵消。于是，城市发展出现扩张的需要，资本逐渐向外部分散。因此，实际上城市空间就是在资本的集聚与扩散中逐渐寻求平衡稳定的空间生产状态。

本书进一步对动态环境下各城市的空间生产进行整体性分析。由于地区内城市的空间生产不均衡，不同城市之间发展差距较大，空间规模不一致，资本及商品流动依旧受到空间限制，对区域性空间生产形成阻碍；同时，城市内部空间生产矛盾日益激增。因此，发展区域性空间生产、提升空间生产效率、进行适度城市空间扩张，都要求对地区及城市进行合理规划，贯彻社会正义的原则。基于上述分析（见图4-2），构建出空间正义理论下城市空间生产理论的作用机理及演化规律。

由于城市空间生产不协调、资本过度积累、资本及商品流动依旧面临阻碍，居民对空间资源及空间商品的生产、占有、利用、消费都出现了不同程度的不公平和不公正。因此，促进区域性空间生产需要保证城市空间的正义性。由于城市在对人口、资本、产业、生产资料进行集聚时，也产生了类似资本过度积累、城市拥堵、社会矛盾激增、污染增加等负面效应，城市开始出现市场规模扩大、扩大再生产规模、资本及商品流动的需求，进而使得城市空间形成扩张，其空间生产呈现扩散效应。但由于资本的流动和市场规模的扩大是逐步进行的，地区内的区域性空间生产的构建是一个漫长过程，同时资本主要的再

生产过程、固定投资都锁定在某一城市的空间生产中，城市的扩张和资本的分散受到一定的限制，不能进行无限延展。因此，城市空间生产的集聚—扩散效应会保持平衡。

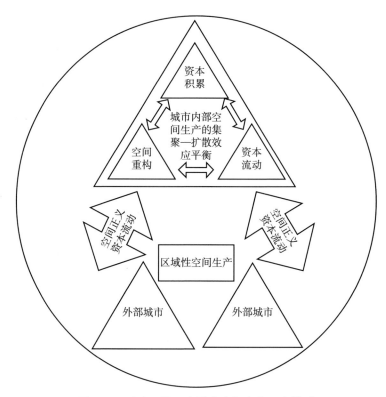

图 4 - 2　动态环境下多城市空间生产理论模型

各城市的空间生产集聚—扩散效应会相互作用，一方面，市场规模的扩大、资本及商品的流动、区域性空间生产的构建使得地区空间取向同质化；另一方面，客观上市场及资本进行流动时往往也会选择向具备空间、资本、产业、生产资料优势的地区进行转移，因此，随着市场和资本流动，城市空间生产扩散效应也会导致地区内发展不平衡、不正义出现。随着劳动生产率提高、生活节奏加速、城市空间扩张、城镇人口增多、区域一体化形成，不同的空间生产方式、空间形式相互碰撞、叠加、融合，从而不断对人类社会实践活动和生产生活方式进行重构。空间正义和资本流动会对空间进行同质化的塑造，同时也促使地区空间形成等级化体系。由于不同空间的利润率存在巨大差异，资本在地区内不断流动，由空间正义驱动下的空间生产逐步由集聚转向流动扩散，促使人类社会生活趋向共时性、网络化、流动化的特征。资本的流动促使各部门利润率趋于平均化，进而形成了一个具备等级梯度的空间秩序体系。通过空间正义进行区域性空间生产构建，实际上也就是以空间规划为目的，对城市空间生产理论模型效应进行界定，并且对城市的承载力进行协调，从而实现各城市空间生产的公平与正义。

三、空间正义与时空修复相统一下中国空间生产理论模型构建

要建立中国特色的空间生产效应的理论模型，就必须立足于中国城市空间生产的特征及要求。本书由问题入手，总结归纳得到中国城市发展亟待解决的四个主要问题：城市发展不平衡、城市发展规模边界无限扩大、城市承载力与发展速度不匹配、城市空间正义问题。并且归纳总结得到中国城市空间生产的差异性在于：底层逻辑不同（中国是"人民逻辑＋资本逻辑"）、价值导向不同（中国是"使用价值＋交换价值"）、主导动力不同（中国是"政府主导＋市场手段"），投资主体不同（中国是"公有制经济＋非公有制经济"）。本书进一步结合苏联区域经济学对"政府主导"下区域空间布局规划、生产力优化及生产关系协调的相关理论，认为中国特色的城市空间生产集聚—扩散效应实际上就是充分发挥了社会主义国家的制度优越性，对单一资本＋市场为主导的资本主义国家城市空间生产的错误、缺陷进行了修正、完善，形成了空间正义＋时空修复模型下的城市空间生产理论的中国方案（见图4－3）。

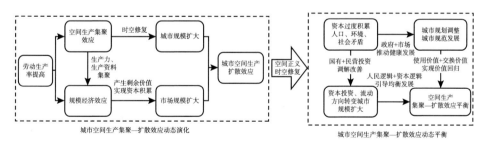

图4－3　中国城市空间生产理论模型

随着劳动生产率的提高，人口、产业、资本和生产资料在城市中集聚，形成了城市空间生产的集聚效应以及规模经济效应，促使资本积累和再生产的扩大。这一方面使得空间生产呈现出集聚效应的发展模式，另一方面也使得城市进入规模经济的快速发展模式。而城市空间生产的集聚效应在资本过度积累的时空修复作用下不断呈现出规模扩大的趋势，同时规模经济效应通过不断进行投资再生产使得市场规模也不断扩大，从而使得城市空间生产出现扩散效应的发展需求。

中国城市空间生产的发展模式不同于资本主义国家，中国方案包含了空间正义与时空修复两部分内容，从而实现了均衡化的城市空间生产。首先，在城市由集聚效应转向扩散效应时，城市内部资本呈现出过度积累的问题，人口、环境、社会矛盾激增，这个时候中国以"国有＋民营"的投资模式调节和改善城市出现的资本过度积累危机，推动实现产业转移与升级，实现城市的扩散带动作用，优化投资利用状况。对城市内部而言，以"政府主导＋市场手段"的发展推动，实现对城市科学发展的有效规划，推动城市在合理区间发展。随着城市投资的转移，区域协调的发展格局形成了，以"人民逻辑＋资本逻辑"为核心的中国特色社会主义道路推动城市之间形成互动互联的发展模式，推动实现区域发展均衡化，建立了区域协调发展的新模式。并且随着城市内部空间结构的优化，以"使用价值＋交换价值"为核心的价值导向推动形成大、中、小城市之间的协调发展，形成区域性的城市空间生产集聚—扩散效应的平衡。

本书通过对单城市空间生产作用机理及演化规律的分析，发现城市的空间发展存在四个阶段，其发展的最终形式是构建出区域性的空间生产，即动态环境下多城市空间生产。客观上，由于地区内各城市的空间生产不一致、发展差距较大，资本及商品的流动在实际过程中依旧受到一定的限制，区域性空间生产存在阻碍。同时，通过时空修复并不能够很好地解决城市内部自身空间生产日益激化的问题，因此，需要对城市的空间进行合理规划，实现空间资源的公平从而贯彻社会正义。因此，本书从问题出发，为解决中国城市空间生产的四大主要问题，运用中国城市空间生产集聚—扩散效应的理论模型，形成空间正义—时空修复双重作用下城市空间生产的理论发展模式框架（见图4-4）。

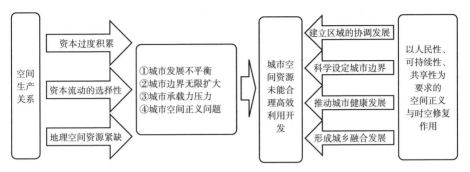

图4-4　时空修复—空间正义双重作用下城市空间生产的理论发展模式

资本过度积累、资本及商品流动存在选择性，以及地理空间资源存在稀缺性，使得城市空间生产矛盾激增，总体上体现在城市发展不平衡、城市发展规模边界无限扩大、城市承载力与发展速度不匹配和城市空间正义四个方面。首先，资本的过度积累带来了城市间发展规模的不断扩张，而又由于资本及商品流动的选择性使得城市空间生产的扩散效应存在选择性，市场及资本进行流动时往往也会选择向具备空间、资本、产业和生产资料优势的地区进行转移，因此，市场和资本流动下的城市空间生产扩散效应也会导致城市发展的不平衡和空间不正义的现象出现。并且，由于客观上地理空间的稀缺性，城市的发展不可能无限制进行，在有限城市空间内部，各类要素的集聚导致城市承压压力扩大。对城市空间生产问题进行分析，可以看到问题的核心实际上在于未能实现对城市空间资源的高效利用。从中国城市空间生产的总体特征出发，以人民性、可持续性、共享性为要求的中国方案实际上就是运用"空间正义+时空修复"的发展模式，通过建立区域的协调发展格局，科学设定城市边界范围，推动城市的健康和可持续发展，形成城乡融合发展新模式，解决中国城市空间生产的主要问题。

第二节　中国城市空间生产的实证模型测算

一、研究设计

研究结合理论分析中对动态环境下多城市空间生产效应的分析模型（见

图4-2），尝试建立形成中国城市空间的实证模型。城市空间生产的集聚—扩散效应从实证的角度可以理解为城市的"吸引力"与"排斥力"。本书借用物理学研究中"场"的概念用以表征城市空间生产集聚—扩散效应的作用。在物理学研究中，场用来表示引力、电磁力在空间中的能量传播形式。万有引力和电磁感应现象分别是对引力场、电磁场在空间中物体相互作用和运行规律的描述总结。空间结构中的能量传播和运行规律并不仅限于物理学概念，在空间区位理论中就有关于"经济场"的构想，通过空间内所形成的"经济场"，区位的经济空间性质和功能发展变化（见式（4-1））。

在物理学中，电磁场强度公式：

$$E_{电} = k\frac{q_e}{r^2} \qquad (4-1)$$

其中，k 为参数；q_e 为电荷的电量；r 为到电荷的距离。

结合理论部分的分析内容，研究借用物理学中电磁场强度的表达公式，构建出城市空间生产集聚—扩散效应的场强公式。在空间经济学中，经济社会发展、人口、资本、各类资源在空间内都存在着对周边地区的吸引和辐射作用，其具体的集聚能力和辐射范围与引力、电磁力一样"看不见、摸不着"，但却客观真实存在。因此，本书建立了两个前提假设：

前提假设1：在空间经济学中，"城市空间生产集聚—扩散效应场"的吸引和辐射强度与相距原点的空间距离相关，距离场源中心越近，则相互作用强度越大。随着距离的扩大，相互之间的作用强度不断递减。因此，研究假设"城市空间生产聚集与扩散效应场强"与距离平方成反比。

前提假设2：城市综合实力可以看作场源所带的势能，基于场的物理性质推断场强大小与场源势能大小之间呈正相关关系。因此，在构建"城市空间生产集聚—扩散效应场叠加"模型时，假设"城市空间生产集聚—扩散效应场强"大小与城市综合实力成正比。

基于以上假设，构建出"城市空间生产集聚—扩散效应场强"方程（见式（4-2））：

$$E_{场} = k\frac{q_e}{r^2} \qquad (4-2)$$

其中，k 为比例系数；q_e 为城市综合实力；r 为相距场源中心的距离。

基于空间经济学、区域空间结构理论的相关概念，将单个城市均看作独立的场源。因此，进一步构建以下两个前提假设：

前提假设3：在"场"的物理性质中，场强具备叠加性，场强可以进行矢量叠加。因此，研究基于"场"的叠加性原理，可以实现对城市空间生产集聚—扩散效应的定量运算。

前提假设4：本书将城市的场强范围看作其集聚—扩散效应半径的单位圆面积，其圆心即为场源。每个城市集聚—扩散效应边界不仅是其自身吸引力与辐射力的平衡结果（R_A），还受到其他城市对其辐射作用的影响（S_{AB}、S_{AC}等）。

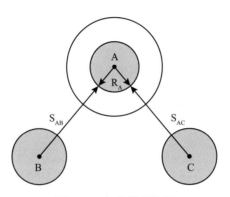

图4-5 场的模拟作用

基于上述分析，本书认为，城市空间生产集聚—扩散效应场叠加存在一个客观距离使得城市空间生产集聚—扩散效应内部场强与外部场强相等（见图4-5），即：

$$E_外 = E_内 \qquad (4-3)$$

其中：

$$E_内 = k\frac{q_e}{r^2} \qquad (4-4)$$

$$E_外 = \sum_{i=1}^{n} k\frac{q_e}{r_i^2} \qquad (4-5)$$

将式（4-3）、式（4-4）、式（4-5）联立，可以得到一个关于中国城市空间生产集聚—扩散效应场叠加模型下的合理空间资源配置的城市最优边界半径。

即对以下方程进行求解：

$$k\frac{q_{je}}{r^2} = \sum_{\substack{i=1 \\ i \neq j}}^{n} k\frac{q_{ie}}{(S_{ij}-)^2} \qquad (4-6)$$

其中，通过求解 r，能求出第 j 个城市的场强因子的最优半径。

基于文献综述分析和中国城市空间生产理论模型的构建，对式（4-6）中的 q_e 应当选取多因素、多层次的综合性指标，因此，本书以现有权威文献为参考选取评估指标，以公开出版的统计年鉴进行数据统计，对城市综合实力从各个层面、各个项目及各个指标进行测算。根据上述原则和现有的统计资料，从总量、质量、流量三个方面建立了 10 个层面共 29 项具体指标的城市综合实力评估指标体系（见表 4-1）。

表 4-1　　　　　　　　　　城市综合实力评估指标体系

目标层	准则层	解释层	指标层	单位
城市综合实力	A_1 总量指标	B_1 经济实力	C_1 地区生产总值（当年价格）	万元
			C_2 人均地区生产总值	元
			C_3 地区生产总值增长率	%
			C_4 固定资产投资总额	万元
			C_5 城乡居民储蓄年末余额	万元
		B_2 科教实力	C_6 科技支出	万元
			C_7 教育支出	万元
			C_8 高等学校教师人数	人
			C_9 高等学校在校学生数	人
		B_3 政府实力	C_{10} 地方财政一般预算内收入	万元
			C_{11} 地方财政一般预算内支出	万元
			C_{12} 利税总额	万元
	A_2 质量指标	B_4 发展水平	C_{13} 非农业人口占总人口比例	%
			C_{14} 城市建成区面积	平方千米
			C_{15} 工业总产值	万元
		B_5 产业结构	C_{16} 第二、第三产业占 GDP 的比重	%
			C_{17} 第二、第三产业从业人员比重	%

续表

目标层	准则层	解释层	指标层	单位
城市综合实力	A$_2$ 质量指标	B$_6$ 城市服务	C$_{18}$ 每百人公共图书馆藏书	册
			C$_{19}$ 人均家庭生活用水量	立方米/人
			C$_{20}$ 居民人均生活用电量	千瓦小时
			C$_{21}$ 每万人拥有公共汽电车	辆
			C$_{22}$ 每万人拥有医生数	人
			C$_{23}$ 人均铺装道路面积	平方米
		B$_7$ 环境状况	C$_{24}$ 人均绿地面积	公顷
			C$_{25}$ 建成区绿化覆盖率	%
	A$_3$ 流量指标	B$_8$ 资金流量	C$_{26}$ 本年应交增值税	万元
		B$_9$ 实物流量	C$_{27}$ 货运量	万吨
		B$_{10}$ 信息流量	C$_{28}$ 固定电话用户数	万户
			C$_{29}$ 邮电业务总量	万元

本书所构建的城市综合实力指标体系中，指标之间相互独立而又具有联系，不能将指标分割判断，本书通过选择多项指标从而从各个层面、各个角度全面准确科学地对城市综合实力进行评估。对所选用的指标数据运用极差公式进行无量纲化处理，对于正面性指标，可以通过公式（4-7）计算：

$$X_{ik} = \frac{Y_{ik} - \min_i Y_{ik}}{\max_i Y_{ik} - \min_i Y_{ik}} \times 100 \qquad (4-7)$$

对于负面性指标，可以通过式（4-8）计算：

$$X_{ik} = \frac{\max_i Y_{ik} - Y_{ik}}{\max_i Y_{ik} - \min_i Y_{ik}} \times 100 \qquad (4-8)$$

由于本书所构建的城市综合实力指标体系具备变量指标多、数据量大的特点，并且各变量之间还存在一定的相互关联性，难以直接进行综合分析，因此选用灰色理论对城市综合实力指标体系进行灰色综合评价和灰色聚类研究，运算所取得最大值 $\max_i Y_{ik}$、最小值 $\min_i Y_{ik}$ 为全面板数据统计结果，从而将 29 项指标转化为灰色关联得分综合变量进行考量。

参考王生鹏的相关研究，第一，对各项数据进行无量纲化处理，从而将各类指标数据转化为 0~1 的标准值，研究选取最优参照数列作为参照（数据为1），通过对比无量纲化后的数据与最优参照数列的灰色关联度来分析城市与理想最优模型的差距，灰色关联度越高则说明城市的综合实力越强。

第二，通过式（4-9）计算灰色关联系数 $\zeta_i(k)$。

$$\zeta_i(k) = \frac{\min\limits_i \min\limits_k |X_0(k) - X_i(k)| + \delta\max\limits_i \max\limits_k |X_0(k) - X_i(k)|}{|X_0(k) - X_i(k)| + \delta\max\limits_i \max\limits_k |X_0(k) - X_i(k)|} \quad (4-9)$$

其中，δ 为分辨系数，$\delta \in [0,1]$，通常取 0.5。$X_0(k)$ 为研究数列，$X_i(k)$为参照数列。

第三，通过式（4-10）计算各项指标的灰色关联系数。

$$\bar{t}_i = \frac{1}{n}\sum_{i=1}^{n}\zeta_i(k), i = 1,2,\cdots,n \quad (4-10)$$

第四，通过式（4-11）计算各项指标在综合评价中的权重。

$$r_i = \frac{\bar{r}_I}{\sum\limits_{k=1}^{m}\bar{r}_i}, k = 1,2,\cdots,m \quad (4-11)$$

第五，通过式（4-12）对城市综合实力得分进行计算。

$$q_e = \sum_{k=1}^{m}r_i x_i(k), k = 1,2,\cdots,m \quad (4-12)$$

基于"物理学场"的相关概念，物体会形成特定的能量场并产生相互之间的作用影响。在引力场中，物体受到相互之间引力推动，在电磁场中，电子之间的运动受到势能和极性的影响，物理学中所研究的"场"环境下的物体之间的距离通常都是其直接距离。在经济空间的"场"中，城市之间的集聚——扩散效应是以地理实体作为传播媒介，其不仅受到空间距离的阻碍产生损耗，也受到不同"场"环境的性质制约。因此，本书认为，在中国城市空间生产集聚——扩散效应场叠加模型中，城市之间、不同区位之间也存在着空间场中能量分布不均衡的情况，发挥集聚——扩散效应必须克服空间距离所形成的阻力。基于上述原因，本书通过地表欧式空间投影来表征城市之间、不同区位之间的距离。本书认为，城市间最小成本距离是进行集聚——扩散时克服地理距离阻力、能量不均衡的最优选择。

参考曾鹏的相关研究，各个城市之间的最短距离 d_{ij}（欧氏距离）可以通过各个城市间的经纬度和地球半径来进行计算。

$$S = 2\arcsin\sqrt{\begin{array}{l}\sin^2\left(\dfrac{(Lat1 - Lat2) \times \pi}{360}\right) + \cos\left(\dfrac{Lat1 \times \pi}{180}\right) \times \\ \cos\left(\dfrac{Lat2 \times \pi}{180}\right)\sin^2\left(\dfrac{(Long1 - Long2) \times \pi}{360}\right)\end{array}} \times 6378.137$$

$$(4 - 13)$$

其中，Lat、Long 分别表示城市的纬度和经度（以各城市政府所在位置为城市的圆心，通过城市政府的经纬度信息进行计量，本书应用谷歌地球软件获取城市圆心点经纬度信息），考虑到地球经纬度为矢量，因此，本书设定东经、北纬为正值。6378.137 是地球的半径，单位千米。

二、实证测算

本书基于所构建的中国城市空间生产集聚—扩散效应场叠加模型和城市综合实力指标体系，对中国地级及以上中国城市空间生产集聚—扩散效应场叠加模型最优半径边界及承载力进行测算。研究数据来自《中国城市统计年鉴（2001~2017年）》，进而对 2000~2016 年以来中国行政级别保持稳定的 260 个地级及以上城市进行分析测算。研究先通过灰色关联度的方法对城市综合实力进行测算（见附录 1、附录 2），进而得到式（4-6）中的 q_e。然后进一步对中国城市空间生产集聚—扩散效应场叠加模型进行求解。

假设

$$y = k\frac{q_{je}}{r^2} - \sum_{\substack{i=1 \\ i \neq j}}^{n} k\frac{q_{ie}}{(S_{ij} - r)^2} \qquad (4 - 14)$$

令 y=0，运用 Matlab 软件编程进行求解，最终得到中国城市空间生产集聚—扩散效应场叠加模型下合理空间资源配置的城市最优半径。

需要特别说明的是：计算平均值能够得到全国城市样本边界及承载力的集中区间（见附录 3、附录 4），从而可以对中国城市边界及承载力综合发展水平进行评估；计算中位数能够得到全国城市样本边界及承载力的分布标志值，反映出中国城市边界及承载力实际发展分布情况；计算众数能够得到全国城市样本边界及承载力的数据密度，得到不同城市边界及承载力中出现频率最高的数据，可以进一步准确定位数据的分布；计算标准差能够得到全国城市样本边界及承载力的偏离系数，得到各城市边界及承载力相对平均数值差距，进而确定指标数据整体的偏离度；计算极差及最小值、最大值能够得到全国城市样本边界及承载力的分布区间，反映出不同城市边界及承载力数据间差距。同时，进一步对 2000~2016 年的相关指标数据进行平均值分析，从而对中国城市边界及承载力的变化趋势及幅度进行综合统计。

表4-2、表4-3、表4-4、表4-5 分别为全国、东部地区、中部地区、西部地区中国城市空间生产理论效应场叠加模型下城市边界的相关指标描述。其中，东部地区包括的省级行政区共 11 个，分别是北京、天津、河北、辽宁、上海、江苏、浙江、福建、山东、广东和海南；中部地区包括的省级行政区共 8 个，分别是山西、吉林、黑龙江、安徽、江西、河南、湖北、湖南；西部地区包括的省级行政区共 12 个，分别是四川、重庆、贵州、云南、西藏、陕西、甘肃、青海、宁夏、新疆、广西、内蒙古。

表4-2   全国城市边界相关指标   单位：千米

年度	集中区间（平均数）	分布标志值（中位数）	数据密度（众数）	偏离度（标准差）	分布区间（极差）	最小值	最大值	观测数
2000	25.34	21.20	28.01	12.00	86.39	3.86	90.24	260
2001	25.32	21.20	28.01	12.01	86.39	3.85	90.24	260
2002	25.32	21.20	28.01	12.01	86.39	3.85	90.24	260
2003	25.33	21.20	28.01	12.00	86.38	3.86	90.24	260
2004	25.32	21.20	28.01	12.01	86.38	3.86	90.24	260
2005	25.34	21.20	28.00	12.01	86.37	3.87	90.24	260
2006	25.43	21.20	28.01	12.39	86.37	3.87	90.24	260
2007	25.39	21.20	28.01	12.40	86.37	3.88	90.24	260
2008	25.37	21.20	28.01	12.37	86.36	3.88	90.24	260
2009	25.38	21.20	28.01	12.37	86.36	3.88	90.24	260
2010	25.38	21.20	28.01	12.37	86.36	3.89	90.24	260
2011	25.38	21.29	28.01	12.37	86.35	3.89	90.24	260
2012	25.40	21.20	28.01	12.36	86.35	3.89	90.24	260
2013	25.39	21.20	28.01	12.36	86.35	3.89	90.24	260
2014	25.38	21.20	28.00	12.37	86.35	3.90	90.24	260
2015	25.42	21.20	28.01	12.39	86.34	3.90	90.24	260

续表

年度	集中区间 （平均数）	分布标志值 （中位数）	数据密度 （众数）	偏离度 （标准差）	分布区间 （极差）	最小值	最大值	观测数
2016	25.44	21.20	21.18	12.42	86.34	3.90	90.24	260
平均	25.37	21.20	27.29	12.25	86.36	3.88	90.24	260

从表4-2中可以看出，2000~2016年全国城市边界平均值的相关指标中，集中区间（平均数）为25.37千米，分布标志值（中位数）为21.20千米，数据密度（众数）为27.29千米，偏离度（标准差）为12.25，分布区间（极差）为86.36千米，最小值为3.88千米，最大值为90.24千米。而从2000~2016年全国城市边界各年度的相关指标中可以看出，集中区间（平均数）最大值为25.44千米，最小值为25.32千米；分布标志值（中位数）最大值为21.29千米，最小值为21.20千米；数据密度（众数）最大值为28.01千米，最小值为21.18千米；偏离度（标准差）最大值为12.42，最小值为12.00；分布区间（极差）最大值86.39千米，最小值为86.34千米。数据表明，全国大部分城市的城市边界范围集中区间保持在20千米左右，城市边界范围的分布区间较大，说明不同区位条件和发展规模城市之间的聚集与扩散能力存在较大差异。

表4-3 东部地区城市边界相关指标　　　　单位：千米

年度	集中区间 （平均数）	分布标志值 （中位数）	数据密度 （众数）	偏离度 （标准差）	分布区间 （极差）	最小值	最大值	观测数
2000	22.19	21.18	21.18	7.10	41.05	9.18	50.23	100
2001	22.19	21.18	21.18	7.11	41.07	9.16	50.23	100
2002	22.19	21.18	21.18	7.11	41.07	9.16	50.23	100
2003	22.14	21.18	21.18	7.07	41.13	9.10	50.23	100
2004	22.11	21.18	21.18	7.09	41.17	9.06	50.23	100
2005	22.19	21.18	28.01	7.11	41.20	9.03	50.23	100
2006	22.12	21.18	28.00	7.10	41.19	9.04	50.23	100
2007	22.10	21.18	28.00	7.11	41.23	9.00	50.23	100

年度	集中区间 （平均数）	分布标志值 （中位数）	数据密度 （众数）	偏离度 （标准差）	分布区间 （极差）	最小值	最大值	观测数
2008	22.01	21.18	28.00	6.95	41.27	8.96	50.23	100
2009	22.00	21.18	21.18	6.95	41.28	8.95	50.23	100
2010	21.98	21.18	28.00	6.96	41.32	8.91	50.23	100
2011	21.98	21.18	28.00	6.97	41.35	8.88	50.23	100
2012	22.01	21.17	28.00	6.96	41.39	8.84	50.23	100
2013	22.00	21.17	28.00	6.96	41.44	8.79	50.23	100
2014	21.97	21.17	28.00	6.97	41.46	8.77	50.23	100
2015	21.98	21.17	28.00	6.96	41.54	8.69	50.23	100
2016	22.07	21.17	28.01	7.12	41.58	8.65	50.23	100
平均	22.07	21.18	25.59	7.03	41.28	8.95	50.23	100

从表 4-3 中可以看出，2000~2016 年东部地区城市边界平均值的相关指标中，集中区间（平均数）为 22.07 千米，分布标志值（中位数）为 21.18 千米，数据密度（众数）为 25.59 千米，偏离度（标准差）为 7.03，分布区间（极差）为 41.28 千米，最小值为 8.95 千米，最大值为 50.23 千米。而从 2000~2016 年东部地区城市边界各年度的相关指标中可以看出，集中区间（平均数）最大值为 22.98 千米，最小值为 21.97 千米；分布标志值（中位数）最大值为 21.18 千米，最小值为 21.17 千米；数据密度（众数）最大值为 28.01 千米，最小值为 21.18 千米；偏离度（标准差）最大值为 7.12，最小值为 6.95；分布区间（极差）最大值为 41.58 千米，最小值为 41.05 千米。数据表明，东部地区城市边界范围数值集中区间相较全国整体水平出现了下降，说明东部地区各城市的集聚—扩散效应均在较高水平，地区内城市密集度较高；东部地区内各城市边界范围分布区间较小，偏离度数值较小，说明地区整体的发展均衡和集聚扩散效应发挥良好。

表4-4   **中部地区城市边界相关指标**   单位：千米

年度	集中区间（平均数）	分布标志值（中位数）	数据密度（众数）	偏离度（标准差）	分布区间（极差）	最小值	最大值	观测数
2000	24.10	21.18	21.18	10.83	86.38	3.86	90.24	99
2001	24.04	21.18	21.18	10.82	86.38	3.85	90.24	99
2002	24.04	21.18	21.18	10.82	86.38	3.85	90.24	99
2003	24.11	21.18	15.65	10.83	86.38	3.86	90.24	99
2004	24.09	21.18	15.65	10.84	86.37	3.86	90.24	99
2005	24.07	21.18	27.99	10.85	86.36	3.87	90.24	99
2006	24.16	21.18	15.65	10.84	86.36	3.87	90.24	99
2007	24.08	21.18	28.00	10.84	86.36	3.88	90.24	99
2008	24.13	21.18	28.00	10.86	86.35	3.88	90.24	99
2009	24.14	21.18	28.00	10.85	86.36	3.88	90.24	99
2010	24.18	21.18	28.00	10.83	86.35	3.89	90.24	99
2011	24.18	21.18	28.00	10.83	86.35	3.89	90.24	99
2012	24.19	21.19	28.01	10.83	86.35	3.89	90.24	99
2013	24.20	21.18	28.01	10.82	86.34	3.89	90.24	99
2014	24.19	21.18	28.01	10.83	86.34	3.90	90.24	99
2015	24.27	21.18	28.00	10.92	86.34	3.90	90.24	99
2016	24.29	21.18	21.18	10.90	86.33	3.90	90.24	99
平均	24.27	21.18	28.00	10.92	86.34	3.90	90.24	99

从表4-4中可以看出，2000～2016年中部地区城市边界平均值的相关指标中，集中区间（平均数）为24.27千米，分布标志值（中位数）为21.18千米，数据密度（众数）为28.00千米，偏离度（标准差）为10.92，分布区间（极差）为86.34千米，最小值为3.90千米，最大值为90.24千米。而从2000～2016年中部地区城市边界各年度的相关指标中可以看出，集中区间（平均数）最大值为24.29千米，最小值为24.04千米；分布标志值（中位数）最大值为21.19千米，最小值为21.18千米；数据密度（众数）最大值为28.01千米，最小值为15.65千米；偏离度（标准差）最大值为10.92，最小

值为 10.82；分布区间（极差）最大值为 86.38 千米，最小值为 86.33 千米。数据表明，中部地区城市边界范围集中区间数值也低于全国整体水平，说明地区内城市的集聚效应也高于扩散效应，地区内城市的扩散效应受到各类因素的影响而小于全国整体水平。城市边界范围分布区间较大，说明地区内各城市的区位条件、发展差距明显。

表 4 - 5 　　　　　　　　　西部地区城市边界相关指标　　　　　　　　单位：千米

年度	集中区间（平均数）	分布标志值（中位数）	数据密度（众数）	偏离度（标准差）	分布区间（极差）	最小值	最大值	观测数
2000	32.54	28.01	28.01	16.60	79.32	10.92	90.24	61
2001	32.53	28.01	28.01	16.61	79.35	10.89	90.24	61
2002	32.53	28.01	28.01	16.61	79.35	10.89	90.24	61
2003	32.53	28.01	28.01	16.60	79.36	10.88	90.24	61
2004	32.56	28.01	28.01	16.58	79.37	10.88	90.24	61
2005	32.58	28.01	37.95	16.57	79.40	10.85	90.24	61
2006	32.92	28.01	37.95	17.58	79.40	10.85	90.24	61
2007	32.91	28.01	37.95	17.59	79.43	10.82	90.24	61
2008	32.91	28.01	37.95	17.59	79.43	10.82	90.24	61
2009	32.92	28.01	37.95	17.58	79.46	10.78	90.24	61
2010	32.92	28.01	37.95	17.59	79.42	10.82	90.24	61
2011	32.91	28.01	37.95	17.59	79.47	10.77	90.24	61
2012	32.92	28.01	28.00	17.59	79.49	10.75	90.24	61
2013	32.90	28.01	28.00	17.60	79.48	10.76	90.24	61
2014	32.90	28.01	37.95	17.60	79.49	10.75	90.24	61
2015	32.90	28.01	28.01	17.60	79.52	10.72	90.24	61
2016	32.84	28.01	28.01	17.64	79.49	10.75	90.24	61
平均	32.90	28.01	28.01	17.60	79.43	10.72	90.24	61

从表 4 - 5 中可以看出，2000～2016 年西部地区城市边界平均值的相关指标中，集中区间（平均数）为 32.90 千米，分布标志值（中位数）为 28.01

千米，数据密度（众数）为28.01千米，偏离度（标准差）为17.60，分布区间（极差）为79.43千米，最小值为10.72千米，最大值为90.24千米。而从2000~2016年西部地区城市边界各年度的相关指标中，集中区间（平均数）最大值为32.92千米，最小值为32.53千米；分布标志值（中位数）最大值为28.01千米，最小值为28.01千米；数据密度（众数）最大值为37.95千米，最小值为28.01千米；偏离度（标准差）最大值为17.64，最小值为16.57；分布区间（极差）最大值79.52千米，最小值为79.32千米。

进一步对全国范围内中国城市空间生产集聚—扩散效应场叠加模型下的城市边界进行分析，得出以下结论：

第一，在全国范围内，城市边界分布集中，城市边界变化趋势较小，城市间差异较小。就全国整体而言，大部分城市边界集中在20~30千米的范围，城市边界在2000~2016年变化幅度较小，说明在全国视域下的城市集聚—扩散效应保持平稳，城市边界及城市规模并未出现大范围、大幅度的变化。

第二，东部地区城市边界保持稳定，城市集聚—扩散效应相对均衡。东部地区城市边界较小，但偏离度远低于全国水平，说明各城市边界更为集中地落在20~30千米的范围内。同时，东部地区城市边界分布区间较小，说明东部地区城市边界范围较集中，城市间差异较小。

第三，中部地区城市间边界差异性大，城市集聚—扩散效应发展不均衡。中部地区城市边界范围也处于较小的水平，其偏离度与全国整体水平相似。中部地区城市边界分布区间最大，全国范围内城市边界最小值、最大值均落在中部地区，说明其不同区位城市集聚—扩散效应发展差异性较大。

第四，西部地区城市整体边界发展水平较低，城市边界范围小。西部地区城市边界范围数值较大，但其偏离度也较高，说明城市边界的分布较为离散，其边界特征不清晰。进一步分析看到，西部地区城市边界最小值较高，其最大值与中部地区相似，说明西部地区城市边界整体水平要高于东中部地区，凭借西部广阔的土地资源空间，其扩散效应发展良好。

通过中国城市空间生产集聚—扩散效应场叠加模型，可以得到对应的城市最优半径，以最优半径r为半径所形成的圆形面积可以表征城市的聚集与扩散效应实际承载力范围。中国城市空间生产集聚—扩散效应场叠加模型的城市边界大小，可以反映出城市在自身和外界共同作用下集聚—扩散效应的平衡结果。计算公式如下：

$$S_{有效} = \pi \cdot r^2 \tag{4-15}$$

通过运用中国城市空间生产集聚—扩散效应场叠加模型对城市最优半径进行求解发现，各类城市的最优半径集中区间相似，一方面说明东部地区城市之间的聚集与扩散效应相互作用使其最优半径和城市边界扩张受到限制；另一方面也说明城市之间的发展差异还可以通过同等边界规模下的承载力来体现。各类城市的综合实力差距较大，但由于各城市的发展阶段、区位条件不同，城市的最优半径及城市边界并不能完全表征其集聚—扩散效应，城市的集聚—扩散效应还与其承载力相关。因此，本书通过构建单位面积下的城市集聚—扩散效应有效作用厚度对其承载力水平进行测算。计算公式如下：

$$E_d = \frac{q_e}{S_{有效}} \qquad (4-16)$$

表4-6、表4-7、表4-8、表4-9分别为全国、东部地区、中部地区、西部地区中国城市空间生产集聚—扩散效应场叠加模型城市承载力的相关指标描述，统计指标中数据密度过密，无法纳入统计结果显示（见附录5、附录6）。

表4-6　全国城市承载力相关指标　单位：1×10^{-4}得分/平方千米

年度	集中区间（平均数）	分布标志值（中位数）	偏离度（标准差）	分布区间（极差）	最小值	最大值	观测数
2000	3.33	2.43	6.82	77.46	0.14	77.60	260
2001	3.35	2.43	6.86	77.94	0.14	78.07	260
2002	3.36	2.44	6.87	78.08	0.14	78.22	260
2003	3.38	2.45	6.89	78.24	0.14	78.37	260
2004	3.40	2.45	6.87	78.08	0.14	78.22	260
2005	3.40	2.45	6.79	77.42	0.14	77.55	260
2006	3.43	2.47	6.82	77.77	0.14	77.90	260
2007	3.46	2.48	6.83	77.75	0.14	77.88	260
2008	3.48	2.48	6.83	77.45	0.14	77.59	260
2009	3.49	2.50	6.88	77.97	0.14	78.10	260
2010	3.51	2.51	6.89	78.01	0.14	78.14	260
2011	3.54	2.53	6.92	78.27	0.14	78.41	260
2012	3.54	2.52	6.93	78.30	0.14	78.43	260

续表

年度	集中区间 （平均数）	分布标志值 （中位数）	偏离度 （标准差）	分布区间 （极差）	最小值	最大值	观测数
2013	3.56	2.53	6.96	78.25	0.14	78.38	260
2014	3.59	2.55	7.01	78.43	0.14	78.56	260
2015	3.60	2.56	7.01	78.35	0.14	78.48	260
2016	3.62	2.58	7.02	78.13	0.14	78.26	260
平均	3.47	2.49	6.89	77.99	0.14	78.13	260

从表 4-6 中可以看出，2000~2016 年全国城市承载力平均值的相关指标中，集中区间（平均数）为 3.47（1×10^{-4}得分/平方千米），分布标志值（中位数）为 2.49（1×10^{-4}得分/平方千米），偏离度（标准差）为 6.89，分布区间（极差）为 77.99（1×10^{-4}得分/平方千米），最小值为 0.14（1×10^{-4}得分/平方千米），最大值为 78.13（1×10^{-4}得分/平方千米）。而从 2000~2016 年全国城市边界各年度的相关指标中可以看出，集中区间（平均数）最大值为 3.62（1×10^{-4}得分/平方千米），最小值为 3.33（1×10^{-4}得分/平方千米）；分布标志值（中位数）最大值为 2.58（1×10^{-4}得分/平方千米），最小值为 2.43（1×10^{-4}得分/平方千米）；偏离度（标准差）最大值为 7.02，最小值为 6.82；分布区间（极差）最大值 78.43（1×10^{-4}得分/平方千米），最小值为 77.42（1×10^{-4}得分/平方千米）。数据表明，中国整体城市的承载力水平集中区间数值保持在 3×10^{-4}得分/平方千米。各城市之间的承载力水平分布区间较大，说明在全国范围内处在不同区位条件、不同发展阶段、不同环境现状的城市因为集聚—扩散效应使得其内部的承载力差距较大。

表 4-7　　　　　　　　东部地区城市承载力相关指标　单位：1×10^{-4}得分/平方千米

年度	集中区间 （平均数）	分布标志值 （中位数）	偏离度 （标准差）	分布区间 （极差）	最小值	最大值	观测数
2000	3.34	2.54	2.76	14.84	0.48	15.31	100
2001	3.36	2.57	2.79	15.06	0.48	15.54	100
2002	3.37	2.58	2.80	15.25	0.48	15.73	100

年度	集中区间 （平均数）	分布标志值 （中位数）	偏离度 （标准差）	分布区间 （极差）	最小值	最大值	观测数
2003	3.41	2.61	2.84	15.78	0.47	16.25	100
2004	3.45	2.63	2.89	16.22	0.47	16.69	100
2005	3.46	2.63	2.93	16.65	0.47	17.12	100
2006	3.51	2.66	2.97	16.63	0.48	17.11	100
2007	3.55	2.72	3.03	17.10	0.48	17.58	100
2008	3.58	2.73	3.05	17.57	0.48	18.05	100
2009	3.60	2.73	3.07	17.80	0.48	18.28	100
2010	3.65	2.76	3.13	18.36	0.48	18.84	100
2011	3.68	2.79	3.17	18.83	0.49	19.33	100
2012	3.69	2.81	3.19	19.30	0.49	19.79	100
2013	3.73	2.82	3.25	20.07	0.49	20.56	100
2014	3.76	2.84	3.28	20.41	0.50	20.91	100
2015	3.79	2.84	3.37	21.49	0.50	21.99	100
2016	3.81	2.85	3.42	22.19	0.50	22.69	100
平均	3.57	2.71	3.06	17.86	0.48	18.34	100

从表 4-7 中可以看出，2000~2016 年东部地区城市承载力平均值的相关指标中，集中区间（平均数）为 3.57（1×10^{-4} 得分/平方千米），分布标志值（中位数）为 2.71（1×10^{-4} 得分/平方千米），偏离度（标准差）为 3.06，分布区间（极差）为 17.86（1×10^{-4} 得分/平方千米），最小值为 0.48（1×10^{-4} 得分/平方千米），最大值为 18.34（1×10^{-4} 得分/平方千米）。而从 2000~2016 年东部地区城市边界各年度的相关指标中可以看出，集中区间（平均数）最大值为 3.81（1×10^{-4} 得分/平方千米），最小值为 3.34（1×10^{-4} 得分/平方千米）；分布标志值（中位数）最大值为 2.85（1×10^{-4} 得分/平方千米），最小值为 2.54（1×10^{-4} 得分/平方千米）；偏离度（标准差）最大值为 3.42，最小值为 2.76；分布区间（极差）最大值 22.19（1×10^{-4} 得分/平方千米），最小值为 14.84（1×10^{-4} 得分/平方千米）。数据表明，东部

地区城市承载力集中区间数值要略高于全国整体水平，城市之间并未出现由于集聚—扩散效应相互挤压导致承载力过高的现象。城市之间的承载力分布区间较小，说明城市间承载力情况差距较小，城市发展水平趋于一致。

表 4-8　　　　中部地区城市承载力相关指标　　　单位：1×10^{-4} 得分/平方千米

年度	集中区间（平均数）	分布标志值（中位数）	偏离度（标准差）	分布区间（极差）	最小值	最大值	观测数
2000	4.28	2.47	10.53	77.46	0.14	77.60	99
2001	4.31	2.48	10.59	77.94	0.14	78.07	99
2002	4.32	2.49	10.62	78.08	0.14	78.22	99
2003	4.33	2.50	10.62	78.24	0.14	78.37	99
2004	4.34	2.49	10.59	78.08	0.14	78.22	99
2005	4.34	2.49	10.42	77.42	0.14	77.55	99
2006	4.34	2.50	10.48	77.77	0.14	77.90	99
2007	4.37	2.51	10.47	77.75	0.14	77.88	99
2008	4.38	2.52	10.46	77.45	0.14	77.59	99
2009	4.40	2.53	10.54	77.97	0.14	78.10	99
2010	4.40	2.54	10.54	78.01	0.14	78.14	99
2011	4.42	2.55	10.57	78.27	0.14	78.41	99
2012	4.42	2.56	10.58	78.30	0.14	78.43	99
2013	4.44	2.57	10.62	78.25	0.14	78.38	99
2014	4.46	2.58	10.69	78.43	0.14	78.56	99
2015	4.46	2.59	10.66	78.35	0.14	78.48	99
2016	4.46	2.59	10.66	78.13	0.14	78.26	99
平均	4.38	2.53	10.57	77.99	0.14	78.13	99

从表 4-8 中可以看出，2000~2016 年中部地区城市承载力平均值的相关指标中，集中区间（平均数）为 4.38（1×10^{-4} 得分/平方千米），分布标志值（中位数）为 2.53（1×10^{-4} 得分/平方千米），偏离度（标准差）为 10.57，分布区间（极差）为 77.99（1×10^{-4} 得分/平方千米），最小值为 0.14（$1 \times$

10^{-4} 得分/平方千米），最大值为 78.13（1×10^{-4} 得分/平方千米）。而从 2000 ~
2016 年中部地区城市边界各年度的相关指标中可以看出，集中区间（平均数）
最大值为 4.46（1×10^{-4} 得分/平方千米），最小值为 4.28（1×10^{-4} 得分/平方
千米）；分布标志值（中位数）最大值为 2.59（1×10^{-4} 得分/平方千米），最
小值为 2.47（1×10^{-4} 得分/平方千米）；偏离度（标准差）最大值为 10.69，
最小值为 10.42；分布区间（极差）最大值 78.43（1×10^{-4} 得分/平方千米），
最小值为 77.42（1×10^{-4} 得分/平方千米）。数据表明，中部地区城市承载力
集中区间数值较高，城市间承载力分布区间较大，说明中部地区土地资源紧
缺、空间结构失衡的问题日益显著。

表 4 - 9 　　　　　　　　西部地区城市承载力相关指标　　　单位：得分/平方千米

年度	集中区间（平均数）	分布标志值（中位数）	偏离度（标准差）	分布区间（极差）	最小值	最大值	观测数
2000	1.77	1.42	1.70	10.09	0.15	10.24	61
2001	1.78	1.42	1.71	10.20	0.15	10.35	61
2002	1.79	1.42	1.72	10.27	0.15	10.42	61
2003	1.79	1.43	1.73	10.39	0.16	10.55	61
2004	1.79	1.43	1.73	10.46	0.16	10.62	61
2005	1.80	1.44	1.75	10.70	0.16	10.86	61
2006	1.81	1.45	1.76	10.80	0.14	10.93	61
2007	1.82	1.45	1.78	11.00	0.14	11.14	61
2008	1.83	1.46	1.79	11.07	0.14	11.20	61
2009	1.84	1.46	1.81	11.27	0.14	11.41	61
2010	1.85	1.46	1.82	11.31	0.14	11.44	61
2011	1.87	1.47	1.83	11.46	0.14	11.60	61
2012	1.87	1.48	1.85	11.63	0.14	11.76	61
2013	1.89	1.48	1.87	11.74	0.14	11.87	61
2014	1.90	1.49	1.88	11.85	0.14	11.99	61
2015	1.90	1.49	1.90	12.02	0.14	12.16	61
2016	1.93	1.50	1.92	11.98	0.14	12.12	61
平均	1.84	1.46	1.80	11.07	0.14	11.22	61

从表 4 - 9 中可以看出，2000 ~ 2016 年西部地区城市承载力平均值的相关指标中，集中区间（平均数）为 1.84（1×10^{-4} 得分/平方千米），分布标志值（中位数）为 1.46（1×10^{-4} 得分/平方千米），偏离度（标准差）为 1.80，分布区间（极差）为 11.07（1×10^{-4} 得分/平方千米），最小值为 0.14（1×10^{-4} 得分/平方千米），最大值为 11.22（1×10^{-4} 得分/平方千米）。而从 2000 ~ 2016 年西部地区城市边界各年度的相关指标中可以看出，集中区间（平均数）最大值为 1.93（1×10^{-4} 得分/平方千米），最小值为 1.77（1×10^{-4} 得分/平方千米）；分布标志值（中位数）最大值为 1.50（1×10^{-4} 得分/平方千米），最小值为 1.42（1×10^{-4} 得分/平方千米）；偏离度（标准差）最大值为 1.92，最小值为 1.70；分布区间（极差）最大值 12.02（1×10^{-4} 得分/平方千米），最小值为 10.09（1×10^{-4} 得分/平方千米）。数据表明，西部地区的城市承载力集中区间数值较小，一方面说明其由于城市结构松散、空间资源丰富，城市的扩散效应突出，其集聚水平和城市承载力不具备优势；另一方面也说明西部地区城市资源集聚能力、城市综合实力较弱，其在单位面积上的承载力水平亟待强化，需要高效利用其土地资源。

进一步对全国范围内中国城市空间生产集聚—扩散效应场叠加模型的城市承载力进行分析，可以得出以下特征：

第一，全国范围内城市承载力差异性较大，各地区之间在城市单位承载力水平上形成了明显差距。就全国整体而言，城市承载力集中在 2×10^{-4} ~ 3×10^{-4} 得分/平方千米，城市承载力在 2000 ~ 2016 年间保持稳定，说明在全国范围内大部分城市的集聚效应与承载力水平并未出现明显变化，其集聚效应与扩散效应的平衡保持了绝大部分城市承载力的平稳性。就全国范围分析，城市承载力分布区间极广，说明不同城市的承载力水平出现了较大差异。

第二，东部地区城市承载力分布集中，承载力水平处于优势。东部地区城市承载力水平略高，其偏离度较低，说明城市承载力密集落在 2×10^{-4} ~ 3×10^{-4} 得分/平方千米。东部地区城市承载力分布区间较小，并未出现承载力过高的城市。

第三，中部地区城市承载力压力较大，城市间承载力水平差异显著。中部地区城市承载力较高，分布集中在 4×10^{-4} ~ 5×10^{-4} 得分/平方千米，但其偏离度数值较大，说明中部地区城市承载力水平偏向离散，其分布特征并不清晰。进一步分析可以看到，中部地区承载力分布区间差距极大，全国范围内最小值、最大值均落在中部地区，说明中部地区城市间承载力分布呈现出极不均衡的特征。

第四，西部地区城市单位承载力水平较低，城市承载能力较弱。西部地区城市承载力数值较小，偏离度也较低，城市承载力分布集中在 $1 \times 10^{-4} \sim 2 \times 10^{-4}$ 得分/平方千米，说明地区整体承载力水平偏低。西部地区承载力分布区间较窄，进一步说明了其各城市承载力分布集中且水平较低的特征。

三、研究发现

通过构建中国城市空间生产理论模型，并进行实证模型测算，可以得到以下结论：

第一，中国东、中、西部地区城市在空间生产集聚—扩散效应上差异较大，东部地区呈现出较为平衡的集聚—扩散效应的发展趋势；中部地区城市的扩散效应受到空间限制，呈现出发展的集聚规模过度现象；西部地区具有广阔的发展空间，但目前其集聚效应依旧不足。

第二，从城市边界扩张的角度分析，总体而言，中国城市边界基本保持稳定的发展趋势，大部分城市边界集中在 20 ~ 30 千米，东部地区城市边界发展均衡稳定，中部地区城市边界差异性较大，西部地区城市边界范围水平不足。

第三，从城市承载力水平的角度分析，全国范围内城市承载力水平差异较大，东部地区城市呈现出承载力优势，中部地区城市承载力压力较大，西部地区城市承载力较弱。

第四，目前中国城市空间生产集聚—扩散效应呈现出地区之间、地区内部的不均衡，存在空间不正义的现象，主要表现为东部地区发展具备突出优势，但其对中西部地区的辐射带动作用依旧不足，中部地区城市发展受到空间范围的抑制，集聚—扩散效应失衡，西部地区依旧处在较弱的发展势态，城市的集聚效应尚不成熟，不具备明显的扩散辐射效应。

第五章

中国城市空间生产的理论批判与价值回归

第一节 中国城市空间生产的理论批判

一、"资本逻辑"过度，导致城市空间生产异化

"资本逻辑"是资本运动的必然趋势和内在规律的具体表现，反映了资本逐利性的基本特质。城市是受利益和生产需求驱动的产物，从城市空间的规划、更新到运行，始终体现着一种资本的逻辑。在"资本逻辑"的主导下，资本成为支配社会资源的流动、分配社会财富、组织社会的扩大再生产并不断实现价值增值的主要驱动力量。资本向空间化发展道路的迈进是"资本逻辑"主导的必然结果。随着中国市场体制的形成和"资本逻辑"的引入，所取得的成就极大地激活了中国社会经济的发展。但与此同时，资本也带来了严重的负面影响和消极作用。我们需要对城市空间生产中过多的"资本逻辑"进行批判。

第一，"资本逻辑"过度，造成城市发展不平衡。要批判"资本逻辑"主导的城市空间生产加剧了城市发展不平衡的问题。"资本逻辑"主导的空间生产以追求剩余价值为目标，这样的空间生产活动加剧产业结构不合理、区域发展不平衡。不同行业、不同地区，在资本有机构成、市场化程度、消费水平等微观方面存在不同程度的差异，使得等量资本因行业和区域的不同导致了获得的收益也不相同，而资本追求利益增值的本性必然会导致资本从利润率低的地

区和行业流向利润率高的行业和地区。这就造成了严重的城市发展不平衡的问题。"资本逻辑"对城市空间的主导程度越高，城市发展不平衡的程度就会越高。资本在不均衡发展的城市空间内肆意妄为，生产了更多的断裂化的不均衡空间，使得不同规模等级的城市空间问题频发。"资本逻辑"的发展模式，导致了不同地区之间在经济发展水平、产业结构等方面存在着非常大的差异。同时，诸如资金短缺、产能落后等因素也极大地制约了中西部地区的发展。"资本逻辑"下的马太效应造成社会发展中东部与中西部发展的严重不平衡。所以，"资本逻辑"下的城市空间生产加剧了不平衡的问题。

第二，"资本逻辑"过度，造成城市边界无限扩张。要批判"资本逻辑"主导的城市空间生产加剧了城市边界无限扩张的问题。"资本逻辑"主导的空间生产以追求剩余价值为目标，这样的空间生产活动使城市边界无限扩大。城市边界的无限、无序性扩张对城市管理和空间规划影响很大，造成了严重的城市边界扩张的问题。"资本逻辑"对城市空间的主导程度越高，城市边界无限扩张的问题就会越突出。城市的空间生产以区域内资源、环境等地理条件为基础，对城市发展来说，城市资源和城市能力是基础，也是决定了城市未来发展的重要因素。只有资源是有竞争优势和竞争价值的，能力是难以模仿和替代的，这种情况下，城市的发展空间才会更大。城市扩张是城市发展的必经过程，也是城市空间发展的结果，但城市的扩张不应该是为了扩张而扩张，应该是科学的、有序的、以核心能力为基础的、为了创造更大价值的、与资源环境相协调的扩张。如果不是具备了这些条件或出于这种目的，城市就不能盲目涉猎新的领域和产业。所以，城市要注重对自身独有资源的开发以及能力的提升拓展，这对处理城市边界问题是至关重要的。

第三，"资本逻辑"过度，造成城市承载力与发展速度不匹配。要批判"资本逻辑"主导的城市空间生产加剧了城市承载力与发展速度不匹配的问题，"资本逻辑"主导的空间生产以追求剩余价值为目标，这样的空间生产活动消耗了大量的土地资源、水资源、森林资源和矿藏资源等自然资源，对城市的空间资源、自然资源和生态环境进行无节制滥用和无限性掠夺，既忽视城市环境资源承载力与发展速度之间的协调关系，又过度消耗或破坏城市的生态资源，不断破坏城市生态的多样性，造成了严重的城市空间承载力的问题。"资本逻辑"对城市空间的主导程度越高，城市资源环境承载力的问题就会越严重。城市水资源和土地资源等被纳入"资本逻辑"的生产框架之中，城市绿化植被和市民休憩空间被挤压并用于盈利的资本活动，这种以牺牲自然资源、生态环境和人的生存空间为代价的"资本逻辑"生产发展模式产生了大量的生产和生活污水废水、垃圾和有害气体。同时，"资本逻辑"的空间生产也为发展中国家带来了城市生态环境的恶化和承载力问题。发展中国家由于人口众多，城市空间生产水平落后，在"资本逻辑"的主导和支配下，许多落后国家和地区纷纷效仿发达国家，也走上了"资本逻辑"下先污染后治理的老路，造成了全球性城市空间承载力问题。

第四，"资本逻辑"过度，造成城市空间正义问题。要批判"资本逻辑"主导的城市空间生产造成了严重的空间正义问题。"资本逻辑"主导的空间生产以追求利益增值为目标，这样的空间生产挤压、侵占甚至是剥夺了人们生产生活的空间。大量的乡村空间消失在城市空间生产的过程当中，农民失去了赖以生存的空间，同时城市公共空间也被侵占和掠夺，公民的公共空间权利和公共利益被剥夺，"资本逻辑"的逐利本质淹没了人民空间主义的权利，这造成了严重的城市空间承载力的问题。"资本逻辑"对城市空间的主导程度越高，对劳动者生存空间的剥夺就会更加强烈。富人或上层阶级大多生活在城市的核心区域，而贫困人口和底层劳动者往往生活在城市的边缘或环境恶劣的区域。在贫困人口聚集区，不仅劳动者本人居住的环境和条件恶劣，同时他们的子女也因缺少平等的教育机会和条件，造成了贫困的代际传递。所以，"资本逻辑"主导下的城市空间生产是对城市空间的重新调整与再分配，也是资本对劳动者空间权利的剥夺。对于富人来说，城市空间生产通过空间占有获得社会财富的途径；对于广大劳动者来说，城市空间生产成为社会财富被剥夺、空间被侵占的手段，造成了严重的空间主义问题。

二、"交换价值"过度，阻碍城市空间生产发展

城市空间生产以"社会过程决定空间形式"的方法论为指导原则，揭示资本积累、空间生产和地理景观三者之间的内在逻辑关联。资本主导的城市空间生产就是资本增值和追求"交换价值"最大化的规则，资本的内涵实质上就包含或展现为追求"交换价值"增长，即在供需矛盾和价值规律的支配下，资本追求无限的增值和利润，这就是资本永无止境的欲求和终极目的。资本不追求资本以外的东西，不追求资本增值的人生和社会意义，资本只追求在市场中不断运动，并在市场交易中不断实现"交换价值"带来的利益增长。在中国社会主义城市空间生产过程中，要适度批判"交换价值"，呼唤"使用价

值"的回归。

第一，"交换价值"造成城市发展不平衡。要批判"交换价值"主导的城市空间生产加剧了城市发展不平衡的问题。在"交换价值"主导的空间生产模式中，发展目标是追求利益增值，并在此基础上，实现资本积累，最终导致不平衡地理发展现象的出现。而这种不平等的空间结构，又促进了资本的流动，这样的空间生产活动加剧，从而造成了更严重的城市发展不平衡的问题。资本主义空间受到资本控制，空间生产沦为了资本积累的工具。

第二，"交换价值"造成城市边界无限扩张。要批判"交换价值"主导的城市空间生产加剧了城市边界无限扩张的问题。"交换价值"主导的空间生产以追求"交换价值"为目标，在社会主义市场经济体制下，空间生产如果只是一味地服从和服务于"交换价值"为目标的资本积累，社会的公平和正义就将难以保证，尤其是这种增值模式往往导致城市空间边界的无限扩大，因此，这种照搬资本主义空间生产模式的资本城市化道路是不可持续的，也是不符合社会主义本质的。"交换价值"控制下的空间生产产生了资本城市化的根本问题。换句话说，就是城市空间本质上是由"交换价值"作为内在决定性因素的，而"交换价值"主导的城市空间生产和分配不可避免地带有一定的局限和潜在危机。这种潜在的危机表现在城市扩张的过程中，空间生产为了谋取更多利益，不断以扩大城市边界，占有和使用更多空间资源为过程和手段。城市边界的扩大，是为了实现更多的空间占有，来完成资本生产和交易，同时，也将城市内部因有限空间而带来的社会问题转移到周边空间土地中去，从而将城市内部的社会问题蔓延至城市周边，侵害了周边地区居民的社会生活空间，人民的环境权、发展权、土地权受到了不同程度的破坏。所以，要批判"交换价值"主导下所带来的城市边界无限扩大问题及其次生问题。

第三，"交换价值"造成城市承载力与发展速度不匹配。要批判"交换价值"主导的城市空间生产加剧了城市环境资源承载力与发展速度不匹配的问题。"交换价值"主导的空间生产以追求"交换价值"为目标，这导致土地失去本有价值而变为获取资本的工具，从而导致了以"交换价值"为发展目标的土地开发利用的"土地财政"模式。在中国城市化进程不断加快的发展阶段中，支撑了中国城市空间生产的资本循环主要是土地财政和招商引资。但是这种土地利用模式和城市空间生产严重偏离了以"使用价值"为核心的社会主义城市空间生产的本质，逐渐异化为以"交换价值"为目标的资本追逐式空间生产。外资与土地财政的主导，使得城市空间生产规模日益扩大，城市空间生产进程受到"资本逻辑"的支配程度也越来越深。这些问题都突出地反映了城市资源环境承载力与"交换价值"主导下的空间生产速度之间的矛盾。

第四，"交换价值"造成城市空间正义问题。要批判"交换价值"主导的城市空间生产加剧了城市空间正义的问题。"交换价值"主导的空间生产以追求"交换价值"为目标。伴随着现代化进程的不断加快，中国城市空间生产水平不断提高，发展速度突飞猛进，取得了很多成就。但城市空间生产也导致城市的空间形态和结构发生了重大变化，各种空间正义问题日益凸显。资本家占有空间获取利润，即"交换价值"，这样的空间生产活动增多就造成了严重的城市空间正义的问题。对"交换价值"的追求，使城市空间生产不断对城市空间进行使用和占有。城市内部因空间生产的使用和占有而产生的矛盾日益激化。住房商品化在中国城市空间生产过程中的地位和影响越来越大，房地产商和城市居民在环境污染、城市拆迁、社会公共资源占有等方面产生了十分尖锐的矛盾冲突。资本对城市空间改造的力量越来越强大，城市空间资源的商品化、资本化不断侵害人民的生活空间和生活权益，城市空间的资本化剥夺了劳动者的生存空间，造成居住空间分异隔离的格局。城市空间生产使绝大多数优质的空间都不可避免地被垄断，用于商业目的以实现土地资本的增值。而城市中的劳动者、低收入阶层在空间的占有与控制中往往处于劣势，他们从事着空间生产，为城市建设作出了贡献，自己的生存空间却在资本的强势逻辑下被不断挤压和重塑。

三、"市场主导"过度，加剧城市空间生产问题

"市场主导"下的城市空间生产以大量消耗资源和环境为代价，开展城市空间生产和经济活动，以资源能源为代价的生产，最终导致城市空间生产问题的不断加重。同时，单纯的市场调节只能解决城市空间生产过程中的微观平衡问题，而不能解决城市空间生产的宏观平衡问题，并且市场机制只能反映现有的城市空间生产的结构和需求问题，很难从长远的角度来反映和规划城市空间生产的结构和需求。

第一，"市场主导"造成城市发展不平衡。要批判"市场主导"的城市空间生产造成了城市发展不平衡的问题。"市场主导"下的城市空间生产，会导致城市发展的区域空间不均衡，在这种不平衡状态中，中国大城市和沿海城市首先发展且进程迅速，呈现出一片繁荣的景象，与此相对应的是，内

陆很多中小城市发展速度相对缓慢甚至是滞后，很多老工业城市还出现了城市衰退的现象。市场投资行为具有主观性，资本会更多地投入到资源环境更优、区位优势明显的地区，所以更进一步加剧了城市空间不平衡问题。"资本主义的地理组织使价值形式中的矛盾内化于本身之中，这就是资本主义不可避免的不平衡发展"，这种不平衡现象的出现是在资本积累体制影响下，以利润为核心发展目标所造成的。资本在地理上的集聚能够实现资本积累。而市场投资行为具有主观性，即那些区位优势明显的城市，更容易实现资本的地理集聚，这种地理集聚一方面激化了资本家和劳动者之间的矛盾，另一方面又造成了区域间的不平衡发展状态。市场的自发性和盲目性，造成了城市发展的不稳定、不平衡，形成了城市与乡村、中心与边缘、发达与欠发达地区之间的矛盾。

第二，"市场主导"造成城市边界无限扩张。要批判"市场主导"的城市空间生产造成了城市边界无限扩大的问题。"市场主导"的空间生产以追求剩余价值为目标，这样的空间生产活动造成了城市边界的扩大问题。资本创造绝对剩余价值要有一个条件，即流通范围要扩大，而且要不断扩大，这种无限扩大的发展追求，是城市空间边界无序扩张的根源，使得城市的扩展和蔓延缺乏科学性和理性控制，同时也影响了人民空间权益的实现和保障，造成空间分异和异化，阶层对立矛盾凸显，最终导致城市空间非正义问题的出现。

第三，"市场主导"造成城市承载力与发展速度不匹配。要批判"市场主导"的城市空间生产造成了城市承载力与发展速度不匹配的问题。市场经济作为一种经济运行形式，具有盲目性和自发性。其核心目的还是追求利益最大化。为了实现更多的交易效益，城市空间生产往往盲目追求发展速度和规模，缺乏对城市资源环境承载力的考量和协调，造成了发展速度与城市承载力之间的矛盾。因此，出现了一系列城市发展问题，如交通拥堵、资源短缺和环境恶化等。在"市场主导"的发展模式下，个人利益与社会利益的统一是很难实现和保障的。原因是商品经济的基本矛盾决定了市场经济中商品生产者的利益与社会利益既存在一致性又存在差别性。单纯市场机制调节是无法充分解决问题的，最为严重的问题就是商品生产者和经营者为了盈利，往往不惜牺牲社会利益和消费者利益，同时市场自身的盲目性、逐利性、自发性又造成经济社会不断波动，这种波动也会对其承载力进行破坏。

第四，"市场主导"造成的城市空间正义问题。要批判"市场主导"的城市空间生产造成了城市空间正义的问题。在社会主义市场经济条件下，城市空间生产在资本的驱动下，改变了以往空间的"使用价值"实现方式，更多地成为资本逐利和权力角逐的场所，这种利益追求的价值取向，造成了城市空间发展的贫富分化现象日趋严重，城市居民生活受到极大影响，人们享有的空间"使用价值"被侵害，严重影响人民生活的幸福指数。深入来看，空间正义问题的出现是与"市场主导"空间生产的模式有关的。城市空间生产以"社会过程决定空间形式"的方法论为指导原则，揭示资本积累、空间生产和地理景观三者之间的内在逻辑关联。市场资本利用城市规划和商业房地产开发等途径对农村和城市居民进行空间剥夺，运用各种手段将动迁居民安置到城市周边区域，造成了空间的阶层隔离和分异。这是一种严重的空间资源配置不公正、不平等的行为。

四、"非公有制经济"过度，造成城市空间生产矛盾

"非公有制经济"作为城市空间生产中的微观活跃主体，具有很强的灵活性和适应性，可以作为公有制经济的有效补充。但"非公有制经济"过度发展，容易滋生一系列城市空间生产的问题和矛盾。因"非公有制经济"追求私有利益为主，因此，不具备宏观格局和担当，很难从长远和全面的角度看待中国城市空间生产问题，从而加剧社会矛盾。

第一，"非公有制经济"过度，造成城市发展不平衡。"非公有制经济"投资和发展有着社会化的局限，私营企业关心的是短期的经济变动，对长期的经济发展不感兴趣。因此，"非公有制经济"更愿意在区位优势明显、投资环境优良的地区进行发展，这就加剧了不同城市间发展不平衡的问题。在城市内部层面，工业生产和资本几乎占据了城市，城市成为资本的决策中心和利益来源地，"非公有制经济"根据其利益诉求对其进行不断改造。同时，"非公有制经济"发展加剧了城市的极化效应，即各种经济资源要素单方向地向中心地区集聚，包括区域层面的城市以及全国层面的不同城市，进一步加剧了区域发展和城市发展的不平衡。随着城市化进程不断推进，区域之间、城乡之间的人均收入的差距不断扩大，成为发展不平衡的一个重要原因。

第二，"非公有制经济"过度，造成城市边界无限扩张。"非公有制经济"的发展是以追求高收益为目标的，这种盈利性本质决定了"非公有制经济"必然会不断扩大市场，扩大生产规模，占有更多资源和物资，因此，"非公有制经济"的发展不以城市可持续和科学化为宗旨，这势必会加剧城市边界无限

扩张问题的严重性。在全球化、城镇化和工业化发展的背景下，受"非公有制经济"趋利性的影响，在促进生产空间发展的同时，也表现出对空间资源的剥夺式消耗和城市的无序蔓延式发展。这种城市蔓延是私有化资本"竭尽全力利用时间来占领空间"的过程。

第三，"非公有制经济"过度，造成城市承载力与发展速度不匹配。"非公有制经济"的发展核心是对资本利益的追求，这种盈利性本质决定了"非公有制经济"必然通过占有更多资源，进行更大规模的城市空间投资和改造，从而完成利润获取。因此，"非公有制经济"的发展势必会加剧城市承载力与发展速度不匹配的问题的严重性。"非公有制经济"发展为了谋取更多资本利益，不断开辟城市新空间，从而使城市处于不断被破坏和重建的过程中，在建设过程中，耗费大量资源和土地，同时造成了环境污染和交通拥堵等次生问题。生产者只会追求更多盈利，尽可能攫取一切城市资源，不会考虑城市的生态发展和可持续发展，欠缺对城市承载力的科学评测，一味追求发展速度和规模，加快了因城市承载力与发展速度不匹配后所产生的一系列"城市病"的出现，阻碍了城市绿色、生态、可持续的发展进程。

第四，"非公有制经济"过度，造成城市空间正义问题。一方面，资本主义社会化大生产，是"非公有制经济"的主要舞台，这样的生产方式使得民生问题从局部走向了全局，从隐性逐渐变得显性，且严重程度日益加深，这些突出的问题和矛盾亟须解决，这些问题也渐渐凸显出了泛社会化属性和特征；另一方面，生产力的发展确实对民生产品短缺的问题起到了极大的改进作用，不仅保证了民生产品供应，还丰富了产品储备。但是资本主义私有制经济的发展导致了资本与劳动的对抗，民生贫困和异化的悖论现象十分突出，并且这一过程是隐蔽的、虚伪的。

第二节　中国城市空间生产的价值回归

一、"人民逻辑"回归，促进城市空间生产协调

"人民逻辑"和"资本逻辑"最大的区别在于两种逻辑主导下的空间生产中，人民的地位是不同的。"人民逻辑"为主导的城市空间生产中，人民创造

了历史，城市空间生产的发展归根溯源也是人的发展，人的发展与城市空间生产的发展彼此影响、互相推进，成为生产力的重要组成。"人民逻辑"的含义有两层，既包括城市空间生产一切成果应该由人民共享，又包括城市空间生产需要发挥人的主观能动性，让人民自觉加入到城市空间生产建设中来，发挥广大群众的创造力，为城市空间生产发展助力。"人民逻辑"对"资本逻辑"的超越，必然需要人民的劳动创新和生产创新。只有将这些潜在的空间生产力都激发起来，才能推进城市空间生产向前发展，并为整个社会的发展进步创造条件，所以，以"人民逻辑"为核心理念的发展，实质上就是坚持人民在城市空间生产中的主体地位，让人民成为决定城市空间生产未来的至关重要的力量。因此，倡导多个视角"人民逻辑"的回归，是对"资本逻辑"单一性和片面性的超越，是社会主义整体性、先进性的重要体现。

第一，城市空间生产中经济视角的"人民逻辑"回归。城市经济的发展进步是社会全面发展的前提和基础，共享城市空间生产发展成果是中国特色社会主义人民主体地位的重要实现方式和突出表现。因此，坚持经济视角的"人民逻辑"主导地位，既是中国城市空间生产的发展目标也是内在要求。经济视角的"人民逻辑"回归主要是指城市空间生产发展的成果由人民共享，而共享是中国特色社会主义城市空间生产的本质要求。必须坚持发展为了人民、发展依靠人民、发展成果由人民共享的发展宗旨，使全体人民在共建共享中拥有更多获得感，增强城市空间生产发展动力，团结人民，汇集人民力量，朝着共同富裕方向稳步前进。以此为城市空间生产的出发点和落脚点，这就要求中国城市空间生产不仅要注重城市空间内部经济结构的诸要素之间协调和平衡，而且还要注重其与外部环境之间良性互动和常态关联。这种外部环境主要包括两个部分，一方面包括能够推动和保障城市空间生产发展运行良好的相关政策环境、人文环境、社会环境以及生态环境；另一方面包括城市空间生产的国内环境和国际环境。在外部环境的综合作用下，通过对城市空间生产结构的转型升级和对发展空间的规划整合来提升整体的经济效益，目的是使城市空间生产发展的成果为人民所共享。正是通过不断增强城市空间生产发展成果的共享性，才能不断推动中国城市空间生产发展的人民性、协调性、公平性和持续性。

第二，城市空间生产中政治视角的"人民逻辑"回归。政治发展是中国城市空间生产的重要影响因素，但政治发展同样面临着问题，即如何全面、协调、平衡地发展。中国特色社会主义本质特征是中国共产党领导，中国特色社会主义制度的最大优势是中国共产党领导，坚持和改善党的领导是中国政治发展的首要前提。"资本逻辑"主导的城市社会，民主权利只掌握在一小部分人手中，而大部分无产阶级的城市空间民主权利是被剥夺和排除了的，普通劳动者没有权利和机会参与城市空间生产的规划、整合与塑造。人们被迫接受城市空间生产塑造和更易的结果。因此，政治视角的"人民逻辑"回归，要求我们通过不断提升政治观念、创新体制机制、优化政治结构、整合政治要素，使得中国共产党领导下的中国特色社会主义民主政治道路不断发展，为中国城市空间生产提供政治保障。我们要继续扩大公民有序的政治参与，实现公民的政治权利，并坚持依法治国的基本方略，让人民依法享有广泛的政治权利和自由；我们要充分调动可以利用的所有的积极因素，处理好各方面利益关系，积极引导并提供路径，让社会成员合法理性地表达公民诉求、维护合法权益，并妥善处理好相关的负面消极因素；要改革和完善制度、法治、物质、观念等，持续发展民主政治，形成共生共建局面，让人民性、真实性和广泛性成为中国城市空间生产的原则和目标。

第三，城市空间生产中文化视角的"人民逻辑"回归。城市空间生产的空间拓展过程和空间商品化过程，塑造和改变着城市的地理景观，也影响了人民的消费方式和生活方式。在"资本逻辑"主导的城市空间生产建设中，产业化、商品化、资本化的发展过程将原本属于文明载体的文化趋变为商品载体的附庸，让原本多样化、复杂化、特色化的文化体系日渐变得片面化、单一化、均质化。人们享有发展文化多样性和丰富价值观的权利，但以利益为唯一发展目的的城市空间生产，带来的是单一的价值观输入，文化生态的多样性被严重侵蚀，人民的文化权益被日渐剥夺，并且这种剥夺和侵害的过程，被资本主义生产方式和输入方式不断模糊和淡化。因此，文化视角的"人民逻辑"回归，要求城市空间生产在发展和建设的过程中，避免均质化、程序化、单一化的空间拓展和地理景观塑造，要注重城市精神和文化特色的保护和传承，要态度鲜明、立场坚定地维护人民的文化权益，促进和保障城市空间生产更好维护文化多样性。

第四，城市空间生产中社会视角的"人民逻辑"回归。中国城市空间生产不同于资本主义国家，具有鲜明的中国特色，是中国特色社会主义建设和发展系统中的重要组成部分。作为中国特色社会主义建设的重要一环，其发展必然受到社会发展的影响，同样又会作用于社会。因此，中国城市空间生产与社会的良性运行、协调发展是密不可分的。城市空间生产社会视角的"人民逻辑"回归突出表现为通过城市空间生产建设的人民性，形成共建共享局面，解决新时代的社会矛盾，促进和推动建成和谐社会。为此，城市空间生产要与社会发展保持密切联系，通过城市空间生产成果转移来加强社会建设，推进社会体制改革，完善社会管理，扩大公共服务，着力保障和改善民生。不断增强城市空间生产的人民性是解决城市发展不平衡不协调不充分的重要思路和保障，也是解决因"资本逻辑"过多而造成的社会问题的主要方式。在城市空间生产发展的基础上筑牢民生底线，不断增强人民群众的参与感、获得感、幸福感和安全感，推动和谐社会关系的发展。

第五，城市空间生产中生态视角的"人民逻辑"回归。生态环境的可持续发展、人与自然的和谐共生是中国城市空间生产的目标和诉求，绝不能够以牺牲生态环境为代价来促进城市空间生产。在"资本逻辑"过多的城市空间生产中，城市空间的蔓延和扩张必然需要掠夺更多的土地空间资源，这对土地资源和生态具有较大的破坏性。同时，空间商品化过程也需要大量的资源投入和环境改造，才能满足不断发展的产业和商品，人与自然、生态环境的关系日趋紧张。从长远发展的角度来看，这不利于城市空间生产的可持续发展，同时也不符合社会主义国家人民主义地位的要求。以习近平同志为核心的党中央将生态文明建设作为中国城市空间生产的重要指导，将对生态系统的修复和重建纳入社会有机总体的范畴之内，因此，城市空间生产中生态视角的"人民逻辑"回归就是要求城市空间生产以"人民逻辑"为指导，树立正确的生态文化观，在城市空间生产发展中遵循尊重自然、保护自然、顺应自然的理念，同时还要完善考核制度，即在城市空间生产考核体系当中加入"绿色考核"指标体系，不断构建起完善的制度机制，其中包括生态红线保护制度、生活垃圾分类制度、生态补偿机制等。以"人民逻辑"为主导，通过扩大公民生态参与、建立生态社区等具体方式，确立人与自然和谐的生活状态和生活方式。

以"人民逻辑"为主导的城市空间生产并不是抽象的，而是现实的。中国城市空间生产以"人民逻辑"为底层逻辑，是在满足人民需要基础上的人的全面发展。中国城市空间生产发展的目的是造福人民，要让城市空间生产发展更平衡、更均等、更共享，在城市空间生产发展的公平性、有效性和协同性当中，不断实现"人民逻辑"的发展要求。中国在社会主义城市空间生产发展中应该将人的劳动从资本的奴役中彻底解放出来，使劳动者的主体性地位得到复归。让人民群众共享城市空间生产发展的成果。共享理念的实质就是坚持以人民为中心的发展思想，体现的是逐步实现共同富裕的要求。共享，就是要让人民分享到城市空间生产的成果。城市空间生产所创造的一切物质财富，应该以人民共享为目标，不断实现人民对美好生活的向往目标。

综上，要坚持中国社会主义城市空间生产过程中"人民逻辑"的回归，将"资本逻辑"作为城市空间生产发展的过程和手段，通过"资本逻辑"带动城市的空间生产发展，但要坚持通过"人民逻辑"发展核心的理念为最终目标，解决城市空间生产发展造成的城市平衡问题、城市边界无序扩张问题、城市承载力危机问题和空间正义问题，不断促进中国城市空间生产向前发展。

二、"使用价值"回归，提升城市空间生产质量

"使用价值"和"交换价值"最大的区别在于两种价值导向下的发展目的是不同的。"交换价值"是为了实现更多的资本积累、更大的利益增值。而"使用价值"是为了实现人民的利益和权利。所以，中国城市空间生产必须以"使用价值"为导向，这也是中国特色社会主义的制度特色和发展宗旨所决定的。"使用价值"为导向的城市空间生产发展，在促进城市现代化进程中意义凸显。现代性的一个重要表征就是现代城市的规划与构建，城市化的大规模迅速发展是现代性发展的产物。城市空间是聚合空间，在这个空间中聚集了人、生产材料、资金，同时也产生了大量问题，比如高压力的人口数量、就业难度逐年上升、公民住房拥挤、城市交通紧张、环境污染严重、文化冲突强烈等一系列问题。从这些现象中可以看出，现代性城市发展正面效应和负面效应都存在并且十分明显。因此，将"使用价值"摆在中国的城市空间生产发展进程的首要位置，对中国城市空间生产的发展具有重要意义。追求"使用价值"既能够为解决中国城市群发展现代化日益加剧的矛盾提供解决思路和办法，同时也有利于加强城市空间生产的人文精神的传承和凝聚。大卫·哈维在描述当今城市空间发展特性时，曾指出城市化迅速推进的同时，人的精神无法跟上城市空间的发展，从而导致人的精神的扭曲和异化。

第一，"使用价值"回归，促进城市空间生产的持续性。中国城市空间生产要改变以追求眼前利益为主的资本化道路，避免因过度追求"交换价值"而阻碍了城市空间生产的持续性发展，要走可持续发展的社会主义道路。中国城市空间生产区别于资本主义空间生产的关键，在于坚持走可持续发展的中国特色城市空间生产道路。也就是说，在城市空间生产过程中，坚持立足长远发展目标，避免因"交换价值"过度的逐利性本质而造成的与可持续发展之间

的矛盾冲突。强调可持续发展,并不是要放弃眼前利益,而是要做好协调和节制。中国城市空间生产只有强化可持续的观念,规避资本追求利益最大化的弊端,才能实现中国城市空间生产的持续性。所以,既要充分发挥资本对社会、经济的推动作用,同时又要用科学、持续的眼光看待和解决问题,实现经济和环境的协调可持续发展。

第二,"使用价值"回归,推进城市空间生产的科学性。过度追求"交换价值",盲目追求剩余价值和资本增值,导致城市空间生产建设的非科学性,造成了城市建设秩序混乱,如违法用地、违法建筑严重、交通拥挤、环境恶化、城乡发展不平衡等问题。因此,倡导"使用价值"回归,将制定更长远的发展目标、更科学的发展规划、更节制的发展规模,促进中国城市空间生产发展的科学性。

第三,"使用价值"回归,保障城市空间生产的人民性。中国城市空间生产坚持为人民谋取空间利益,人是城市空间生产的主体,而不是空间资本化支配的工具。中国城市空间生产要坚持将以"交换价值"为核心的空间资本化道路转变为以"使用价值"为核心的空间人本化道路。中国城市空间生产区别于资本主义空间生产的关键,在于坚持以人为本的中国特色城市空间生产道路。即在城市空间生产过程中,坚持以人民群众为主体,规避"资本逻辑"过度对城市空间生产道路的绑架。强调人民性,并不意味着对资本的全盘否定,而是更加清晰地认识到资本是手段而不是目的。中国城市空间生产只有加强对资本的管控和治理,改变以往片面追求快速、全面、宏大的发展目标,改变"唯GDP"的思想观念,做好宏观调控,完善市场监管,维护空间正义,夯实以人民为主的价值定位,才能真正体现中国城市空间生产鲜明的人民性特征。

坚持"使用价值"回归需要做到两点,一是从"使用价值"的角度来考虑劳动过程。中国城市空间生产坚持"使用价值"回归,就是从"使用价值"的角度来考虑劳动过程、技术组成、固定资本等问题,对这些问题的考量能够不断凸显出"使用价值"在社会生产中的价值和功能。比如固定资本,工厂机器的"使用价值"实际上是产生于社会生产关系之中的,这些固定资产体现了"交换价值"和"价值",更为重要的是这些固定资产在调节劳动生产过程、生产结构、投入与产出之间的关系等方面有着非常重要的作用。同样,"使用价值"不仅影响着社会生产关系,还能对消费者的消费能力进行调节。这是因为"价值"依赖于劳动者对商品的消费,因此,不断生产新的消费需求对资本积累来说是非常重要的。而新的"使用价值"的发现和创造则能为劳动者提供新的消费需求。

二是坚持空间生产的"使用价值",满足人民物质文化需求。通过"使用价值"的回归和实现,来不断提升人民对生活空间的依赖感、归属感。例如,许多城市在郊区新建经济适用房、廉租房,将"使用价值"摆在"交换价值"之前,很大程度上给低收入人群提供了赖以生存的物质空间,有效缓解了低收入人群与高收入人群的社会矛盾,有利于社会安定、和谐,同时还能保证城市空间生产的持续性,提高人民生活质量。再比如,空气没有价值,但其含有的"使用价值"是人们需要的。城市空间生产若忽视空气的"使用价值",一味追求"交换价值",大量新建工厂排放有污染的气体,势必引起空气质量下降,雾霾、温室效应等环境问题必然经常性爆发。城市空气的污染对城市居民的身体健康问题造成严重的威胁,对其心理健康也造成不良影响,城市居民的身体、心理状态出现严重问题必然导致工作效率低下,甚至引起大批居民搬离城市环境,这势必引起城市空间生产大规模瘫痪,从而影响经济发展。因此,提高城市群空间生产"交换价值"向"使用价值"的转换是城市经济可持续发展的关键。

综上,要坚持中国社会主义城市空间生产过程中"使用价值"的回归,要将"交换价值"作为中国城市空间生产发展的过程和手段,用"交换价值"促进资本增长和产业发展,但是要始终以"使用价值"为发展核心和目的,以此解决城市空间生产发展造成的城市发展不平衡问题、城市边界无序扩张问题、城市承载力危机问题和空间正义问题,不断促进中国城市空间生产向前发展。

三、"政府主导"回归,推进城市空间生产进程

"政府主导"和"市场主导"最大的区别在于两种主导形式下的发展状态是不同的。随着经济的不断发展,虽然市场的地位会不断提高,政府对经济发展的直接干预会逐渐减弱,但这并不意味着"政府主导"地位的缺失。相反,要倡导"政府主导"地位的回归,不断解决市场调节不足而产生的诸多问题,不断协调政府和市场之间的关系。既要坚持市场在资源配置中的决定性地位,又要充分发挥政府在中国社会主义城市空间生产中的主导地位。在坚持"政府主导"地位的城市空间生产发展视域下,既要充分发挥政府在宏观调控、市场

监管、社会管理、公共服务等方面的主导作用，又要避免政府对微观经济领域过多的行政干预。既注重通过战略规划引导城市空间生产发展方式转变，又注重通过市场手段推动城市空间生产的结构调整和转型升级。

第一，政府主导回归，保障城市空间生产公平与效率。市场主导模式下城市空间生产的生产效率会对政府部门形成一定的压力。在市场主导城市空间生产建设的环境下，相关企业竞争压力巨大且持久，因此，企业必须不断降低生产成本获取更多剩余利润，提高生产效率与供给质量扩大消费市场，寻求技术创新与进步满足发展需求，以此来扩大生产规模，增强自身竞争力。但是市场机制本身无法满足城市居民收入的公平分配，因为在市场主导城市空间生产的机制下，城市社会的弱势群体很难享受城市空间生产发展成果或只享受很少的一部分。因此，我们倡导"政府主导"地位的回归，并不是要削弱市场，发挥其灵活性、高效性、适应性功能，而是让政府主导城市空间生产的过程，满足社会公众需要和促进效率与公平，政府要主动介入，合理配置城市空间生产资源，弥补市场的局限和不足，实现更为合理的分配格局，最大限度地实现城市空间生产的公平与效率。

第二，政府主导回归，促进城市空间生产平衡和持续。"市场主导"过度，造成城市空间生产结构失衡突出，其滞后性、盲目性和随意性更使得城市空间生产难以持续发展。城市空间生产发展不平衡体现在多个方面，最明显的失衡现象是贫富差距不断拉大，社会矛盾继而突出。城市空间生产产业结构中工业占比大、服务业发展滞后，造成了严重的环境污染和资源短缺问题。同时，城市空间生产发展造成城市内部的二元化结构问题，城市户籍和非城市户籍在享受城市空间生产成果方面严重失衡。随着城市经济增长的整体速度放缓，分配领域和相关的结构失衡将更加突出，这种情况下，城市空间生产的持续性将很难得到保证。因此，倡导城市空间生产中"政府主导"地位回归，就是要发挥政府职能和优势，平衡调度城市资源，合理分配发展成果，科学规划资源使用，合理控制规模和速度，切实增强城市空间生产的持续性发展能力。

第三，政府主导回归，确保城市空间生产共建和共享。"市场主导"过度的城市空间生产往往是少部分主体参与直接建设，并且发展成果由一小部分人享有。中国城市空间生产不同于资本主义国家片面追求发展速度的加快和发展规模的蔓延，而是以人民利益为核心，坚持"以人为中心"的唯物史观和"共建、共享"的价值尺度，确保城市空间生产的社会主义属性。习近平指出，"共享改革发展成果，是社会主义的本质要求""共享是中国特色社会主义的本质要求"，这也是我们倡导"政府主导"回归的重要原因，"人民当家作主是社会主义民主政治的本质特征"，而政府是维护人民主体地位的重要保障，只有如此，我们才能消除贫困、改善民生、实现共同富裕。这些都说明了中国城市空间生产要坚持"政府主导"地位，最大限度动员人民群众加入到城市空间生产建设中来，培养城市居民主人公意识，构建共建机制，确保人民群众参与的效率和效果，确保城市空间生产发展成果由全体人民共享，惠及全体人民，以此作为成为新时代城市空间生产发展的根本价值尺度和行动指南。

坚持"政府主导"地位回归需要做到两点：一是科学制定城市空间生产发展规划，引导城市空间生产有序发展。各级政府要依据国家政策和城市特点，因地制宜，科学编制本地区的城市空间生产发展规划，并将此作为城市空间生产发展尤其是产业发展及空间转型的基本依据。在政策把握上，首先，将加快转变城市空间生产发展方式所必需的经济结构调整作为城市空间生产主攻方向；其次，将加快转变城市空间生产发展方式所必需的科技进步和创新作为重要保障；再次，将加快转变城市空间生产发展方式所要求的保障和改善民生作为根本目标。二是完善城市空间生产的监管体系，促进城市空间生产科学发展。在具体的城市空间生产建设规划、资金筹措和产业布局上给予地方政府更多的决策权、审批权和相应的行政管理权。依法调整行政区划，简化行政层级，合理增设城镇建制，形成一个设置科学、布局合理、功能完善、集约高效的管理体制。建立城市空间生产的问责机制，对不遵循发展规律、不按发展规划执行的部门和领导，要进行行政问责。

综上，要坚持中国社会主义城市空间生产过程中"政府主导"地位的回归，弥补市场的缺憾，用"市场手段"促进生产力的发展，但是要始终以"政府主导"为核心地位，以此解决城市空间生产发展造成的城市发展不平衡问题、城市边界无序扩张问题、城市承载力危机问题和空间正义问题，不断促进中国城市空间生产向前发展。

四、"公有制经济"回归，提供城市空间生产保障

"公有制经济"和"非公有制经济"的最大区别在于生产的目的截然不同。中国城市空间生产的收入应该全部表现为劳动收入，不应该有资本利润，利润其实就是全体劳动者的剩余价值。"公有制经济"中，这些剩余价值一部

分用于公共开支和公共福利，一部分用于公共资本积累；而在"非公有制经济"中，这些剩余价值一部分用于资本家的奢侈享受，一部分用于资本家未来更奢侈消费的私人资本积累。在坚持"公有制经济"为主体的城市空间生产发展视域下，社会主义公有制经济在维护和巩固社会主义公有制性质、引领国家经济发展等方面具有强大推动作用和带动作用。公有制经济是中国共产党执政兴国的重要支柱和依靠力量，也是中国城市空间生产发展的主导力量。改革开放以来，公有制经济的发展为中国综合国力的提升作出了重要贡献，实现了中国经济社会发展、科技进步、国防建设和民生改善等多个维度的提高和进步。因此，必须坚持公有制经济的主体地位，继续发挥公有制经济在中国城市空间生产中的重要带头作用。

第一，"公有制经济"回归，优化城市空间生产产业结构。城市空间生产以产业为基础，以城市群为主体，以城市承载力为支撑，以体制机制创新为保障，以维护人的主体地位为核心。因此，产业的发展是城市空间生产发展的重要基石，也是城市空间生产的主要推动力量。良性的城市空间生产应是产业和城市的融合发展，这就需要不断优化城市空间生产的产业结构，而所谓产业结构的优化，指的是在不同的城市空间生产发展时期，由不同的产业来主导城市空间生产，发挥主导作用。对于城市空间生产来说，应该是由第一产业向第二、第三产业过渡的。但是在过渡的过程中，会出现环境污染、资源浪费、生态破坏、社会矛盾等问题。尤其是第二产业，即工业化为主的产业主导，一方面极大地推动了城市空间生产的发展，另一方面也造成了难以调和的经济和社会矛盾，第一二三产业各有其价值和作用，而城市空间生产与产业结构是一种相互促进、耦合联系的关系，在彼此作用和共同影响的过程中，需要"公有制经济"充分发挥调节作用。因此，需要"公有制经济"回归，发挥"公有制经济"在调和空间结构、要素结构、消费结构方面的强大作用，促进产业结构合理化、高级化、科技化、标准化，不断动态实现产业结构的优化升级。

第二，"公有制经济"回归，促进城市空间生产效率公平。效率与公平是社会发展的两大价值目标，在城市空间生产领域，效率和公平的矛盾相对尖锐，在城市空间生产中所影响的经济发展与社会发展的目标经常相互背离。城市空间的配置效率与空间公平的关系则较为缓和，虽然存在一定程度的矛盾，但增进公共空间格局效率与公平的目标是一致的，都是实现城市物质空间的优化，提高环境宜居度和生活品质，促进社会和谐与融合。而"非公有制经济"过度发展，在盲目逐利和缺乏统筹的情况下，只会加剧效率与公平之间的矛盾，不利于社会的和谐与融合。因此，要倡导城市空间生产中"公有制经济"的回归，高效配置城市空间，同时也要满足公平分配的要求，实现配置效率与分配公平的高度统一，尤其是实现城市空间生产发展建设中城市结构、道路交通、土地利用和人口分布的关联关系。城市空间结构反映了城市的组织特征和用地规律，通过区位择优和梯度分布，通过发挥"公有制经济"的作用，最大限度地遵循既有的城市空间结构，加强空间格局合理化配置。在道路交通层面，城市空间格局与城市交通组织的关联性，要求我们鼓励慢速交通方式的使用，同时，公共交通出行费用的低门槛给使用者个体提供了更多均等化享用公共空间的福利。在土地利用层面，城市空间格局与城市用地性质和用地密度相互影响并紧密关联。在持续双向作用的进程中，通过发挥"公有制经济"的作用，实现城市空间格局与城市土地利用各因素相互干预的整合效果。在人口分布层面，人是反映城市空间的城市生活目的、赋予城市空间意义的主要组成部分。城市空间格局应与人口分布的总趋势相互适配，以获得城市总体人口分布层面的适应性和持续发展。

第三，"公有制经济"回归，提高城市空间生产质量品质。城市空间生产的质量和品质，直接反映了城市空间生产的整体发展效果。在"非公有制经济"过度的城市空间生产中，往往重物质形式而轻品质内涵，缺乏规划和衔接，整体性、传导性、连贯性很差，加剧了城市空间生产的问题和矛盾。因此，倡导"公有制经济"回归，是为了在城市空间生产中更加尊重自然，遵循规律，注重城市文化和城市风貌的塑造，避免单一片面的"资本化"空间塑造，努力建构疏密有致、错落平衡的城市空间。同时，"公有制经济"也更容易实现城市空间生产塑造的便利化、人性化、科学化，以人的需求为首要地位，塑造高品质、人性化的城市空间。"公有制经济"回归的城市空间生产能更好发挥城市空间管制的作用，管控内容不应仅停留在土地使用功能、指标管控等方面，要注重对城市空间品质和人本体验的关注，高品质、高质量地塑造城市空间。

坚持"公有制经济"地位回归需要做到两点，一是做好产权制度改革和完善，即对所有制具体实现形式进行改革，其中包括所有权制度改革、经营权制度改革、处置权制度改革和收益权制度改革。二是处理好与非公有制经济的关系。非公有制经济是中国社会主义市场经济的重要组成部分，统一于社会主义城市空间生产的进程中，应该促进非公有制经济的发展，让各种所有制经济在市场竞争中发挥各自的优势，相互促进，共同发展。

　　综上，要坚持中国社会主义城市空间生产过程中"公有制经济"地位的回归，确保在城市空间生产发展中，坚持公有制为主体的地位不动摇，增进效益，以此解决城市空间生产发展造成的城市发展不平衡问题、城市边界无序扩张问题、城市承载力危机问题和空间正义问题，不断促进中国城市空间生产向前发展。

第六章

中国城市空间生产的政策建议

第一节 促进区域协调发展，缩小城市发展差距

一、"人民逻辑＋资本逻辑"并行，以"人民逻辑"为主导，实现城市协调平衡发展

在中国城市空间生产过程中，"资本逻辑"对经济发展有驱动作用，充分实现"资本逻辑"应有的手段价值和过程价值，可以为中国城市空间生产提供基本的物质保障，为中国城市空间生产的转型、优化、升级提供资本动力。但由于"资本逻辑"的根本属性是盈利性，"资本逻辑"主导的城市空间生产发展目标是追求纯粹资本利益，不符合中国特色社会主义的本质要求，也与人民当家作主地位的实现相悖，所以，中国城市空间生产应该坚持"人民逻辑"的主导地位，坚持"人民逻辑"发展目标，辅以"资本逻辑"，实现城市协调平衡发展。

第一，"人民逻辑＋资本逻辑"并行，以"人民逻辑"为主导，实现发展成果共享。首先，政府应当积极通过转移支付、财政补贴、政策引导缩小东中西部之间、城乡之间在公共服务、社会保障等方面的发展差距；其次，政府应当通过多种渠道增加居民收入，并采取行政手段对收入分配格局进行不断优化和改良，以此完善收入分配格局和再分配平衡机制，通过多种途径来增加低收入者收入，不断扩大中等收入者比重，实现收入分配格局的相对平衡，努力缩

小城乡、区域、行业收入分配问题上的差距；最后，政府应当大力推动欠发达地区的基础设施建设，积极采取措施最大限度地发挥地区的区位优势，充分考量地区的经济发展基础，实现欠发达地区的跨越式发展。

第二，"人民逻辑+资本逻辑"并行，以"人民逻辑"为主导，推进公共服务均等化。首先，政府应当坚持以"人民逻辑"为发展目标和宗旨，协调和改善市场化经济发展下出现的城市间发展失衡问题，转变政府职能，激发政府在公共服务建设方面的活力；其次，政府应当进一步改革和完善在公共服务理念、制度、机制、设施等方面的不足，妥善解决不同城市之间在公共服务领域所存在的不平衡发展状况，要构建以城乡多维覆盖、公平公正合理为基本目标的公共服务体系，并不断提高标准；最后，政府应当积极引导市场、社会团体参与到公共服务的建设中，实现公共服务均等化工作的多元主体设计，并且进一步发挥政府的领导带动作用，让公共服务的质量和水平不断提高和改进，让公共服务的发展更加符合时代的需求和人民的需要，真正做到让全体人民享受发展成果，实现不同城市人民的权利平等。

第三，"人民逻辑+资本逻辑"并行，以"人民逻辑"为主导，实现动态平衡。首先，政府应当将人本思想真正融入社会发展的长效结构模式当中来，从顶层设计和国家战略的高度，坚持以人民为中心完善新时代大国治理体系；其次，政府应当紧紧把握中国社会主要矛盾的变化，将实现人民对美好生活的需要作为当前整个社会发展的阶段性目标和现实性要求，在中国特色社会主义建设过程中，要牢固树立、强化和坚持以人民为中心的宗旨和原则，以不同地区人民的具体诉求和渴望为基础；最后，政府应当动态化地积极把握不同时期随着经济社会发展变化而产生的社会矛盾及突出问题，切实解决人民关心的重大生产生活问题，并且树立长远目标，动态了解和调控人民需求与发展现状之间的差距和矛盾，为未来城市空间动态平衡发展及人民实现美好生活需要保驾护航。

二、"交换价值+使用价值"并重，以"使用价值"为目标，实现城市协调平衡发展

在中国城市空间生产过程中，"交换价值"对城市发展具有促进作用，充分实现空间生产的"交换价值"，可以为中国城市空间生产提供基本的物质保障，为中国城市空间生产的转型、优化、升级提供资本动力。但由于"交换价值"的根本属性是盈利性，"交换价值"主导的城市空间生产发展目标是追求

纯粹利益增值,不符合中国特色社会主义的本质要求,也与"人民当家作主"地位的实现相悖,所以,中国城市空间生产应该坚持"使用价值"的主导地位,从"使用价值"出发,并最终落脚至人民对空间"使用价值"的实现,辅以"交换价值",以此促进城市协调平衡发展。

第一,"交换价值+使用价值"并重,从"使用价值"出发,实现经济和生态协调发展。首先,政府应当重视生态环境保护在城市建设发展过程中的重要性,在城市规划建设中充分利用当地的生态优势,挖掘生态价值,并且主动担当起保护生态的重大责任;其次,政府应当积极引导社会资本参与城市空间生产建设,实现城市人口城镇化、土地城镇化、产业城镇化相统一,促进新型城镇化与乡村振兴战略的协同发展,中国特色城镇化与农业现代化的持续发展;最后,政府应当尊重城市发展的客观规律,在进行战略政策的规划设计中正视地区之间以及地区内部的差异性,从差异存在的现实条件出发,有效地利用不同地区的优势条件,实现平衡和谐的发展目标。

第二,"交换价值+使用价值"并重,从"使用价值"出发,促进社会主义城市空间生产的发展。首先,政府应该在城市空间生产发展战略策划的过程中,充分考虑三点:一是城市空间生产与城市发展的关系;二是城市发展与个人发展之间的矛盾关系;三是要重视空间正义的实现。以此三点为原则,进行城市空间生产战略的规划,并在执行的过程中,随着空间生产的现实变化不断随机调整。其次,政府在城市空间生产建设和发展的过程中,要始终坚守"使用价值"为主导的底线,合理管控资本在城市空间生产中的作用范围和程度。将资本"交换价值"作为手段和过程,但不能放任资本对城市空间的肆意破坏和干扰。最后,政府的政策规划和实施,要充分考虑中国国情实际,在各个环节之中,用国情作为标尺,以"使用价值"为目标,满足社会主义城市空间生产建设的要求,促进社会主义城市空间生产的发展。

第三,"交换价值+使用价值"并重,从"使用价值"出发,推动区域协调发展战略布局。首先,政府应当统筹推进各地区的区域发展战略的规划设计与落地实施,从顶层设计与国家战略出发,协调不同地区、城市之间发展的差异性,强化大、中城市的辐射带动作用,并通过转移支付、财政补贴、政策支撑等方式促进欠发达地区的快速发展;其次,政府应当注重城市内部发展的均衡性,以"使用价值"为中心,实现城市土地资源的高效利用,避免城市的盲目扩张与内部资源的无效损耗,重视城市未来长远发展;最后,政府应当促进现代化建设各个环节相互协调,提升发展的全面性,通过引导形成大、中、小城市的协调发展新模式，促进地区之间、城乡之间的健康可持续发展，实现经济总量的平衡与结构的合理。

三、"政府调控＋市场手段"并重，以"政府主导"为动力，实现城市协调平衡发展

市场经济是推动中国城市空间生产向前发展的重要经济手段，在资源配置领域和直接经济活动中，市场应当发挥主导作用。但是在中国特色社会主义城市空间生产的整体视域当中，市场经济和微观主体的经济活动，应当作为城市空间生产的基础来发挥作用，而以人民为中心的城市空间生产发展，就要求坚持"政府主导"地位，充分发挥政府的再分配职能，充分保障全体人民的空间权益，实现全体人民共同富裕。

第一，"政府与市场"并重，以政府为主导，协调中国区域间城市空间生产水平。首先，政府应当通过宏观调控与政策引导，坚持区域经济协调发展策略，建设东部地区高水平的城市群经济发展模式，并引导中西地区城市群的发展，逐步缩小各地区的发展差距；其次，政府在处理资金投放和政策问题时，要充分考虑重点开发地区和欠发达地区的不同需求，既要重视重点地区和重点产业的发展，同时还要着力弥补欠发达地区的缺憾，以此来不断达到地区之间的发展协调；最后，政府应当在区域经济发展过程中充分尊重市场规律与市场作用，发挥市场在资源配置中的主导作用，实现政府＋市场的双重推动作用，以实现国家重点城市群的城市健康发展与欠发达地区的快速发展。

第二，"政府与市场"并重，以政府为主导，努力改善城市发展差距和城市间不平衡状况，在改善过程中，要把该问题上升至国家战略的重要地位，并因地制宜，以各地区的特色优势和具体情况为基准。首先，政府应当充分发挥东部地区城市群在国家经济社会发展中的引领带动作用，通过东部地区城市群的经济转型升级，不断实现东部地区和中西部地区的协调并进，加快彼此之间的互动合作程度和速度，并通过整体进步来带动周边地区实现发展水平的提高；其次，政府应当引导带动中西部地区城市群的规划发展，承接和发展来自东部地区的产业转移，以中西部地区优良的生态环境为其核心竞争力，实现中西部地区城市群高设计、高要求、高水平的建设发展；最后，政府应当推动支持欠发达地区的加速发展，以国家支援补偿的形式，引导欠发达地区的新型城镇化与乡村振兴战略发展，并且充分分析欠发达地区的地理优势和区位优势，

注重本地区历史文化的发掘和保护、本地区环境自然优势的发掘和合理开拓，注重特色性发展，以此吸引资本的不断注入，加快产业链形成和发展。

第三，"政府与市场"并重，以政府为主导，推进制度革新调整产业结构。首先，政府应当推动协调发展战略与产业政策之间的匹配关系，通过产业升级、产业转移实现区域的协调发展，同时又通过区域的协调发展实现产业的结构调整，实现不同地区均衡发展与经济的高质量增长；其次，政府应当推动现有户籍制度和土地制度的改革，进一步释放发展活力，促进各要素在区域间的自由流动，从而实现市场对资源配置的主导作用，形成区域经济的高效发展；再次，政府应当注重城市群的发展建设，促进各地区建设具有区域特色的、联动发展的、协调并进的城市群体系，着力打造中心城市，以中心城市的强大带动力带动周边地区的发展，形成强大的综合城市群发展动力；最后，加快各地区的交通与网络技术的发展，促进地区之间、地区内部的互联互通的经济网络，实现国家层面的城市群发展布局。

四、"公有制经济 + 非公有制经济"并存，以"公有制经济"为主体，实现城市协调平衡发展

公有制经济和非公有制经济并存，是中国城市空间生产的内在要求，作为中国经济社会发展中的重要基础，为中国城市空间生产的发展发挥了不同价值，作出了不同贡献。未来应该进一步激发非公有制经济活力和创造力。这对于促进经济发展、增加就业、转变城市空间生产方式、解决城市空间生产问题都有重要作用。但中国城市空间生产应该坚持公有制主体地位，因为公有制经济在中国城市空间生产领域上，拥有更强大的力量和优势，对于从根本上解决城市空间生产的问题、优化城市空间生产的环境具有决定性作用，因此，应该以公有制为主体，实现城市协调平衡发展。

第一，"公有制经济 + 非公有制经济"并存，以公有制为主体，继续推进国有经济战略性调整。首先，政府应当以国有经济的战略性调整为核心，推动国家发展战略及大政方针的有效落实，结合不同地区各不相同的职能，需要针对性展开各地区国有经济的转型升级，从而实现对区域协调发展战略与乡村振兴战略的支持带动作用；其次，政府应当在协调城市平衡发展的过程中发挥国有经济的重要作用，通过东部地区国有经济的转型升级，促使部分产业向中西部地区的转移，从而推动中西部地区加快发展步伐；最后，政府应当在社

会主义市场化经济体制下，坚守国有经济为主导的重要格局，以公有制为主体，保证关键领域国有经济为主导的体制机制，实现城市空间生产社会主义属性不动摇。

第二，"公有制经济＋非公有制经济"并存，以公有制为主体，统筹区域发展。首先，政府应当以公有制为主体，实现东中西地区统筹发展，南北方城市协调并进。充分发挥城市群的强大动力，为周边地区的发展注入动力和能量，努力加快建设平衡发展、多维驱动、特色突出的区域式发展步伐。其次，政府也要发挥作用，优化公共服务的资源配置，促进城乡和谐平等，实现各类要素资源在各地区、城乡之间的自由流动，以实现最优化的资源配置效率。最后，政府应当把农村发展问题放在重要位置，提高农民收入，促进农村发展，改善农民生活条件和水平，将新农村建设和发展推向更高层级，促进城乡全面发展。

第三，"公有制经济＋非公有制经济"并存，以公有制为主体，促进平衡发展。首先，政府应当实施创新驱动发展战略，提升企业的创新能力和水平，这些措施对于促进国企改革、加快经济发展意义重大，并且还会充分发挥主导作用和能力。其次，政府要加快构建改革机制，促进国有经济体制改革，充分发挥国有经济的规模优势，推动其技术创新，推动中国全方位的产业升级转型。最后，政府应当进一步完善知识产权保护制度，以制度创新引领中国制造向中国智造的转变，进一步激发国有经济、所有制经济等多元主体的创新创造活力，推动形成社会主义现代化强国目标下的创新发展新格局。

第二节　控制城市蔓延边界，实现城市发展内涵

一、"人民逻辑＋资本逻辑"并行，以"人民利益"为宗旨，控制城市边界扩张

在中国城市空间生产过程中，"资本逻辑"对经济发展具有驱动作用，充分实现"资本逻辑"应有的手段价值和过程价值，可以为中国城市空间生产提供基本的物质保障，为中国城市空间生产的转型、优化、升级提供资本动力。但由于"资本逻辑"的根本属性是盈利性，"资本逻辑"主导的城市空间

生产发展目标是追求纯粹资本利益，不符合中国特色社会主义的本质要求，也与"人民当家作主"地位的实现相悖；所以，中国城市空间生产应该坚持"人民逻辑"的主导地位，坚持"人民逻辑"发展目标，辅以"资本逻辑"，控制城市边界扩张。

第一，"人民逻辑 + 资本逻辑"并行，从人民利益出发，建立合理的生态补偿机制。首先，政府应当建立一个恰当的评价和计算方法，对中小型城市的城市环境容量进行分析和评价，推进城市环境容量这一指标落地；其次，政府应当建立生态补偿机制，推动城市可持续发展，城市边界扩张必然会侵害公民生态环境权益和土地权，为保证城市可持续发展，可以通过制定合理的生态补偿方案以弥补城市边界扩张对公民权益的侵害；最后，政府应当完善城市生态文明建设的具体制度措施，推进城市生态文明建设的标准化、规范化管理，实现城市生态环境政策的常态化。

第二，"人民逻辑 + 资本逻辑"并行，从人民利益出发，提升城市内部开发利用率。首先，政府要优化现有经济结构体制，加快产业转型升级，发挥经济体制对企业发展和经济发展的引领和规范作用，推动经济高效优质发展；其次，政府应该厘清城市的核心本质、城市产业特性、城市功能等，通过分析，精准定位城市的发展优势，发挥城市优势特色，努力形成城市的核心力和吸引力，并构建城市推广机制，实现城市发展现代化；最后，政府应当通过严格控制城市边界扩张，倒逼内部土地使用效率提升，提高建成区内部土地综合利用率，实现城市向紧凑型发展。

二、"交换价值 + 使用价值"并重，以"使用价值"为导向，控制城市边界扩张

在中国城市空间生产过程中，"交换价值"对城市发展具有促进作用，充分实现空间生产的"交换价值"，可以为中国城市空间生产提供基本的物质保障，为中国城市空间生产的转型、优化、升级提供资本动力。但由于"交换价值"的根本属性是盈利性，"交换价值"主导的城市空间生产发展目标是追求纯粹利益增值，不符合中国特色社会主义的本质要求，也与"人民当家作主"地位的实现相悖，所以，中国城市空间生产应该坚持"使用价值"的主导地位，从"使用价值"出发，并最终落脚至人民对空间"使用价值"的实现，辅以"交换价值"，以此控制城市边界扩张。

　　第一，"交换价值+使用价值"并重，以"使用价值"为导向，合理确定城市边界。首先，政府应当在权衡中心城市发展利弊条件的基础上，依据城市发展实际来针对性地制定规划措施，发展绿色城市。在规划时，把城市边界问题纳入其中，合理控制城市扩张的规模和速度，以城市自由资源和环境状态为基准考核点，确保城市扩张的合理性、有效性和可控性；其次，政府要规范各种土地类型的用地开发模式，确保土地资源的合理开发和有效利用，并以地区的产业发展基础作为配合，不断提升资源的使用效率和水平，减少资源的浪费和对环境的破坏；最后，政府要充分分析本地区的自然条件，以太阳能、风力等资源为主，提升可再生资源的利用率，提高可再生清洁能源的使用度，以此减少资源浪费，保护地区生态。

　　第二，"交换价值+使用价值"并重，以"使用价值"为导向，实现土地集约化利用。首先，政府应当提高城市建设扩展用地的开发强度，严格管控城市边界的无序扩张和无限蔓延，因为城市边界的无序扩张很大程度地破坏了地区的生态，所以，政府要规范城市发展扩张机制，进行刚性的空间管制，避免过度扩张造成的系列问题；其次，政府还要提高土地的开发利用强度和效率，让每一寸土地都能充分甚至超额发挥其资源价值；最后，政府要加强城市生态用地和绿色用地的保护力度，禁止资本对城市空间中的这类土地进行"资本化"开发，包括以"生态新城""宜居别墅"等借口，要实现对土地资源尤其是城市边界的土地资源的集约化利用。

三、"政府调控+市场手段"并施，以"政府主导"为动力，控制城市边界扩张

　　市场经济是推动中国城市空间生产向前发展的重要经济手段，在资源配置领域和直接经济活动中，市场应当发挥主导作用。但是在中国特色社会主义城市空间生产的整体视域当中，市场经济和微观主体的经济活动，应当作为城市空间生产的基础发挥作用，而以人民为中心的城市空间生产发展，就要求坚持"政府主导"地位，充分发挥政府的再分配职能，充分保障全体人民的空间权益，控制城市边界扩张。

　　第一，以政府为主导，促进城市集聚与扩散效应的发展。首先，政府应当以行政区划设置的方式促进城市集聚与扩散效应的发展，以政府治理、政策制定的方式有效缩小地区间发展差距，促进地区一体化建设，探索地区空间发展

的新形式；其次，政府应当进一步强化各城市间的联系，利用地区集聚与扩散效应促进地区一体化建设，通过行政区划设置的方式为地区在新常态下为转变经济增长方式、空间结构重组、城市群形成和发展提供政策支撑；最后，政府应当以行政区划设置的方式梳理城市关系，对各城市进行清晰的战略规划、职能定位，对城市边界范围进行整体性分析。

第二，以政府为主导，解决城市差距过大问题。首先，政府应当对城市过密、城市间发展差距过大的问题通过行政区划调整、市县合并等方式进行优化；其次，政府应当推进欠发达地区实现更高水平的集聚与扩散效应，应当构建合理完整的城镇体系，注重对次级辐射重心、中间规模城市的培养和发展，以提升城市综合实力为目标，科学规划城市边界、协调城市关系、优化城市承载力水平；最后，政府应当通过构建合理的城镇体系、规范城市规模的方式对现有的城市间空间挤压问题进行治理，通过行政区划设置的方式实现地区及各城市的发展规划目标要求、发挥职能定位、提升经济社会发展水平。

四、"公有制经济 + 非公有制经济"并存，以"公有制经济"为主体，控制城市边界扩张

"公有制经济"和"非公有制经济"并存，是中国城市空间生产的内在要求，作为中国经济社会发展中的重要基础，为中国城市空间生产的发展发挥了不同价值，作出了不同贡献。未来应该进一步激发非公有制经济活力和创造力。这对于促进经济发展、增加就业、转变城市空间生产方式、解决城市空间生产问题来说都有重要作用。但中国城市空间生产应该坚持公有制主体地位，因为公有制经济在中国城市空间生产领域上，拥有更强大的力量和优势，对于从根本上解决城市空间生产的问题、优化城市空间生产的环境具有决定性作用，因此，应该以公有制为主体，实现城市协调平衡发展。

第一，发挥公有制主体地位，加强基础设施的建设。首先，政府应当发挥公有制主体地位，在各个领域发挥公有制的带动作用，不断完善城市基础设施建设，推动城市内部空间结构优化升级，避免盲目扩张；其次，政府应当强化城市郊区、农村地区与城市之间的基础设施连接，以基础设施的健全推动各地区、城乡的一体化发展，进一步形成城市更大范围的辐射带动作用；最后，政府应当建立健全城市基础设施投入建设的体制机制，避免城市建成区的盲目扩张，促使城市的建设发展实现科学合理、有条不紊地推进，以顶层设计和国家

战略的角度预留城市未来发展空间。

第二，发挥公有制主体作用，科学规划城市发展边界。首先，政府应该完善城市发展规划，通过制定科学性更强、实用价值更高、可操作性更强的发展规划，来建设城市、发展城市、推广城市，明确其职能定位，找准发展核心；其次，政府要加大力度，确保城市生态环境的可持续发展，加快建设绿色城市发展速度，实现城市资源环境承载力与经济发展之间的平衡状态；最后，城市土地的开发利用规模要与人口增长结合在一起，控制规模过度扩张，防止城市危机，促进持续发展。既要满足城市居民的生活需求，也要满足城市居民的产业和经济发展的要求。

第三节　提升城市承载能力，匹配城市发展质速

一、"人民逻辑＋资本逻辑"并行，坚持"人民逻辑"底线，优化城市承载力

在中国城市空间生产过程中，"资本逻辑"对经济发展具有驱动作用，充分实现"资本逻辑"应有的手段价值和过程价值，可以为中国城市空间生产提供基本的物质保障，为中国城市空间生产的转型、优化、升级提供资本动力。但由于"资本逻辑"的根本属性是盈利性，"资本逻辑"主导的城市空间生产发展目标是追求纯粹资本利益，不符合中国特色社会主义的本质要求，也与"人民当家作主"地位的实现相悖；所以，中国城市空间生产应该坚持"人民逻辑"的主导地位，坚持"人民逻辑"发展目标，辅以"资本逻辑"，优化城市承载力。

第一，坚持"人民逻辑"，科学评价城市承载力水平。首先，不同城市的具体发展状况是各不相同的，资源禀赋也存在很大差异，因此，政府要具体情况具体分析，有些城市人口密度低，规模较小，而土地等资源的利用程度还有很大的开发空间，对于这些城市，政府要加大财政和政策支持，完善城市的基础设施，保障人民的基本生活权利，确保城市公共设施和服务的完善程度与水平；其次，对那些承载力超标的城市，要优化产业结构，加快传统产业和企业的转型优化升级，促进城市空间生产的可持续性，加快城市绿色建设的步伐；

最后，对那些重度超标的城市，应从资源环境、经济、基础设施等各方面一齐入手，改善城市承载力状况，加强法制建设，对违反资源、环境政策的行为进行严厉处罚。

第二，坚持"人民逻辑"，建设生态良好型、环境优化型新城市。首先，对城市中企业的生产进行规范和优化，以制度保障和惩戒措施保障双重措施来督促企业进行节能减排，对产业结构加以调整和优化，通过部门和企业的联合合作，采取多管齐下的手段，实现城市承载力的不断优化，解决因城市承载力不足而带来的各类次生问题。增加企业生产和空间发展过程中清洁能源和可再生能源的利用程度；其次，政府应主导科技创新和技术升级，用技术提升弥补传统产业的问题，构建新的发展模式和路径，高效利用资源和环境的同时，保障资源环境的可持续性；最后，通过实施对企业的支持政策，来帮助企业加快技术研发、产业创新、生产升级的速度和效率，推动产业升级。

第三，坚持"人民逻辑"，实现城市可持续发展。首先，建立健全法律法规，进一步优化生态环境保护法规，做好城乡协调规划，深入贯彻落实生态环境流程标准；其次，做好环境污染控制工作，在可持续发展进程中做好环境污染控制，建立健全生态类型工业体系，明确工业发展重点，防止生态环境遭到严重威胁，实现城市承载力可持续，保障人民基本权益；最后，进一步协调生态环境保护与经济建设之间的关系，避免城市的盲目扩张、发展过程中的资源浪费，并在现有城市环境中强化绿色城市的建设，建设可持续发展的城市格局。

二、"交换价值＋使用价值"并重，坚持"使用价值"导向，优化城市承载力

在中国城市空间生产过程中，"交换价值"对城市发展具有促进作用，充分实现空间生产的"交换价值"，可以为中国城市空间生产提供基本的物质保障，为中国城市空间生产的转型、优化、升级提供资本动力。但由于"交换价值"的根本属性是盈利性，"交换价值"主导的城市空间生产发展目标是追求纯粹利益增值，不符合中国特色社会主义的本质要求，也与"人民当家作主"地位的实现相悖，所以，中国城市空间生产应该坚持"使用价值"的主导地位，从"使用价值"出发，并最终落脚至人民对空间"使用价值"的实现，辅以"交换价值"，优化城市承载力。

第一，以"使用价值"为导向，要对城市的环境承载力进行科学测算和技术测评。首先，完善城市承载力的研究体系，通过理论研究和实践分析，了解城市空间承载力的具体水平，以及本城市承载力对城市社会、经济、生态发展影响的具体指标，促进承载力研究科学化、精准化，以此来精准指导城市空间生产的行为；其次，构建城市资源环境承载力与可持续发展的指标体系，在前期科学研究和实践分析的基础上，得出二者的内在联系，为城市空间生产的行为提供科学的参考依据，避免因城市发展而带来生态和环境破坏问题，并逐步提高对未来城市空间生产发展的预测准确度，以便提前做好规划；最后，应当形成动态化的城市承载力水平的评估分析系列报告，对城市的承载力水平实现高质量、高水平的动态化监控，以满足城市发展的需求。

第二，以"使用价值"为导向，建立城市循环经济体系。首先，政府要找到资源浪费问题的根本症结，分析原因，找准解决措施，彻底解决城市空间生产而带来的资源浪费问题，城市的空间扩展和空间资本化的发展过程，势必会侵害到空间的资源和环境，所以要尽快实现城市空间生产和消费过程中的低投入、少开发、高利用；其次，企业生产和城市空间生产发展，会造成污染物的排放，这也是环境问题产生的最主要来源，因此，政府要构建污染物排放机制，争取在生产过程当中处理好排放物的净化问题，让城市空间生产朝着循环式的可持续发展方向前进；最后，政府应当充分协调城市发展速度与承载力之间的关系，优化城市发展空间，推动城市的健康可持续发展。

第三，以"使用价值"为导向，调整城市产业结构。首先，政府应当以"使用价值"为导向，优化生产要素资源配置，加快产业结构的调整，通过制定规划来转变资源的依赖方式，尽快从物质资源依赖型发展向着人才资源依赖型发展转变；其次，通过主要产业的带动和辐射，去影响城市的发展，让城市的科技、服务水平不断提升，让城市空间生产实现资源节约和环境友好；最后，政府要加快制度升级和体制创新，让所有的城市资源要素都能物尽其用，最大限度发挥其价值和功能，在源头上去遏制和避免城市空间生产对环境的破坏和对资源的掠夺，实现城市承载力与城市资源环境协调和谐发展。

三、"政府调控+市场手段"并施，坚持"政府主导"地位，优化城市承载力

市场经济是推动中国城市空间生产向前发展的重要经济手段，在资源配置

领域和直接经济活动中，市场应当发挥主导作用。但是在中国特色社会主义城市空间生产的整体视域当中，市场经济和微观主体的经济活动，应当作为城市空间生产的基础来发挥作用，而以人民为中心的城市空间生产发展，就要求坚持"政府主导"地位，充分发挥政府的再分配职能，充分保障全体人民的空间权益，优化城市承载力。

第一，以政府为主导，将城市承载力研究制度化、系统化、规范化。首先，政府应当动态掌握中国各城市的集聚—扩散效应发展水平及城市边界、承载力的演化规律，通过委托项目、设置课题等方式，对城市的承载力进行学科综合性、系统性、完整性的研究分析；其次，政府应当充分重视城市的资源环境承载力问题，把该问题放在城市规划和建设等同等位置上，并将其纳入城市发展指导指标体系中；最后，政府应当将城市承载力作为考量城市发展状况的重要参考指标纳入政府考评体系，用城市承载力综合性考量来分析城市的综合发展水平与其空间规模之间的匹配关系，实现对城市承载力研究的制度化转变。

第二，以政府为主导，积极展开城市边界评估工作，并制定评估标准体系。首先，政府应当研究制定一整套城市集聚与扩散评估体系，并将城市边界及承载力的研究与空间治理、行政区划进行紧密联系，实现对城市边界及承载力的实际测算、实际评估、实际应用和实际治理；其次，政府应当在此基础上结合地质学、政治学、民族学和社会学等多维度学科，对城市边界及承载力进行研究，形成对城市边界及承载力问题的科学评估判断；最后，政府应当结合行政区划设置将城市边界与承载力研究制度化、系统化、规范化，从而指导各地区各城市进行职能定位、行政区划设施、发展规划制定落实。

第三，以政府为主导，加强公众参与促进城市健康发展。城市的健康发展不是政府单一主体作用下能够改善和形成的，而是需要依赖市场、社会等多元主体模式，从而形成分工明确的有机整体。首先，政府应当拓宽公众参与的途径和渠道，让公众参与到城市承载力问题的决策和监督中来，充分听取群众意见和诉求，让政策决策更加公平公正。其次，为群众提供监督的机会和条件，让城市空间生产接受来自群众的监督和建议，在此过程中，通过宣传教育加强群众的监督能力和水平，提高群众的资源环境保护意识。最后，政府要保证制度先行，通过完善相关制度，保障群众的监督权，促进城市空间生产健康发展，加快处理城市承载力与发展速度的矛盾，是城市走可持续发展道路的必然选择。

四、"公有制经济 + 非公有制经济"并存,坚持"公有制经济"主体,优化城市承载力

公有制经济和非公有制经济并存,是中国城市空间生产的内在要求,作为中国经济社会发展中的重要基础,为中国城市空间生产的发展发挥了不同价值,作出了不同贡献。未来应该进一步激发非公有制经济活力和创造力。这对于促进经济发展、增加就业、转变城市空间生产方式、解决城市空间生产问题来说都有重要作用。但中国城市空间生产应该坚持公有制主体地位,因为公有制经济在中国城市空间生产领域上,拥有更强大的力量和优势,对于从根本上解决城市空间生产的问题、优化城市空间生产的环境具有决定性作用,因此,应该以公有制为主体,优化城市承载力。

第一,积极发挥公有制在社会建设和生态文明建设方面的主导作用。首先,政府应当承担更多的社会责任,加大对环境、生态与社会治理的投入力度,实现经济、社会、生态之间的动态均衡;其次,政府应当将公有制经济发展方向与国家整体发展大局保持一致,在缩小贫富差距等方面发挥独特作用。为困难群体提供基本社会保障,需要发挥公有制经济的积极优势;最后,政府应当发挥国有经济在产业转型、生态环境保护等方面的引领带动作用,通过对国有经济的优化升级,实现经济发展与生态环境之间的和谐关系,从而推动城市经济建设过程中的生态文明建设不掉队。

第二,积极发挥公有制在完善城市空间发展体系、拓展城市发展空间方面的主导作用。首先,政府应当坚持以公有制为主体,通过规划引导和协调城市资源,并进行合理化配置和科学化应用,完善区域中心节点城市、区域副中心城市、重点乡镇和村庄的城市空间生产体系,建立具有优势特色的城市群。其次,建设交通枢纽、新兴产业、旅游、文化、商贸、科技、教育等一批主要功能特征突出的中小城市,合理统筹城市内部空间布局。最后,在不断形成和完善具有不同发展条件和特点的城市群建设过程中,扩大和提高城市的综合承载能力。

第三,积极发挥公有制在产业结构调整对提高城市资源和环境承载力的主导作用,因为长期粗放式发展导致了中国城市发展与资源生态承载力之间的突出矛盾。首先,政府应以提高经济开发区和工业园区能力为切入点,推进高端集聚平台建设,充分发挥公共企业优势,加强工业园区基础设施、配套服务和

高水平信息化建设，推动城市产业向工业园区发展。其次，政府应推进供给侧结构性改革，整合要素资源，提高城市资源利用效率。最后，政府应进一步明确各城市的功能定位，加强城市间的产业合作与互补，合理分配和分工，形成特色城市发展的新模式，着力提高城市空间承载力水平。

第四节　实现城市空间正义，共享城市发展成果

一、"人民逻辑+资本逻辑"并行，坚持"人民逻辑"底线，实现城市空间正义

在中国城市空间生产过程中，"资本逻辑"对经济发展具有驱动作用，充分实现"资本逻辑"应有的手段价值和过程价值，可以为中国城市空间生产提供基本的物质保障，为中国城市空间生产的转型、优化、升级提供资本动力，但由于"资本逻辑"的根本属性是盈利性，"资本逻辑"主导的城市空间生产发展目标是追求纯粹资本利益，不符合中国特色社会主义的本质要求，也与"人民当家作主"地位的实现相悖，所以，中国城市空间生产应该坚持"人民逻辑"的主导地位，坚持"人民逻辑"发展目标，辅以"资本逻辑"，实现城市空间正义。

第一，从"人民逻辑"出发，注重协调资本与人民的发展权益。首先，政府应当在城市发展过程中注重对城市精神、城市性格的打造，树立新时代下中国城市的新名片，通过对各城市独特区位条件、历史文化底蕴的把握，避免千城一面的重复建设，形成各具特色的城市标签；其次，政府应当在城市发展中注重精神文明的建设，通过城市的图书馆、剧院、体育馆及各街道小区学校的文化建设，深挖城市的历史文化基因，建设形成具备影响力和吸引力的现代化城市形象；最后，政府应当在城市的发展过程中避免市场与资本对城市空间的过度侵蚀，城市必要的公共服务基础设施建设必须紧跟城市发展步伐，城市的绿化、公益休闲设施的建设和发展反映出人民切实享受到的空间权益，必须通过以人民为逻辑的社会主义优越制度来实现。

第二，从"人民逻辑"出发，推进均质共享社会福利。首先，政府应当从体制机制层面逐渐破除户籍制度对公共服务、社会福利方面的限制，构建更

为完善的保障体系，让该体系最大限度地覆盖城乡，让不同地区之间、城乡之间的公共服务质量和水平差距逐渐减小；其次，政府应当积极消除户籍制度所导致的地域等级差异，回归户籍本源功能，避免户籍制度所导致的不平衡问题，推动"人的城镇化"顺利实现；最后，政府应当通过建立健全城市内部非户籍人口的保障体制机制，推动农业转移人口的市民化转移，通过各方面的保障措施，使农民工能够享受到市民一样的公共服务供给，从根源上缓解城镇化过程中所带来的社会矛盾。

第三，从"人民逻辑"出发，促进居住和就业的关系不断平衡和协调。首先，政府要利用空间生产的过程，促进城市功能的优化升级，发挥空间生产的作用和力量，为实现居民居住和就业的平衡提供支持，在城市内部核心空间实现土地资源高效利用，避免土地功能的单一化及过度资本化；其次，政府应当在城市的规划建设过程中提倡城市功能的合理混合，即科学处理居住区和工业区的分界，促进功能混合对区域的保护，让城市功能体系更加健全，覆盖城市交通、公共服务等领域。让居住区和工业区实现功能互补和平衡；最后，政府要加大力度解决低收入人群的住房供给问题，进一步完善现有的廉租房、政府补贴等低收入群体的社会保障体制机制，确保社会福利的有效供给，尽可能地避免政策实施过程中的"搭便车"现象，实现居者有其屋与因城施策相结合的方式，实现全国整体范围的空间正义。

二、"交换价值＋使用价值"并重，坚持"使用价值"导向，实现城市空间正义

在中国城市空间生产过程中，需要发挥"交换价值"对城市发展的促进作用，充分实现空间生产的"交换价值"，为中国城市空间生产提供基本的物质保障，为中国城市空间生产的转型、优化、升级提供资本动力。但由于"交换价值"的根本属性是盈利性，"交换价值"主导的城市空间生产发展目标是追求纯粹利益增值，不符合中国特色社会主义的本质要求，也与"人民当家作主"地位的实现相悖，所以，中国城市空间生产应该坚持"使用价值"的主导地位，从"使用价值"出发，并最终落脚至人民对空间"使用价值"的实现，辅以"交换价值"，实现城市空间正义。

第一，以"使用价值"为主导，推进城市空间生产。首先，政府应当突出"使用价值"为主导的理念展开城市的规划设计，并且进一步建立健全相

关保障体制机制，从而实现城市发展的"使用价值"回归，避免城市空间的过度资本化；其次，政府应当通过改善城市内部棚户区、郊区以及乡村地区的发展环境，缩小不同地区之间、城乡之间生产生活水平差距，从而为全体公民提供生活基本保障，并实现全体公民在空间生产上的平等；最后，政府应当通过城市的基础设施建设为全体居民的健康发展提供应有的机会和条件，通过城市内非营利性质的场所建设，满足人的全面自由发展的需要，实现社会主义国家城市空间生产的"使用价值"回归。

第二，以"使用价值"为主导，实现健康可持续发展。首先，政府应当在城市规划设计及建设发展的过程中充分考虑未来空间、长期效益，避免单纯追求经济效益、短期收益的政策措施、市场行为出现，协调管控城市健康可持续的发展大局；其次，政府应当协调城乡之间的发展关系，避免城市的无限制扩张，严格控制城市的土地扩张，保证国家耕地面积红线不动摇，在国家经济社会发展中充分协调经济发展与生态保护之间的关系，坚决不以牺牲生态环境为代价进行城市的经济发展；最后，政府应当进一步推动信息化、"互联网＋"在现代化城市发展中扮演的角色，从城市长远发展出发，打造中国特色的现代化城市空间生产，形成以信息化、产业化为突出特征的健康、可持续、具备充分活力与生命力的未来城市。

第三，以"使用价值"为主导，注重农民空间权益的实现。首先，政府应当通过基础设施建设、公共服务的投入，努力实现城乡发展差距的缩小，实现更大范围及更深程度上的城乡互联，逐步削弱城乡之间的二元结构隔阂；其次，政府应当通过城乡之间公共服务、社会保障的体制机制改革，引导和支持失地农民的城市融合，对向城市转移的农民群体进行生产生活技能、子女教育、医疗养老保障等多方面的政策支持；最后，政府应当通过建设政府—市场—社会"三位一体"的社会治理体系，实现动态化的社会治理新格局，促进农业人口市民化的顺利实施，避免在城镇化发展过程中发生群体性事件。

三、"政府调控＋市场手段"并施，坚持"政府主导"地位，实现城市空间正义

市场经济是推动中国城市空间生产向前发展的重要经济手段，在资源配置领域和直接经济活动中，市场应当发挥主导作用。但是在中国特色社会主义城市空间生产的整体视域当中，市场经济和微观主体的经济活动，应当作为城市

空间生产的基础发挥作用，而以人民为中心的城市空间生产发展，就要求坚持"政府主导"地位，充分发挥政府的再分配职能，充分保障全体人民的空间权益，实现城市空间正义。

第一，以政府为主导，积极化解市场对空间资源占有和使用的矛盾。首先，政府应当在空间生产和空间资源分配过程中积极实现公民空间权益的社会公平和公正，避免因市场无序性导致的空间正义问题；其次，政府应当不断优化空间生产和分配机制，协调好空间资源关系上的诸多矛盾，促进社会各阶层共享空间资源；最后，政府应当科学合理地布局规划，通过政府力量推动不具备区位优势的欠发达地区实现快速发展，实现全国整体范围内的空间正义。

第二，以政府为主导，加强空间制度与政策的顶层设计。首先，城市土地制度和住房制度要进行改革，土地财政制度和城乡户籍制度要不断优化，这些都需要政府深入掌握情况，因此，可以采取试点改革的方式，以掌握这些情况，从而建立科学合理的城市空间发展的体制机制，并且将城市空间生产与经济社会发展的各个方面相联系，形成有机一体的城市经济发展新格局；其次，政府应当在城市空间生产与经济社会发展过程中保证公民的空间权益，切实保障全体公民在社会主义市场化经济发展过程中的空间权益不受侵害；最后，政府应当充分发挥服务社会的职能，通过政府工作职能转变，将政府的工作重心放到社会保障、社会服务上，通过完善城市、城乡的空间制度，切实保障底层群体福利与社会公平、公正。

第三，以政府为主导，加强在空间生产过程中民众的积极参与程度，让人们监督城市空间生产，保障人民空间利益。首先，政府要维护好社会的公平正义，通过宏观调控，构建合理的博弈机制，保护个体的权力，在城市空间生产的过程中积极进行管控、监督，避免城市因土地扩张对现有城市空间生产的破坏；其次，政府应当建立健全城市空间生产的法律法规，完善民众在城市空间生产过程中的监督机制，建立城市空间生产的多元参与主体机制，充分利用"政府＋市场＋社会"三位一体的推动作用，实现城市空间生产的正义性；最后，政府应当积极承担社会保障的主体责任，推动城市的空间重构和优化，促使在城市的发展过程中不断培育、发挥人的个性，维护空间正义，实现人的发展。

四、"公有制经济 + 非公有制经济"并存，坚持"公有制经济"主体，实现城市空间正义

公有制经济和非公有制经济并存，是中国城市空间生产的内在要求，作为中国经济社会发展中的重要基础，为中国城市空间生产的发展发挥了不同价值，作出了不同贡献。未来应该进一步激发非公有制经济活力和创造力。这对于促进经济发展、增加就业、转变城市空间生产方式、解决城市空间生产问题来说都会发挥重要作用。但中国城市空间生产应该坚持公有制主体地位，因为公有制经济在中国城市空间生产领域上，拥有更强大的力量和优势，对于从根本上解决城市空间生产的问题、优化城市空间生产的环境具有决定性作用，因此，应该以公有制为主体，辅以"非公有制经济"，实现城市空间正义。

第一，发挥公有制作用，关注人的发展。首先，政府应当加快经济发展方式的转变，注重在高质量发展的过程中实现生产力提升与生产关系调整，以全面建成小康社会与建设社会主义现代化强国为目标，实现人对美好生活的需要；其次，政府应当在城市的建设过程中更加注重人的全面自由发展，将城市发展与人的发展相结合，突出社会主义国家以人民为核心的特点，加强城市建设过程中对人的服务、人的需要的满足，发挥制度优势，实现城市与人的共同发展；最后，政府应当充分发挥国有经济在经济结构转型中的作用，将经济发展与人的发展、生产力标准与价值标准统一起来，在公有制为主体的基础下，通过对国有经济的改革调整，实现经济发展的转型升级，实现经济发展为人的发展而服务的发展目的。

第二，发挥公有制作用，让人民享有劳动成果。首先，政府应当通过制度设计、税收手段、财政补贴等方式将经济发展的成果全民共享，通过推动区域协调发展战略与乡村振兴战略，实现不同地区、城乡之间的均衡发展，从而最大程度上实现经济发展成果的共享；其次，政府应当为广大人民提供广泛的就业机会，与共享发展强调的共建共享内在一致，促使全民参与国家的经济建设并且享受到经济建设的丰硕成果；最后，政府应当建立更为有效的社会收入公平分配和社会保障的体制机制，切实保障各类人群能够在经济社会发展中实现自我价值，实现全面发展，通过公有制为主体的制度优越性，建设最为广泛的社会保障体系，体现社会主义国家发展成果全民共享的重要特征。

第三，发挥公有制作用，劳动者共同占有生产资料。首先，政府应当完善

分配方式，在尊重和发挥市场作用的前提下，突出按劳分配在中国分配方式中的主体地位，实现经济发展成果向最广大的劳动群众的共享；其次，政府应当进一步建立健全中国的产权体制机制，尊重和保护包含劳动、知识、要素在内的社会主义国家的产权制度，实现社会分配制度、所有制度的公平合理；最后，政府应当充分发挥公有制作用，将公有制与共享发展相结合，充分发挥社会主义国家的制度优越性，更好更快地建设发展社会主义现代化强国。

第七章

结 论

本书以中国城市空间生产为主要研究对象，以马克思主义政治经济学、新马克思主义城市学派理论、新经济地理学、苏联区域经济学为主要理论来源，以分析和概括中国城市空间生产的矛盾问题为出发点和着力点，以构建中国城市空间生产理论体系框架为目标，为中国城市空间生产实践提供科学的理论指导。本书所进行的创新性工作和所得出的主要结论如下：

第一，通过借鉴马克思主义政治经济学、苏联区域经济学、新经济地理学和新马克思主义城市学派的相关理论，结合以美国为代表的发达资本主义国家、以印度为代表的欠发达资本主义国家和以中国为代表的社会主义国家城市空间生产实践的特点，创造性地搭建出中国城市空间生产的理论和现实基础。通过分别对马克思主义政治经济学、苏联区域经济学、新经济地理学和新马克思主义城市学派理论中的核心观点、代表人物、关于城市发展的重要观点及其对中国城市空间生产理论构建的作用和启示等方面进行总结归纳和分析，构建出中国城市空间生产的理论基础。通过分别对以美国为代表的发达资本主义国家、以印度为代表的欠发达资本主义国家和以中国为代表的社会主义国家的城市空间生产实践的特点、存在的问题、共性分析及其对中国城市空间生产理论构建的作用和启示等方面进行总结归纳和分析，构建中国城市空间生产的现实基础。

第二，在明晰了中国城市空间生产的内涵、特征和构成维度的基础上，从"人民逻辑＋资本逻辑""使用价值＋交换价值""政府主导＋市场手段""公有制经济＋非公有制经济"四个维度，以问题为导向，创造性地建立起解决城市发展不平衡、城市边界无序扩张、城市承载力与发展速度不匹配、城市空间正义等四个问题的总体分析框架。界定和分析了中国城市空间生产的概念，明确了中国城市空间生产是指中国城市的空间扩展和空间商品化的发展过程，在这一过程中，以"社会过程决定空间形式"为方法论，分析空间生产实现资本积累并进一步塑造城市地理景观的过程。作为指导中国城市发展的重要理论，应具有人民性、可持续性、共享性等三大重要的特征。并在此基础上，以中国城市空间生产的城市发展不平衡、城市边界无序扩张、城市承载力与发展速度不匹配和城市空间正义的问题为导向，从"人民逻辑＋资本逻辑""使用价值＋交换价值""政府主导＋市场手段""公有制经济＋非公有制经济"四个维度，构建中国城市空间生产的分析框架，并对其进行了解释。

第三，通过以集聚—扩散效应为核心，先在静态环境下构建单城市空间生产理论模型，后在动态环境下构建多城市空间生产理论模型，最后在空间正义与时空修复相统一下创造性地构建出中国城市空间生产的理论模型。并基于城市综合实力评估指标体系综合评价、城市空间生产集聚—扩散效应、物理学中"场"的原理，对中国城市及东部地区、中部地区、西部地区城市的边界和承载力进行识别和测算。通过构建中国城市空间生产理论模型并进行实证模型测算发现：一是中国东、中、西部地区城市在空间生产集聚—扩散效应的发展水平上差异较大，东部地区呈现较为平衡的集聚—扩散效应的发展趋势；中部地区城市的扩散效应受到空间限制，呈现出发展的集聚规模过度的现象；西部地区具有广阔的发展空间，但目前其集聚效应的发展水平依旧不足。二是从城市边界扩张的角度分析，总体来看，中国城市边界基本保持稳定的发展趋势，大部分城市边界集中在 20～30 千米，东部地区城市边界发展均衡稳定，中部地区城市边界差异性较大，西部地区城市边界范围水平不足。三是从城市承载力水平的角度分析，全国范围内城市承载力水平差异性较大，东部地区城市呈现出承载力水平优势，中部地区城市承载力水平压力较大，西部地区城市承载力水平较弱。四是目前中国城市空间生产集聚—扩散效应的发展呈现出地区之间、地区内部的不均衡，存在空间不正义的现象，主要表现为东部地区具备发展的突出优势，但其对中西部地区的辐射带动作用依旧不足；中部地区城市发展受到空间范围的抑制，集聚—扩散效应失衡；西部地区依旧处在较弱的发展势态，城市的集聚效应尚不成熟，不具备明显的扩散辐射效应。

第四，以中国城市空间生产的四个维度为基础，通过对中国城市空间生产的理论批判，总结中国城市空间生产过程中，因"资本逻辑"过度、"交换价值"过度、"市场主导"过度、"非公有制经济"过度而造成的城市空间生产矛盾问题；通过理论批判发现问题，并一步通过"人民逻辑＋资本逻辑""使用价值＋交换价值""政府主导＋市场手段""公有制经济＋非公有制经济"共同作用、互为补充的价值回归，为城市空间生产提供保障，解决城市空间生产的矛盾问题。重点批判了因"资本逻辑"过度导致城市空间生产异化，"交换价值"过度阻碍城市空间生产发展，"市场主导"过度加剧城市空间生产问题，"非公有制经济"过度造成城市空间生产矛盾等现实问题。并构建了以"人民逻辑"回归，促进城市空间生产协调"使用价值"回归，提升城市空间生产质量；"政府主导"回归，推进城市空间生产进程；"公有制经济"回归，提供城市空间生产保障等价值取向的中国城市空间生产的价值回归。

　　第五，以中国城市空间生产的四个维度为指引，创造性地提出了通过"人民逻辑＋资本逻辑""使用价值＋交换价值""政府主导＋市场手段""公有制经济＋非公有制经济"的中国模式来解决城市发展不平衡、城市边界无序扩张、城市承载力与发展速度不匹配和城市空间正义问题的政策建议。在促进区域协调发展、缩小城市发展差距方面，需要以"人民逻辑＋资本逻辑"并行，以"人民逻辑"为主导；"交换价值＋使用价值"并重，以"使用价值"为目标；"政府调控＋市场手段"并重，以"政府主导"为动力；"公有制经济＋非公有制经济"并存，以"公有制经济"为主体，实现城市协调平衡发展。在控制城市蔓延边界、实现城市发展内涵方面，需要以"人民逻辑＋资本逻辑"并行，以"人民利益"为宗旨；"交换价值＋使用价值"并重，以"使用价值"为导向；"政府调控＋市场手段"并施，以"政府主导"为动力；"公有制经济＋非公有制经济"并存，以"公有制经济"为主体，控制城市边界扩张。在提升城市承载能力、匹配城市发展质量与速度方面，需要以"人民逻辑＋资本逻辑"并行，坚持"人民逻辑"底线；"交换价值＋使用价值"并重，坚持"使用价值"导向；"政府调控＋市场手段"并施，坚持"政府主导"地位；"公有制经济＋非公有制经济"并存，坚持"公有制经济"主体，优化城市承载力。在实现城市空间正义、共享城市发展成果方面，需要以"人民逻辑＋资本逻辑"并行，坚持"人民逻辑"底线；"交换价值＋使用价值"并重，坚持"使用价值"导向；"政府调控＋市场手段"并施，坚持"政府主导"地位；"公有制经济＋非公有制经济"并存，坚持"公有制经济"主体，实现城市空间正义。

　　在未来的研究工作中，以下问题还可以做进一步研究：

　　第一，中国城市空间生产理论缺乏一个统一的、完整的框架。由于城市空间生产是城市发展的重要途径和手段，涉及面广，问题复杂，所以，今后可以在分析框架和体系内纳入更多参考指标和要素，进一步发展和扩充中国城市空间生产理论体系。

第二，中国城市空间生产理论应该进一步应用到现实中，去指导空间生产实践。本书的研究和分析建立在理论分析的基础上，并通过实证模型的构建，总结了城市空间生产的问题，今后应该更多开展城市空间生产理论对空间生产实践的研究。

第三，中国城市空间生产数据要动态跟踪。由于城市空间生产的指标体系中的各项数据都是动态发展和不断变化的，因此，今后的研究要对这些指标数据进行长期跟踪调研，确保时效性和真实性。

第四，对中国城市空间生产进行大理论维度研究，即综合运用多学科的理论、多层次的实践、多维度的检验分析，来共同构建大格局、大时代、大维度的中国城市空间生产理论，并从政策、制度、路径的高度去指导中国城市空间生产实践。

附　录

附录1 **2000～2007年中国地级及以上城市综合实力统计**

城市	2000年	2001年	2002年	2003年	2004年	2005年	2006年	2007年
北京	0.42	0.43	0.44	0.44	0.45	0.47	0.47	0.48
天津	0.39	0.40	0.40	0.40	0.41	0.41	0.42	0.43
上海	0.44	0.45	0.45	0.46	0.47	0.49	0.50	0.51
重庆	0.37	0.37	0.38	0.38	0.39	0.39	0.40	0.40
沈阳	0.39	0.39	0.39	0.39	0.40	0.40	0.40	0.40
长春	0.39	0.37	0.37	0.38	0.38	0.38	0.38	0.38
哈尔滨	0.37	0.37	0.37	0.38	0.38	0.38	0.38	0.38
南京	0.39	0.39	0.40	0.40	0.41	0.41	0.42	0.43
武汉	0.39	0.39	0.39	0.40	0.40	0.41	0.41	0.42
广州	0.41	0.41	0.41	0.42	0.43	0.44	0.44	0.45
济南	0.37	0.38	0.38	0.38	0.39	0.40	0.40	0.40
杭州	0.39	0.39	0.39	0.40	0.40	0.41	0.41	0.42
西安	0.38	0.39	0.39	0.39	0.39	0.40	0.40	0.41
成都	0.38	0.38	0.39	0.39	0.39	0.40	0.40	0.41
深圳	0.43	0.43	0.43	0.46	0.46	0.47	0.47	0.47
厦门	0.39	0.39	0.40	0.40	0.40	0.40	0.41	0.41
宁波	0.39	0.39	0.40	0.40	0.40	0.41	0.40	0.41
青岛	0.37	0.37	0.38	0.38	0.38	0.39	0.40	0.40
大连	0.38	0.38	0.38	0.38	0.38	0.38	0.39	0.39
南宁	0.38	0.38	0.38	0.36	0.36	0.37	0.37	0.37
昆明	0.38	0.38	0.38	0.38	0.39	0.39	0.39	0.39
长沙	0.37	0.37	0.37	0.38	0.38	0.39	0.39	0.40
石家庄	0.37	0.37	0.37	0.37	0.38	0.38	0.38	0.38
太原	0.39	0.40	0.40	0.40	0.40	0.40	0.40	0.41

城市	2000 年	2001 年	2002 年	2003 年	2004 年	2005 年	2006 年	2007 年
呼和浩特	0.36	0.37	0.37	0.37	0.38	0.38	0.38	0.38
合肥	0.37	0.38	0.38	0.38	0.38	0.39	0.39	0.40
福州	0.37	0.37	0.37	0.38	0.38	0.38	0.38	0.38
南昌	0.37	0.37	0.37	0.38	0.38	0.38	0.39	0.39
郑州	0.38	0.38	0.39	0.39	0.39	0.39	0.40	0.41
海口	0.38	0.38	0.38	0.37	0.37	0.37	0.38	0.38
贵阳	0.37	0.37	0.37	0.38	0.38	0.38	0.39	0.38
兰州	0.38	0.38	0.38	0.40	0.40	0.40	0.40	0.40
西宁	0.37	0.37	0.37	0.38	0.38	0.38	0.38	0.38
银川	0.38	0.38	0.38	0.38	0.37	0.38	0.38	0.38
乌鲁木齐	0.40	0.41	0.41	0.41	0.41	0.41	0.41	0.41
唐山	0.36	0.36	0.37	0.37	0.37	0.38	0.38	0.38
大同	0.37	0.38	0.37	0.37	0.38	0.38	0.38	0.38
包头	0.37	0.38	0.38	0.39	0.38	0.39	0.39	0.40
鞍山	0.37	0.37	0.37	0.38	0.38	0.38	0.38	0.38
抚顺	0.37	0.37	0.38	0.38	0.38	0.38	0.38	0.38
吉林	0.38	0.36	0.37	0.37	0.37	0.37	0.37	0.37
齐齐哈尔	0.35	0.35	0.35	0.35	0.36	0.36	0.36	0.36
无锡	0.38	0.39	0.39	0.39	0.40	0.40	0.40	0.41
淮南	0.36	0.36	0.37	0.37	0.37	0.37	0.37	0.37
洛阳	0.37	0.37	0.37	0.37	0.37	0.37	0.37	0.38
淄博	0.37	0.37	0.38	0.38	0.39	0.39	0.39	0.39
邯郸	0.36	0.36	0.36	0.36	0.37	0.37	0.37	0.37
本溪	0.37	0.38	0.38	0.38	0.38	0.38	0.38	0.38
徐州	0.36	0.36	0.36	0.36	0.37	0.37	0.37	0.38
苏州	0.38	0.38	0.38	0.39	0.39	0.40	0.41	0.42
丹东	0.36	0.36	0.36	0.36	0.36	0.36	0.36	0.36

续表

城市	2000 年	2001 年	2002 年	2003 年	2004 年	2005 年	2006 年	2007 年
锦州	0.35	0.35	0.35	0.35	0.36	0.36	0.36	0.36
营口	0.36	0.36	0.36	0.36	0.37	0.37	0.37	0.37
阜新	0.36	0.36	0.36	0.36	0.36	0.35	0.36	0.36
辽阳	0.36	0.36	0.36	0.37	0.37	0.37	0.37	0.38
盘锦	0.37	0.37	0.37	0.37	0.37	0.37	0.37	0.37
铁岭	0.35	0.35	0.35	0.35	0.35	0.35	0.35	0.35
朝阳	0.35	0.35	0.35	0.35	0.35	0.35	0.35	0.35
葫芦岛	0.36	0.36	0.36	0.36	0.36	0.36	0.36	0.36
秦皇岛	0.36	0.36	0.36	0.37	0.37	0.37	0.37	0.37
邢台	0.35	0.36	0.36	0.36	0.36	0.36	0.36	0.36
保定	0.36	0.36	0.36	0.36	0.37	0.36	0.37	0.37
张家口	0.36	0.37	0.36	0.36	0.36	0.36	0.36	0.36
承德	0.35	0.35	0.35	0.36	0.36	0.36	0.36	0.36
沧州	0.35	0.35	0.36	0.36	0.36	0.36	0.37	0.37
廊坊	0.35	0.36	0.36	0.36	0.36	0.36	0.36	0.36
衡水	0.35	0.35	0.36	0.36	0.36	0.36	0.36	0.36
枣庄	0.36	0.36	0.36	0.36	0.37	0.37	0.37	0.37
东营	0.37	0.37	0.37	0.38	0.38	0.38	0.38	0.39
烟台	0.36	0.37	0.37	0.37	0.38	0.38	0.38	0.39
潍坊	0.36	0.36	0.36	0.36	0.36	0.37	0.37	0.38
济宁	0.36	0.36	0.36	0.36	0.37	0.37	0.37	0.37
泰安	0.36	0.36	0.36	0.37	0.37	0.37	0.37	0.37
威海	0.36	0.36	0.36	0.36	0.37	0.37	0.38	0.38
日照	0.35	0.35	0.35	0.36	0.36	0.36	0.36	0.37
莱芜	0.36	0.36	0.36	0.37	0.37	0.37	0.37	0.37
临沂	0.36	0.36	0.36	0.36	0.37	0.37	0.37	0.37
德州	0.35	0.35	0.35	0.36	0.36	0.36	0.36	0.37

城市	2000 年	2001 年	2002 年	2003 年	2004 年	2005 年	2006 年	2007 年
聊城	0.35	0.35	0.35	0.35	0.36	0.36	0.36	0.36
滨州	0.35	0.35	0.35	0.36	0.36	0.36	0.37	0.37
菏泽	0.34	0.34	0.34	0.34	0.35	0.35	0.35	0.35
常州	0.37	0.38	0.38	0.38	0.39	0.39	0.39	0.39
南通	0.36	0.36	0.36	0.37	0.37	0.37	0.38	0.38
连云港	0.35	0.35	0.35	0.35	0.36	0.36	0.36	0.36
淮安	0.35	0.35	0.35	0.36	0.36	0.36	0.36	0.36
盐城	0.35	0.35	0.35	0.36	0.36	0.36	0.36	0.36
扬州	0.36	0.37	0.37	0.37	0.37	0.38	0.38	0.38
镇江	0.37	0.38	0.37	0.38	0.38	0.38	0.39	0.39
泰州	0.36	0.36	0.36	0.37	0.37	0.37	0.37	0.38
宿迁	0.34	0.35	0.35	0.35	0.35	0.35	0.35	0.36
温州	0.38	0.38	0.38	0.38	0.39	0.39	0.39	0.40
嘉兴	0.37	0.37	0.37	0.38	0.38	0.38	0.38	0.39
湖州	0.36	0.36	0.36	0.37	0.37	0.37	0.38	0.38
绍兴	0.36	0.36	0.37	0.37	0.37	0.37	0.39	0.39
金华	0.37	0.37	0.37	0.38	0.38	0.38	0.39	0.39
衢州	0.35	0.35	0.36	0.36	0.36	0.36	0.36	0.37
舟山	0.35	0.35	0.36	0.36	0.36	0.37	0.37	0.38
台州	0.36	0.37	0.37	0.37	0.38	0.38	0.38	0.38
丽水	0.35	0.35	0.35	0.36	0.36	0.36	0.36	0.37
莆田	0.36	0.36	0.36	0.36	0.36	0.36	0.36	0.37
三明	0.35	0.35	0.35	0.35	0.36	0.36	0.36	0.36
泉州	0.37	0.37	0.38	0.38	0.38	0.38	0.39	0.39
漳州	0.35	0.35	0.36	0.36	0.36	0.36	0.36	0.36
南平	0.35	0.35	0.35	0.35	0.35	0.35	0.35	0.36
龙岩	0.35	0.35	0.35	0.36	0.36	0.36	0.36	0.36

续表

城市	2000 年	2001 年	2002 年	2003 年	2004 年	2005 年	2006 年	2007 年
宁德	0.35	0.35	0.35	0.35	0.35	0.35	0.35	0.36
韶关	0.36	0.36	0.36	0.36	0.36	0.36	0.36	0.37
珠海	0.39	0.39	0.40	0.40	0.40	0.40	0.40	0.40
汕头	0.37	0.37	0.38	0.38	0.38	0.38	0.38	0.39
佛山	0.38	0.38	0.39	0.39	0.39	0.40	0.41	0.42
江门	0.37	0.37	0.37	0.37	0.37	0.37	0.38	0.38
湛江	0.35	0.35	0.35	0.36	0.36	0.36	0.36	0.36
茂名	0.35	0.35	0.35	0.35	0.35	0.36	0.36	0.36
肇庆	0.35	0.35	0.35	0.35	0.35	0.35	0.35	0.36
惠州	0.36	0.36	0.37	0.37	0.37	0.37	0.38	0.38
梅州	0.35	0.35	0.35	0.35	0.35	0.36	0.36	0.36
汕尾	0.35	0.35	0.35	0.35	0.35	0.36	0.36	0.36
河源	0.37	0.34	0.35	0.35	0.35	0.36	0.36	0.36
阳江	0.35	0.35	0.35	0.35	0.35	0.35	0.35	0.36
清远	0.34	0.34	0.34	0.35	0.35	0.36	0.36	0.37
东莞	0.38	0.39	0.39	0.40	0.41	0.40	0.43	0.43
中山	0.37	0.38	0.38	0.38	0.39	0.39	0.40	0.40
潮州	0.36	0.36	0.36	0.36	0.37	0.37	0.37	0.38
揭阳	0.36	0.36	0.36	0.36	0.36	0.36	0.36	0.37
云浮	0.35	0.35	0.35	0.35	0.35	0.35	0.35	0.35
阳泉	0.38	0.38	0.38	0.38	0.38	0.39	0.39	0.39
长治	0.36	0.36	0.36	0.37	0.37	0.37	0.37	0.38
晋城	0.36	0.37	0.37	0.37	0.37	0.38	0.38	0.38
朔州	0.35	0.36	0.36	0.36	0.36	0.37	0.37	0.37
晋中	0.36	0.36	0.36	0.36	0.36	0.37	0.37	0.37
运城	0.35	0.36	0.36	0.36	0.36	0.37	0.37	0.37
忻州	0.35	0.36	0.36	0.36	0.36	0.36	0.37	0.37

续表

城市	2000 年	2001 年	2002 年	2003 年	2004 年	2005 年	2006 年	2007 年
临汾	0.36	0.36	0.36	0.37	0.37	0.37	0.38	0.38
四平	0.36	0.35	0.35	0.35	0.35	0.35	0.35	0.35
辽源	0.36	0.35	0.35	0.36	0.36	0.36	0.36	0.36
通化	0.37	0.36	0.36	0.36	0.36	0.36	0.36	0.37
白山	0.38	0.36	0.36	0.36	0.36	0.37	0.37	0.37
松原	0.35	0.35	0.35	0.35	0.35	0.35	0.36	0.36
白城	0.36	0.35	0.35	0.35	0.35	0.35	0.35	0.36
鸡西	0.36	0.36	0.36	0.36	0.36	0.36	0.36	0.36
鹤岗	0.36	0.36	0.36	0.36	0.36	0.37	0.37	0.37
双鸭山	0.35	0.35	0.35	0.35	0.36	0.36	0.36	0.36
大庆	0.39	0.39	0.39	0.39	0.39	0.39	0.39	0.39
伊春	0.36	0.36	0.36	0.36	0.36	0.36	0.36	0.36
佳木斯	0.35	0.35	0.35	0.35	0.35	0.35	0.35	0.35
七台河	0.36	0.36	0.37	0.37	0.37	0.37	0.37	0.37
牡丹江	0.37	0.37	0.37	0.37	0.37	0.37	0.37	0.37
黑河	0.35	0.35	0.35	0.35	0.35	0.35	0.35	0.35
绥化	0.35	0.35	0.35	0.35	0.35	0.35	0.35	0.35
芜湖	0.36	0.36	0.37	0.37	0.37	0.38	0.38	0.39
蚌埠	0.35	0.35	0.35	0.36	0.35	0.35	0.36	0.36
马鞍山	0.37	0.37	0.37	0.38	0.38	0.38	0.38	0.39
淮北	0.36	0.36	0.36	0.37	0.37	0.37	0.37	0.37
铜陵	0.37	0.38	0.38	0.38	0.38	0.38	0.39	0.39
安庆	0.35	0.35	0.35	0.35	0.35	0.36	0.36	0.36
黄山	0.35	0.35	0.35	0.35	0.35	0.36	0.36	0.36
滁州	0.35	0.35	0.35	0.36	0.35	0.35	0.35	0.36
阜阳	0.34	0.34	0.34	0.34	0.34	0.35	0.35	0.35
宿州	0.34	0.34	0.34	0.34	0.34	0.34	0.35	0.35

续表

城市	2000 年	2001 年	2002 年	2003 年	2004 年	2005 年	2006 年	2007 年
六安	0.34	0.34	0.34	0.35	0.35	0.35	0.35	0.35
亳州	0.34	0.34	0.34	0.34	0.34	0.35	0.35	0.35
池州	0.35	0.35	0.35	0.35	0.35	0.35	0.36	0.36
宣城	0.35	0.35	0.35	0.35	0.35	0.35	0.36	0.36
景德镇	0.36	0.36	0.37	0.37	0.37	0.37	0.37	0.37
萍乡	0.36	0.36	0.36	0.37	0.37	0.37	0.37	0.37
九江	0.36	0.36	0.36	0.36	0.36	0.36	0.37	0.37
新余	0.36	0.36	0.36	0.36	0.36	0.37	0.37	0.37
鹰潭	0.35	0.36	0.36	0.36	0.36	0.36	0.37	0.37
赣州	0.35	0.35	0.35	0.35	0.35	0.35	0.36	0.36
吉安	0.35	0.35	0.35	0.35	0.35	0.35	0.35	0.35
宜春	0.35	0.35	0.35	0.35	0.35	0.35	0.35	0.36
抚州	0.35	0.35	0.35	0.35	0.35	0.35	0.35	0.36
上饶	0.35	0.35	0.35	0.35	0.35	0.36	0.36	0.36
开封	0.35	0.35	0.35	0.35	0.35	0.35	0.35	0.36
平顶山	0.36	0.36	0.36	0.36	0.36	0.37	0.37	0.37
安阳	0.35	0.35	0.36	0.36	0.36	0.36	0.36	0.37
鹤壁	0.35	0.35	0.35	0.36	0.36	0.36	0.36	0.37
新乡	0.35	0.35	0.36	0.36	0.36	0.36	0.36	0.37
焦作	0.36	0.36	0.36	0.37	0.37	0.37	0.37	0.38
濮阳	0.35	0.35	0.35	0.36	0.36	0.36	0.36	0.36
许昌	0.35	0.35	0.35	0.36	0.36	0.36	0.36	0.37
漯河	0.35	0.35	0.35	0.36	0.36	0.36	0.36	0.36
三门峡	0.36	0.36	0.36	0.37	0.37	0.37	0.37	0.37
南阳	0.35	0.35	0.35	0.35	0.35	0.35	0.36	0.36
商丘	0.34	0.34	0.34	0.35	0.35	0.35	0.35	0.35
信阳	0.34	0.35	0.35	0.35	0.35	0.35	0.35	0.35

城市	2000 年	2001 年	2002 年	2003 年	2004 年	2005 年	2006 年	2007 年
周口	0.34	0.34	0.34	0.35	0.35	0.35	0.35	0.35
驻马店	0.34	0.35	0.35	0.35	0.35	0.35	0.35	0.35
黄石	0.37	0.37	0.37	0.37	0.37	0.37	0.38	0.37
十堰	0.36	0.36	0.36	0.36	0.36	0.36	0.36	0.36
宜昌	0.36	0.36	0.36	0.36	0.36	0.36	0.37	0.37
襄樊	0.35	0.36	0.36	0.36	0.36	0.36	0.36	0.36
鄂州	0.36	0.36	0.36	0.37	0.37	0.36	0.37	0.37
荆门	0.35	0.35	0.35	0.35	0.35	0.35	0.35	0.35
孝感	0.35	0.35	0.35	0.35	0.35	0.35	0.36	0.36
荆州	0.35	0.35	0.35	0.35	0.35	0.35	0.35	0.35
黄冈	0.35	0.35	0.35	0.35	0.35	0.35	0.35	0.35
咸宁	0.35	0.35	0.35	0.35	0.35	0.35	0.35	0.35
随州	0.35	0.35	0.35	0.36	0.36	0.36	0.36	0.36
株洲	0.36	0.36	0.36	0.36	0.36	0.37	0.37	0.37
湘潭	0.36	0.36	0.36	0.36	0.36	0.36	0.37	0.37
衡阳	0.35	0.35	0.35	0.35	0.35	0.36	0.36	0.36
邵阳	0.34	0.34	0.34	0.35	0.35	0.35	0.35	0.35
岳阳	0.35	0.35	0.35	0.36	0.36	0.36	0.36	0.36
常德	0.35	0.35	0.35	0.35	0.35	0.35	0.35	0.36
张家界	0.35	0.35	0.35	0.35	0.36	0.36	0.36	0.36
益阳	0.35	0.35	0.35	0.35	0.35	0.35	0.35	0.35
郴州	0.35	0.35	0.35	0.36	0.36	0.36	0.36	0.36
永州	0.35	0.35	0.35	0.35	0.35	0.35	0.35	0.35
怀化	0.35	0.35	0.35	0.35	0.35	0.35	0.36	0.36
娄底	0.35	0.35	0.35	0.36	0.36	0.36	0.36	0.36
柳州	0.38	0.38	0.38	0.37	0.37	0.37	0.37	0.37
桂林	0.35	0.35	0.35	0.35	0.35	0.36	0.36	0.36

续表

城市	2000 年	2001 年	2002 年	2003 年	2004 年	2005 年	2006 年	2007 年
梧州	0.35	0.35	0.35	0.35	0.35	0.36	0.36	0.36
北海	0.35	0.35	0.35	0.35	0.35	0.35	0.36	0.36
防城港	0.35	0.35	0.35	0.35	0.35	0.35	0.36	0.36
钦州	0.34	0.34	0.34	0.34	0.34	0.34	0.35	0.35
贵港	0.34	0.34	0.34	0.34	0.34	0.35	0.35	0.35
玉林	0.34	0.34	0.35	0.35	0.35	0.35	0.35	0.35
乌海	0.39	0.39	0.39	0.40	0.40	0.40	0.41	0.41
赤峰	0.35	0.35	0.35	0.35	0.35	0.35	0.36	0.36
通辽	0.34	0.34	0.35	0.35	0.35	0.35	0.35	0.36
铜川	0.37	0.38	0.37	0.37	0.37	0.37	0.37	0.37
宝鸡	0.36	0.36	0.36	0.36	0.36	0.37	0.37	0.37
咸阳	0.35	0.35	0.36	0.36	0.36	0.36	0.36	0.36
渭南	0.35	0.35	0.35	0.35	0.35	0.36	0.36	0.36
延安	0.35	0.36	0.36	0.36	0.37	0.37	0.37	0.38
汉中	0.35	0.35	0.35	0.35	0.35	0.35	0.35	0.35
榆林	0.35	0.36	0.36	0.36	0.36	0.37	0.37	0.37
安康	0.35	0.35	0.35	0.35	0.35	0.35	0.35	0.35
嘉峪关	0.39	0.39	0.39	0.40	0.40	0.41	0.41	0.41
金昌	0.36	0.36	0.36	0.37	0.37	0.37	0.38	0.38
白银	0.36	0.36	0.36	0.36	0.36	0.36	0.36	0.36
天水	0.36	0.36	0.36	0.36	0.36	0.36	0.36	0.36
石嘴山	0.37	0.37	0.37	0.37	0.37	0.38	0.38	0.38
吴忠	0.36	0.36	0.36	0.36	0.36	0.36	0.36	0.36
克拉玛依	0.40	0.40	0.40	0.40	0.40	0.41	0.40	0.40
自贡	0.35	0.35	0.35	0.36	0.35	0.36	0.36	0.36
攀枝花	0.37	0.37	0.37	0.38	0.38	0.38	0.38	0.38
泸州	0.35	0.35	0.35	0.35	0.35	0.35	0.35	0.36

续表

城市	2000 年	2001 年	2002 年	2003 年	2004 年	2005 年	2006 年	2007 年
德阳	0.35	0.35	0.35	0.35	0.36	0.36	0.36	0.36
绵阳	0.35	0.35	0.35	0.36	0.35	0.36	0.37	0.36
广元	0.34	0.34	0.34	0.34	0.35	0.35	0.35	0.35
遂宁	0.34	0.35	0.35	0.35	0.35	0.35	0.35	0.35
内江	0.35	0.35	0.35	0.35	0.35	0.35	0.36	0.36
乐山	0.35	0.35	0.35	0.36	0.36	0.36	0.36	0.36
南充	0.34	0.35	0.35	0.35	0.35	0.35	0.35	0.35
眉山	0.34	0.35	0.35	0.35	0.35	0.35	0.35	0.35
宜宾	0.35	0.35	0.35	0.36	0.35	0.35	0.36	0.36
广安	0.34	0.34	0.35	0.35	0.35	0.35	0.35	0.35
达州	0.34	0.34	0.34	0.35	0.34	0.35	0.36	0.35
雅安	0.35	0.35	0.35	0.35	0.35	0.35	0.35	0.36
巴中	0.34	0.34	0.34	0.34	0.34	0.34	0.34	0.34
资阳	0.34	0.34	0.34	0.35	0.35	0.35	0.35	0.35
六盘水	0.35	0.36	0.36	0.36	0.37	0.36	0.37	0.37
遵义	0.34	0.34	0.35	0.35	0.35	0.35	0.38	0.36
安顺	0.34	0.35	0.35	0.35	0.35	0.35	0.35	0.35
曲靖	0.35	0.35	0.35	0.35	0.36	0.36	0.36	0.36
玉溪	0.36	0.36	0.36	0.37	0.37	0.36	0.37	0.37
保山	0.34	0.34	0.34	0.34	0.34	0.34	0.35	0.35

附录 2　　　　　2008～2016 年中国地级及以上城市综合实力统计

城市	2008 年	2009 年	2010 年	2011 年	2012 年	2013 年	2014 年	2015 年	2016 年
北京	0.49	0.50	0.52	0.52	0.54	0.56	0.58	0.60	0.63
天津	0.43	0.44	0.46	0.46	0.50	0.49	0.51	0.51	0.51
上海	0.52	0.53	0.56	0.57	0.58	0.59	0.61	0.63	0.65
重庆	0.41	0.42	0.43	0.44	0.47	0.48	0.50	0.51	0.51

城市	2008 年	2009 年	2010 年	2011 年	2012 年	2013 年	2014 年	2015 年	2016 年
沈阳	0.41	0.41	0.41	0.42	0.42	0.42	0.42	0.42	0.42
长春	0.39	0.39	0.39	0.40	0.40	0.40	0.41	0.41	0.41
哈尔滨	0.39	0.39	0.39	0.39	0.39	0.40	0.40	0.40	0.40
南京	0.43	0.43	0.44	0.45	0.45	0.46	0.46	0.46	0.46
武汉	0.43	0.43	0.44	0.44	0.45	0.45	0.46	0.46	0.47
广州	0.45	0.46	0.47	0.48	0.49	0.50	0.51	0.52	0.53
济南	0.41	0.41	0.41	0.41	0.41	0.42	0.42	0.42	0.43
杭州	0.42	0.42	0.44	0.44	0.44	0.45	0.45	0.46	0.46
西安	0.41	0.42	0.42	0.42	0.43	0.43	0.44	0.44	0.44
成都	0.41	0.42	0.42	0.43	0.44	0.45	0.45	0.47	0.47
深圳	0.47	0.48	0.50	0.51	0.51	0.53	0.53	0.55	0.57
厦门	0.41	0.41	0.42	0.42	0.42	0.42	0.42	0.43	0.43
宁波	0.41	0.41	0.42	0.43	0.43	0.43	0.44	0.44	0.44
青岛	0.40	0.41	0.41	0.41	0.42	0.43	0.43	0.44	0.44
大连	0.39	0.40	0.40	0.41	0.41	0.41	0.41	0.41	0.40
南宁	0.37	0.38	0.38	0.38	0.38	0.39	0.39	0.39	0.39
昆明	0.39	0.40	0.40	0.41	0.41	0.41	0.42	0.42	0.42
长沙	0.40	0.41	0.41	0.42	0.42	0.43	0.43	0.43	0.44
石家庄	0.39	0.39	0.39	0.40	0.40	0.40	0.40	0.41	0.41
太原	0.41	0.41	0.42	0.42	0.43	0.43	0.43	0.43	0.43
呼和浩特	0.39	0.39	0.40	0.41	0.40	0.41	0.41	0.40	0.40
合肥	0.40	0.40	0.41	0.41	0.41	0.41	0.42	0.42	0.43
福州	0.39	0.39	0.39	0.40	0.40	0.41	0.41	0.41	0.41
南昌	0.39	0.39	0.40	0.40	0.41	0.41	0.41	0.42	0.42
郑州	0.41	0.41	0.42	0.43	0.43	0.44	0.45	0.45	0.45
海口	0.38	0.38	0.38	0.39	0.39	0.39	0.40	0.40	0.40
贵阳	0.38	0.39	0.39	0.39	0.39	0.40	0.40	0.41	0.42

城市	2008 年	2009 年	2010 年	2011 年	2012 年	2013 年	2014 年	2015 年	2016 年
兰州	0.40	0.40	0.41	0.41	0.41	0.41	0.41	0.41	0.41
西宁	0.39	0.39	0.39	0.39	0.40	0.39	0.40	0.40	0.40
银川	0.39	0.40	0.40	0.41	0.41	0.41	0.40	0.40	0.40
乌鲁木齐	0.42	0.42	0.42	0.42	0.42	0.42	0.42	0.43	0.43
唐山	0.38	0.39	0.39	0.39	0.40	0.40	0.40	0.40	0.40
大同	0.38	0.38	0.38	0.38	0.39	0.38	0.39	0.39	0.39
包头	0.40	0.40	0.41	0.41	0.41	0.41	0.41	0.40	0.41
鞍山	0.38	0.38	0.39	0.39	0.39	0.39	0.39	0.39	0.38
抚顺	0.38	0.38	0.39	0.39	0.39	0.39	0.39	0.38	0.39
吉林	0.37	0.37	0.38	0.38	0.38	0.38	0.38	0.38	0.38
齐齐哈尔	0.36	0.36	0.36	0.36	0.36	0.36	0.36	0.36	0.36
无锡	0.41	0.41	0.42	0.42	0.42	0.42	0.43	0.43	0.43
淮南	0.37	0.38	0.38	0.38	0.38	0.38	0.38	0.38	0.38
洛阳	0.38	0.38	0.38	0.38	0.39	0.39	0.39	0.39	0.39
淄博	0.39	0.39	0.39	0.40	0.40	0.41	0.41	0.41	0.41
邯郸	0.37	0.37	0.38	0.38	0.38	0.38	0.38	0.38	0.38
本溪	0.39	0.39	0.40	0.40	0.40	0.40	0.40	0.39	0.39
徐州	0.38	0.38	0.39	0.39	0.39	0.40	0.40	0.40	0.41
苏州	0.42	0.43	0.44	0.44	0.45	0.46	0.46	0.46	0.47
丹东	0.37	0.37	0.37	0.37	0.37	0.37	0.37	0.37	0.36
锦州	0.36	0.36	0.37	0.37	0.37	0.37	0.37	0.37	0.36
营口	0.37	0.38	0.38	0.38	0.38	0.38	0.38	0.38	0.38
阜新	0.36	0.36	0.36	0.36	0.36	0.36	0.36	0.36	0.36
辽阳	0.38	0.38	0.38	0.38	0.38	0.38	0.38	0.38	0.37
盘锦	0.37	0.37	0.38	0.38	0.38	0.38	0.38	0.38	0.37
铁岭	0.36	0.36	0.36	0.36	0.36	0.36	0.36	0.36	0.36
朝阳	0.36	0.36	0.36	0.36	0.36	0.36	0.36	0.35	0.35

续表

城市	2008 年	2009 年	2010 年	2011 年	2012 年	2013 年	2014 年	2015 年	2016 年
葫芦岛	0.36	0.36	0.36	0.37	0.37	0.37	0.37	0.36	0.36
秦皇岛	0.37	0.37	0.37	0.37	0.37	0.37	0.37	0.37	0.37
邢台	0.37	0.37	0.37	0.37	0.37	0.37	0.37	0.37	0.38
保定	0.37	0.37	0.37	0.38	0.38	0.38	0.38	0.38	0.39
张家口	0.36	0.37	0.37	0.37	0.37	0.37	0.37	0.37	0.37
承德	0.36	0.36	0.36	0.37	0.37	0.37	0.37	0.37	0.37
沧州	0.37	0.37	0.37	0.37	0.37	0.37	0.38	0.38	0.38
廊坊	0.37	0.37	0.37	0.37	0.37	0.37	0.37	0.38	0.38
衡水	0.36	0.36	0.36	0.36	0.36	0.36	0.36	0.37	0.37
枣庄	0.37	0.37	0.38	0.38	0.38	0.38	0.38	0.38	0.38
东营	0.39	0.39	0.39	0.39	0.40	0.41	0.41	0.41	0.41
烟台	0.39	0.39	0.40	0.40	0.41	0.41	0.41	0.41	0.41
潍坊	0.38	0.38	0.39	0.39	0.39	0.40	0.40	0.40	0.40
济宁	0.37	0.37	0.37	0.38	0.38	0.38	0.38	0.38	0.39
泰安	0.37	0.38	0.38	0.38	0.38	0.38	0.39	0.39	0.39
威海	0.38	0.38	0.38	0.38	0.38	0.39	0.39	0.39	0.40
日照	0.37	0.37	0.37	0.37	0.37	0.38	0.38	0.38	0.38
莱芜	0.37	0.37	0.38	0.38	0.38	0.38	0.38	0.38	0.38
临沂	0.37	0.38	0.38	0.39	0.39	0.40	0.40	0.39	0.39
德州	0.37	0.37	0.37	0.37	0.38	0.38	0.38	0.38	0.38
聊城	0.37	0.37	0.37	0.37	0.37	0.38	0.38	0.38	0.38
滨州	0.37	0.37	0.37	0.38	0.38	0.38	0.38	0.38	0.38
菏泽	0.36	0.36	0.36	0.37	0.37	0.38	0.38	0.38	0.38
常州	0.39	0.39	0.40	0.40	0.40	0.41	0.41	0.41	0.42
南通	0.39	0.39	0.39	0.40	0.40	0.40	0.41	0.41	0.42
连云港	0.37	0.37	0.37	0.37	0.37	0.38	0.38	0.38	0.38
淮安	0.37	0.37	0.37	0.38	0.38	0.38	0.38	0.38	0.39

续表

城市	2008 年	2009 年	2010 年	2011 年	2012 年	2013 年	2014 年	2015 年	2016 年
盐城	0.37	0.37	0.37	0.38	0.38	0.38	0.39	0.39	0.39
扬州	0.38	0.38	0.39	0.39	0.39	0.39	0.40	0.40	0.40
镇江	0.39	0.39	0.39	0.39	0.40	0.40	0.40	0.41	0.42
泰州	0.38	0.38	0.39	0.39	0.39	0.39	0.40	0.40	0.40
宿迁	0.36	0.36	0.37	0.37	0.37	0.37	0.38	0.38	0.38
温州	0.40	0.40	0.40	0.41	0.41	0.41	0.41	0.41	0.41
嘉兴	0.39	0.39	0.39	0.40	0.40	0.40	0.40	0.41	0.41
湖州	0.38	0.38	0.38	0.38	0.39	0.39	0.39	0.39	0.39
绍兴	0.39	0.39	0.39	0.40	0.40	0.40	0.40	0.41	0.41
金华	0.39	0.39	0.39	0.39	0.40	0.40	0.40	0.40	0.40
衢州	0.37	0.37	0.37	0.37	0.37	0.38	0.38	0.38	0.38
舟山	0.38	0.38	0.38	0.38	0.38	0.39	0.39	0.39	0.39
台州	0.38	0.38	0.39	0.39	0.39	0.39	0.39	0.39	0.39
丽水	0.37	0.37	0.37	0.37	0.37	0.37	0.38	0.38	0.38
莆田	0.37	0.37	0.37	0.37	0.37	0.38	0.38	0.38	0.38
三明	0.36	0.36	0.37	0.37	0.37	0.37	0.37	0.37	0.37
泉州	0.39	0.40	0.40	0.41	0.41	0.41	0.41	0.42	0.42
漳州	0.36	0.36	0.37	0.37	0.37	0.37	0.38	0.38	0.38
南平	0.36	0.36	0.36	0.36	0.36	0.36	0.36	0.36	0.36
龙岩	0.36	0.37	0.37	0.37	0.37	0.37	0.37	0.37	0.37
宁德	0.36	0.36	0.36	0.36	0.36	0.36	0.36	0.37	0.37
韶关	0.37	0.37	0.37	0.37	0.37	0.37	0.37	0.37	0.37
珠海	0.40	0.41	0.41	0.41	0.41	0.41	0.42	0.42	0.42
汕头	0.39	0.39	0.39	0.39	0.39	0.39	0.39	0.39	0.39
佛山	0.42	0.42	0.43	0.43	0.43	0.44	0.44	0.45	0.45
江门	0.38	0.38	0.39	0.39	0.38	0.39	0.39	0.39	0.39
湛江	0.36	0.36	0.36	0.36	0.36	0.36	0.37	0.37	0.37

城市	2008 年	2009 年	2010 年	2011 年	2012 年	2013 年	2014 年	2015 年	2016 年
茂名	0.36	0.36	0.36	0.36	0.36	0.37	0.37	0.37	0.37
肇庆	0.36	0.36	0.36	0.37	0.37	0.37	0.37	0.37	0.37
惠州	0.38	0.39	0.39	0.39	0.39	0.40	0.40	0.40	0.40
梅州	0.36	0.36	0.36	0.36	0.36	0.36	0.36	0.36	0.36
汕尾	0.36	0.36	0.36	0.36	0.37	0.37	0.37	0.37	0.37
河源	0.37	0.36	0.37	0.37	0.37	0.37	0.37	0.37	0.37
阳江	0.36	0.36	0.36	0.36	0.36	0.36	0.37	0.37	0.37
清远	0.37	0.37	0.37	0.37	0.37	0.37	0.37	0.37	0.37
东莞	0.45	0.44	0.44	0.45	0.44	0.44	0.45	0.47	0.48
中山	0.40	0.40	0.41	0.41	0.41	0.41	0.42	0.42	0.42
潮州	0.38	0.38	0.38	0.38	0.38	0.38	0.38	0.38	0.38
揭阳	0.37	0.37	0.37	0.37	0.37	0.38	0.38	0.38	0.38
云浮	0.35	0.35	0.35	0.36	0.36	0.36	0.36	0.36	0.36
阳泉	0.39	0.39	0.39	0.39	0.39	0.39	0.39	0.39	0.39
长治	0.38	0.38	0.38	0.38	0.38	0.38	0.38	0.38	0.39
晋城	0.38	0.38	0.38	0.39	0.39	0.39	0.39	0.39	0.39
朔州	0.38	0.38	0.38	0.38	0.38	0.38	0.38	0.38	0.38
晋中	0.40	0.37	0.38	0.38	0.38	0.38	0.38	0.38	0.38
运城	0.37	0.36	0.36	0.37	0.37	0.37	0.37	0.37	0.37
忻州	0.37	0.37	0.37	0.37	0.37	0.37	0.37	0.37	0.38
临汾	0.38	0.37	0.38	0.38	0.38	0.38	0.38	0.38	0.38
四平	0.35	0.35	0.35	0.36	0.36	0.36	0.36	0.36	0.36
辽源	0.37	0.37	0.37	0.37	0.37	0.37	0.38	0.38	0.38
通化	0.37	0.37	0.37	0.37	0.37	0.38	0.38	0.38	0.38
白山	0.37	0.38	0.38	0.38	0.38	0.38	0.38	0.38	0.38
松原	0.36	0.36	0.36	0.36	0.36	0.36	0.36	0.36	0.36
白城	0.36	0.36	0.36	0.36	0.36	0.36	0.36	0.36	0.36

续表

城市	2008 年	2009 年	2010 年	2011 年	2012 年	2013 年	2014 年	2015 年	2016 年
鸡西	0.36	0.36	0.36	0.36	0.36	0.36	0.36	0.36	0.36
鹤岗	0.37	0.37	0.37	0.37	0.37	0.37	0.37	0.36	0.36
双鸭山	0.36	0.36	0.36	0.36	0.36	0.36	0.36	0.36	0.36
大庆	0.40	0.39	0.40	0.40	0.40	0.40	0.40	0.39	0.39
伊春	0.36	0.36	0.36	0.36	0.36	0.37	0.36	0.36	0.36
佳木斯	0.35	0.35	0.36	0.36	0.36	0.36	0.36	0.36	0.36
七台河	0.37	0.38	0.38	0.38	0.37	0.37	0.37	0.37	0.37
牡丹江	0.37	0.37	0.37	0.37	0.37	0.37	0.37	0.37	0.37
黑河	0.35	0.35	0.35	0.35	0.35	0.35	0.35	0.35	0.35
绥化	0.35	0.35	0.35	0.35	0.35	0.35	0.35	0.35	0.35
芜湖	0.39	0.39	0.39	0.39	0.39	0.39	0.39	0.40	0.40
蚌埠	0.36	0.36	0.36	0.36	0.37	0.37	0.37	0.37	0.38
马鞍山	0.39	0.39	0.39	0.39	0.39	0.39	0.39	0.38	0.38
淮北	0.37	0.37	0.38	0.38	0.38	0.38	0.38	0.38	0.38
铜陵	0.39	0.39	0.40	0.40	0.40	0.40	0.40	0.39	0.39
安庆	0.36	0.36	0.37	0.37	0.37	0.37	0.37	0.37	0.37
黄山	0.36	0.36	0.37	0.37	0.37	0.37	0.37	0.37	0.38
滁州	0.36	0.36	0.36	0.36	0.36	0.36	0.37	0.37	0.37
阜阳	0.35	0.35	0.35	0.35	0.36	0.36	0.36	0.37	0.38
宿州	0.35	0.35	0.35	0.35	0.36	0.36	0.36	0.36	0.36
六安	0.35	0.36	0.36	0.36	0.36	0.36	0.36	0.37	0.37
亳州	0.35	0.35	0.35	0.35	0.35	0.35	0.36	0.36	0.36
池州	0.36	0.36	0.36	0.36	0.36	0.37	0.37	0.37	0.37
宣城	0.36	0.36	0.36	0.37	0.37	0.37	0.37	0.37	0.37
景德镇	0.37	0.37	0.38	0.38	0.38	0.38	0.38	0.38	0.38
萍乡	0.37	0.37	0.38	0.38	0.38	0.38	0.38	0.38	0.39
九江	0.37	0.37	0.37	0.38	0.38	0.38	0.38	0.38	0.39

城市	2008 年	2009 年	2010 年	2011 年	2012 年	2013 年	2014 年	2015 年	2016 年
新余	0.38	0.38	0.38	0.38	0.38	0.38	0.39	0.39	0.39
鹰潭	0.37	0.37	0.37	0.37	0.37	0.38	0.38	0.38	0.38
赣州	0.36	0.36	0.36	0.37	0.37	0.37	0.37	0.37	0.37
吉安	0.36	0.36	0.36	0.37	0.36	0.37	0.37	0.37	0.37
宜春	0.36	0.36	0.36	0.36	0.37	0.37	0.37	0.37	0.37
抚州	0.36	0.36	0.36	0.36	0.36	0.36	0.37	0.37	0.37
上饶	0.36	0.36	0.36	0.37	0.37	0.37	0.37	0.37	0.37
开封	0.36	0.36	0.36	0.36	0.36	0.36	0.37	0.37	0.38
平顶山	0.37	0.37	0.37	0.38	0.37	0.38	0.38	0.38	0.38
安阳	0.37	0.37	0.37	0.37	0.37	0.37	0.37	0.37	0.38
鹤壁	0.37	0.37	0.37	0.37	0.37	0.37	0.38	0.38	0.38
新乡	0.37	0.37	0.37	0.37	0.37	0.37	0.38	0.38	0.38
焦作	0.38	0.38	0.38	0.38	0.38	0.38	0.38	0.38	0.39
濮阳	0.36	0.36	0.36	0.36	0.37	0.37	0.37	0.37	0.37
许昌	0.37	0.37	0.37	0.37	0.38	0.38	0.38	0.38	0.38
漯河	0.36	0.36	0.37	0.37	0.37	0.37	0.37	0.37	0.37
三门峡	0.37	0.37	0.37	0.38	0.38	0.38	0.38	0.38	0.38
南阳	0.36	0.36	0.36	0.37	0.37	0.37	0.37	0.37	0.37
商丘	0.35	0.36	0.36	0.36	0.36	0.37	0.36	0.36	0.37
信阳	0.35	0.35	0.35	0.36	0.36	0.36	0.36	0.36	0.36
周口	0.35	0.35	0.35	0.35	0.36	0.36	0.36	0.36	0.37
驻马店	0.35	0.35	0.35	0.35	0.36	0.36	0.36	0.36	0.36
黄石	0.38	0.38	0.38	0.37	0.38	0.38	0.38	0.38	0.38
十堰	0.36	0.37	0.37	0.37	0.37	0.37	0.37	0.37	0.37
宜昌	0.37	0.37	0.37	0.37	0.37	0.38	0.38	0.38	0.38
襄樊	0.36	0.37	0.37	0.37	0.37	0.38	0.38	0.38	0.39
鄂州	0.37	0.37	0.37	0.37	0.37	0.37	0.37	0.37	0.37

续表

城市	2008 年	2009 年	2010 年	2011 年	2012 年	2013 年	2014 年	2015 年	2016 年
荆门	0.35	0.35	0.36	0.36	0.36	0.36	0.36	0.37	0.37
孝感	0.36	0.36	0.36	0.36	0.36	0.36	0.37	0.37	0.37
荆州	0.35	0.35	0.35	0.36	0.36	0.36	0.36	0.36	0.37
黄冈	0.35	0.35	0.35	0.36	0.36	0.36	0.36	0.36	0.36
咸宁	0.36	0.36	0.36	0.36	0.36	0.36	0.37	0.36	0.37
随州	0.36	0.36	0.36	0.36	0.37	0.37	0.37	0.37	0.36
株洲	0.37	0.38	0.38	0.38	0.38	0.39	0.39	0.39	0.39
湘潭	0.37	0.37	0.37	0.38	0.38	0.38	0.38	0.38	0.38
衡阳	0.36	0.36	0.37	0.37	0.37	0.37	0.37	0.37	0.38
邵阳	0.35	0.36	0.36	0.36	0.36	0.36	0.36	0.36	0.36
岳阳	0.37	0.37	0.37	0.37	0.38	0.38	0.38	0.38	0.38
常德	0.36	0.36	0.36	0.37	0.37	0.37	0.37	0.37	0.38
张家界	0.36	0.36	0.36	0.36	0.36	0.37	0.37	0.37	0.37
益阳	0.35	0.36	0.36	0.36	0.36	0.36	0.36	0.36	0.37
郴州	0.36	0.37	0.37	0.37	0.38	0.38	0.38	0.38	0.38
永州	0.35	0.36	0.35	0.36	0.36	0.36	0.36	0.36	0.36
怀化	0.36	0.36	0.36	0.37	0.37	0.37	0.37	0.37	0.37
娄底	0.36	0.36	0.36	0.36	0.37	0.37	0.37	0.37	0.37
柳州	0.38	0.38	0.38	0.38	0.38	0.39	0.39	0.38	0.39
桂林	0.36	0.36	0.36	0.37	0.37	0.37	0.37	0.37	0.37
梧州	0.36	0.36	0.37	0.37	0.37	0.37	0.37	0.37	0.37
北海	0.36	0.36	0.36	0.36	0.36	0.36	0.37	0.36	0.36
防城港	0.36	0.36	0.37	0.37	0.37	0.37	0.37	0.37	0.37
钦州	0.35	0.35	0.35	0.36	0.36	0.36	0.36	0.36	0.36
贵港	0.35	0.35	0.36	0.36	0.36	0.36	0.36	0.36	0.36
玉林	0.38	0.36	0.36	0.36	0.36	0.36	0.36	0.36	0.36
乌海	0.41	0.41	0.41	0.42	0.41	0.41	0.41	0.41	0.41

续表

城市	2008 年	2009 年	2010 年	2011 年	2012 年	2013 年	2014 年	2015 年	2016 年
赤峰	0.36	0.36	0.37	0.37	0.37	0.37	0.37	0.37	0.37
通辽	0.36	0.37	0.37	0.37	0.37	0.37	0.37	0.37	0.37
铜川	0.38	0.38	0.38	0.38	0.38	0.38	0.38	0.38	0.38
宝鸡	0.37	0.37	0.37	0.37	0.37	0.37	0.37	0.38	0.38
咸阳	0.36	0.36	0.36	0.37	0.37	0.37	0.37	0.37	0.38
渭南	0.36	0.36	0.36	0.36	0.36	0.36	0.36	0.36	0.36
延安	0.38	0.38	0.38	0.38	0.38	0.38	0.38	0.38	0.38
汉中	0.35	0.35	0.36	0.36	0.36	0.36	0.36	0.36	0.36
榆林	0.37	0.38	0.38	0.38	0.38	0.38	0.39	0.38	0.39
安康	0.35	0.35	0.36	0.36	0.36	0.36	0.37	0.37	0.37
嘉峪关	0.41	0.41	0.41	0.41	0.42	0.42	0.42	0.41	0.43
金昌	0.38	0.38	0.38	0.38	0.38	0.38	0.38	0.38	0.38
白银	0.36	0.37	0.37	0.37	0.37	0.37	0.37	0.37	0.37
天水	0.36	0.36	0.36	0.36	0.36	0.36	0.36	0.36	0.36
石嘴山	0.38	0.38	0.38	0.39	0.39	0.39	0.39	0.39	0.39
吴忠	0.36	0.36	0.36	0.36	0.36	0.36	0.37	0.37	0.37
克拉玛依	0.40	0.40	0.41	0.41	0.41	0.41	0.41	0.43	0.43
自贡	0.36	0.36	0.37	0.37	0.37	0.37	0.37	0.37	0.37
攀枝花	0.38	0.38	0.39	0.39	0.39	0.39	0.40	0.39	0.39
泸州	0.36	0.36	0.36	0.37	0.37	0.37	0.37	0.37	0.37
德阳	0.36	0.36	0.37	0.37	0.37	0.37	0.37	0.37	0.37
绵阳	0.36	0.36	0.36	0.37	0.37	0.37	0.37	0.37	0.37
广元	0.35	0.35	0.35	0.36	0.36	0.36	0.36	0.36	0.36
遂宁	0.35	0.35	0.36	0.36	0.36	0.36	0.36	0.37	0.37
内江	0.36	0.36	0.36	0.36	0.36	0.36	0.37	0.37	0.37
乐山	0.36	0.36	0.37	0.37	0.37	0.37	0.37	0.37	0.37
南充	0.35	0.36	0.36	0.36	0.36	0.36	0.36	0.36	0.37

续表

城市	2008 年	2009 年	2010 年	2011 年	2012 年	2013 年	2014 年	2015 年	2016 年
眉山	0.35	0.36	0.36	0.36	0.36	0.36	0.36	0.37	0.37
宜宾	0.36	0.36	0.36	0.37	0.37	0.37	0.37	0.37	0.37
广安	0.35	0.35	0.36	0.36	0.36	0.36	0.36	0.36	0.36
达州	0.35	0.35	0.36	0.36	0.36	0.36	0.36	0.36	0.36
雅安	0.36	0.36	0.36	0.36	0.36	0.36	0.37	0.37	0.37
巴中	0.34	0.35	0.35	0.35	0.35	0.36	0.36	0.36	0.36
资阳	0.35	0.35	0.36	0.36	0.36	0.36	0.36	0.36	0.37
六盘水	0.37	0.37	0.37	0.38	0.38	0.38	0.37	0.37	0.37
遵义	0.37	0.36	0.36	0.37	0.37	0.37	0.37	0.37	0.37
安顺	0.35	0.35	0.36	0.36	0.36	0.36	0.36	0.36	0.36
曲靖	0.36	0.36	0.36	0.36	0.36	0.36	0.36	0.36	0.36
玉溪	0.37	0.37	0.37	0.37	0.37	0.37	0.37	0.37	0.40
保山	0.35	0.35	0.35	0.35	0.35	0.35	0.35	0.35	0.35

附录 3　　　　　　**2000～2007 年中国地级及以上城市边界统计**　　　　　单位：千米

城市	2000 年	2001 年	2002 年	2003 年	2004 年	2005 年	2006 年	2007 年
北京	21.18	21.18	21.18	21.18	21.18	18.86	18.86	20.97
天津	21.18	21.18	21.18	21.18	21.18	21.18	21.18	21.18
上海	21.18	21.18	21.18	21.17	21.17	21.17	21.17	21.17
重庆	28.00	28.00	28.00	28.00	28.00	28.00	28.00	28.00
沈阳	15.65	15.65	15.65	15.65	15.65	15.65	15.65	15.65
长春	28.01	28.01	28.01	28.01	28.01	28.01	28.01	28.01
哈尔滨	37.95	37.95	37.95	37.95	37.95	37.95	37.95	37.95
南京	15.64	15.64	15.64	15.64	15.64	15.03	15.00	14.93
武汉	16.51	16.49	16.47	16.42	16.15	16.45	16.40	15.65
广州	9.17	9.15	9.12	9.09	9.05	9.01	9.02	8.97

续表

城市	2000 年	2001 年	2002 年	2003 年	2004 年	2005 年	2006 年	2007 年
济南	17.56	18.89	18.83	18.75	17.93	18.45	17.89	19.28
杭州	17.06	16.99	16.95	16.93	16.93	16.95	16.99	17.18
西安	10.90	10.89	10.89	10.88	10.88	10.84	10.84	10.81
成都	21.18	21.18	21.18	21.18	21.18	21.18	21.18	21.18
深圳	16.91	16.89	16.95	16.47	15.70	15.69	15.90	16.45
厦门	18.15	18.14	18.14	18.16	18.15	18.16	18.16	17.41
宁波	21.18	21.18	21.18	21.18	21.18	21.18	21.18	21.18
青岛	28.00	28.00	28.00	28.00	28.00	28.00	28.00	28.00
大连	37.95	37.95	37.95	37.95	28.01	37.95	37.95	28.01
南宁	28.01	28.01	28.01	28.01	28.01	28.01	28.01	28.01
昆明	28.01	28.01	28.01	28.01	28.01	28.01	28.01	28.01
长沙	15.65	15.65	15.65	15.65	15.65	15.65	15.65	15.64
石家庄	27.99	27.99	27.99	27.99	27.99	27.99	27.99	27.99
太原	12.71	12.70	12.71	12.71	12.71	12.69	12.72	12.71
呼和浩特	37.95	37.95	37.95	37.95	37.95	37.95	37.95	37.95
合肥	21.17	21.17	21.17	21.17	21.17	21.17	21.17	21.17
福州	28.00	28.00	28.00	28.00	28.00	28.00	28.00	28.00
南昌	27.99	27.99	27.99	27.99	27.99	27.99	27.99	27.99
郑州	17.47	17.45	17.43	17.43	17.42	16.53	16.93	17.19
海口	50.23	50.23	50.23	50.23	50.23	50.23	50.23	50.23
贵阳	28.01	28.01	28.01	28.01	28.01	28.01	28.01	28.01
兰州	28.01	28.01	28.01	28.01	28.01	28.01	28.01	28.01
西宁	50.24	50.24	50.24	50.24	50.24	50.24	50.24	50.24
银川	21.19	21.19	21.19	21.19	21.19	21.19	21.19	21.19
乌鲁木齐	90.24	90.24	90.24	90.24	90.24	90.24	90.24	90.24
唐山	28.00	28.00	28.00	28.00	28.00	28.00	28.00	28.00
大同	28.01	28.01	28.01	28.01	28.01	28.01	28.01	28.01

续表

城市	2000 年	2001 年	2002 年	2003 年	2004 年	2005 年	2006 年	2007 年
包头	50.23	50.23	50.23	50.23	50.23	50.23	50.23	50.23
鞍山	10.14	10.15	10.15	10.14	10.14	10.15	10.17	10.14
抚顺	15.65	15.65	15.65	15.65	15.65	15.65	15.65	15.65
吉林	28.01	28.01	28.01	28.01	28.01	28.01	28.01	28.01
齐齐哈尔	50.23	50.23	50.23	50.23	50.23	50.23	50.23	50.23
无锡	13.78	13.71	13.70	13.68	13.66	13.63	13.66	13.65
淮南	17.78	17.79	17.79	17.80	16.85	16.97	17.25	17.25
洛阳	21.18	21.18	21.18	21.18	21.18	21.18	21.18	21.18
淄博	21.17	21.17	21.17	21.17	21.17	21.17	21.17	21.17
邯郸	17.94	17.91	17.91	17.90	17.86	17.91	17.95	16.89
本溪	17.44	17.43	17.41	17.44	17.49	17.41	17.40	17.40
徐州	17.83	17.53	17.53	17.81	17.46	17.50	17.04	16.89
苏州	15.64	15.64	15.64	15.64	15.64	15.12	14.98	14.90
丹东	37.95	37.95	37.95	37.95	37.95	37.95	37.95	37.95
锦州	19.79	19.80	19.64	19.59	19.83	19.87	19.83	19.87
营口	21.18	21.18	21.18	21.18	21.18	21.18	21.18	21.18
阜新	28.00	28.00	28.00	28.00	28.00	28.00	28.00	28.00
辽阳	10.10	10.11	10.10	10.10	10.08	10.10	10.10	10.11
盘锦	18.24	19.41	19.70	19.72	18.50	18.76	19.61	19.76
铁岭	18.51	18.65	19.01	18.76	18.74	18.35	18.15	19.46
朝阳	28.00	28.00	28.00	28.00	28.00	28.00	28.00	28.00
葫芦岛	21.65	21.65	21.65	21.65	21.65	21.64	21.64	21.64
秦皇岛	28.01	28.01	28.01	28.01	28.01	28.01	28.01	28.01
邢台	19.82	19.82	19.82	19.83	19.85	19.66	19.65	19.69
保定	28.00	28.00	28.00	28.00	28.00	28.00	28.00	28.00
张家口	37.95	37.95	37.95	37.95	37.95	37.95	37.95	37.95
承德	37.95	37.95	37.95	37.95	37.95	37.95	37.95	37.95

续表

城市	2000 年	2001 年	2002 年	2003 年	2004 年	2005 年	2006 年	2007 年
沧州	28.00	28.00	28.00	28.00	28.00	28.00	28.00	28.00
廊坊	20.28	20.29	20.25	20.27	19.50	21.31	21.31	20.53
衡水	21.18	21.18	21.18	21.18	21.18	21.18	21.18	21.18
枣庄	21.17	21.17	21.17	21.17	21.17	21.17	21.17	21.17
东营	21.18	21.18	21.18	21.18	21.18	21.18	21.18	21.18
烟台	28.01	28.01	28.01	28.01	28.01	28.01	28.01	28.01
潍坊	28.00	28.00	28.00	28.00	28.00	28.00	28.00	28.00
济宁	21.17	21.17	21.17	21.17	21.17	21.17	21.17	21.17
泰安	17.48	17.44	17.39	17.39	17.39	17.39	17.40	17.42
威海	28.01	28.01	28.01	28.01	28.01	28.01	28.01	28.01
日照	28.00	28.00	28.00	28.00	28.00	28.00	28.00	28.00
莱芜	18.79	18.77	18.74	19.76	19.14	19.52	18.76	18.77
临沂	21.18	21.18	21.18	21.18	21.18	21.18	21.18	21.18
德州	21.18	21.18	21.18	21.18	21.18	21.18	21.18	21.18
聊城	21.18	21.18	21.18	21.18	21.18	21.18	21.18	21.18
滨州	21.17	21.17	19.55	21.17	19.78	20.12	20.08	19.96
菏泽	21.17	21.17	21.17	21.17	21.17	21.17	21.17	21.17
常州	14.98	14.91	14.91	14.91	14.88	14.88	14.92	14.91
南通	21.18	21.17	21.17	21.17	21.17	21.17	21.17	21.17
连云港	27.99	27.99	27.99	27.99	27.99	27.99	27.99	27.99
淮安	21.18	21.18	21.18	21.18	21.18	21.18	21.18	21.18
盐城	28.00	28.00	28.00	28.00	28.00	28.00	28.00	28.00
扬州	10.75	10.70	10.69	10.69	10.68	10.68	10.70	10.70
镇江	10.62	10.53	10.64	10.64	10.63	10.64	10.63	10.60
泰州	16.65	16.65	16.67	16.67	16.70	16.69	16.69	16.63
宿迁	21.18	21.18	21.18	21.18	21.18	21.18	21.18	21.18
温州	28.00	28.00	28.00	28.00	28.00	28.00	28.00	28.00

续表

城市	2000 年	2001 年	2002 年	2003 年	2004 年	2005 年	2006 年	2007 年
嘉兴	18.33	18.30	18.19	18.79	18.51	18.48	18.35	17.99
湖州	17.29	17.28	17.24	17.25	17.28	17.22	18.09	18.07
绍兴	17.43	17.46	17.73	17.88	17.92	17.95	18.40	18.38
金华	21.18	21.18	21.18	21.18	21.18	21.18	21.18	21.18
衢州	27.99	27.99	27.99	27.99	27.99	27.99	27.99	27.99
舟山	28.00	28.00	28.00	28.00	28.00	28.00	28.00	28.00
台州	28.01	28.01	28.01	28.01	28.01	28.01	28.01	28.01
丽水	28.00	28.00	28.00	28.00	28.00	28.00	28.00	28.00
莆田	28.00	28.00	28.00	28.00	28.00	28.00	28.00	28.00
三明	28.00	28.00	28.00	28.00	28.00	28.00	28.00	28.00
泉州	28.00	28.00	28.00	21.18	21.18	28.00	21.18	21.18
漳州	17.92	19.23	18.80	18.79	18.79	19.09	19.11	19.13
南平	28.00	28.00	28.00	28.00	28.00	28.00	28.00	28.00
龙岩	28.00	28.00	28.00	28.00	28.00	28.00	28.00	28.00
宁德	28.00	28.00	28.00	28.00	28.00	28.01	28.01	28.01
韶关	28.00	28.00	28.00	28.00	28.00	28.00	28.00	28.00
珠海	14.45	14.45	14.45	14.47	14.47	14.46	14.48	14.49
汕头	14.01	14.02	14.02	14.02	14.02	14.00	14.02	14.03
佛山	9.34	9.34	9.33	9.32	9.32	9.28	9.22	9.19
江门	13.99	13.98	13.97	13.98	13.97	13.98	14.00	14.01
湛江	28.01	28.01	28.01	28.01	28.01	28.01	28.01	28.01
茂名	28.01	28.01	28.01	28.01	28.01	28.01	28.01	28.01
肇庆	17.95	16.91	17.18	17.49	17.50	17.40	17.53	17.51
惠州	21.18	21.18	21.18	21.18	21.18	21.17	21.17	21.17
梅州	28.00	28.00	28.00	28.00	28.00	28.00	28.00	28.00
汕尾	28.00	28.00	28.00	28.01	28.01	28.01	28.01	28.01
河源	28.00	28.00	28.00	28.00	28.00	28.00	28.00	28.00

城市	2000 年	2001 年	2002 年	2003 年	2004 年	2005 年	2006 年	2007 年
阳江	28.01	28.01	28.01	28.01	28.01	28.01	28.01	28.01
清远	21.18	21.18	21.18	21.18	21.18	21.18	21.18	21.18
东莞	15.64	15.64	15.64	15.64	15.64	15.64	15.06	15.02
中山	12.50	12.48	12.47	12.45	12.43	12.39	12.35	12.35
潮州	12.08	12.08	12.08	12.08	12.04	12.03	12.00	11.98
揭阳	12.73	12.73	12.74	12.75	12.69	12.73	12.69	12.75
云浮	18.07	18.18	18.42	19.65	19.20	19.83	18.66	19.82
阳泉	21.18	21.18	21.18	21.18	21.18	21.18	21.18	21.18
长治	21.18	21.18	21.18	21.18	21.18	21.18	21.18	21.18
晋城	17.28	17.19	17.18	17.20	17.22	17.20	17.23	17.25
朔州	28.01	28.01	28.01	28.01	28.01	28.01	28.01	28.01
晋中	13.09	13.09	13.09	13.09	13.09	13.08	13.08	13.08
运城	15.65	15.65	15.65	15.65	15.65	15.65	15.65	15.65
忻州	21.18	21.18	21.18	21.18	21.18	21.18	21.18	21.18
临汾	28.00	28.00	28.00	28.00	28.00	28.00	28.00	28.00
四平	28.00	28.00	28.00	28.00	28.00	28.00	28.00	28.00
辽源	28.00	28.00	28.00	28.00	28.00	28.00	28.00	28.00
通化	21.19	21.19	21.19	21.19	21.19	21.19	21.19	21.19
白山	21.19	21.19	21.19	21.19	21.19	21.19	21.19	21.19
松原	37.95	37.95	37.95	37.95	37.95	37.95	37.95	37.95
白城	50.23	50.23	50.23	50.23	50.23	50.23	50.23	50.23
鸡西	21.20	21.20	21.20	21.20	21.20	21.20	28.01	28.01
鹤岗	28.01	28.01	28.01	28.01	28.01	28.01	28.01	28.01
双鸭山	28.01	28.01	28.01	28.01	28.01	28.01	28.01	28.01
大庆	37.95	37.95	37.95	37.95	37.95	37.95	37.95	37.95
伊春	37.96	37.96	37.96	37.96	37.96	37.96	37.96	37.96
佳木斯	28.01	28.01	28.01	28.01	28.01	28.01	28.01	28.01

城市	2000 年	2001 年	2002 年	2003 年	2004 年	2005 年	2006 年	2007 年
七台河	21. 19	21. 19	21. 19	21. 19	21. 19	21. 19	21. 19	21. 19
牡丹江	50. 23	50. 23	50. 23	50. 23	50. 23	50. 23	50. 23	50. 23
黑河	90. 24	90. 24	90. 24	90. 24	90. 24	90. 24	90. 24	90. 24
绥化	37. 95	37. 95	37. 96	37. 96	37. 96	37. 96	37. 96	37. 96
芜湖	15. 00	15. 00	14. 94	14. 93	14. 93	14. 91	14. 89	14. 87
蚌埠	17. 87	17. 89	17. 85	17. 87	17. 46	17. 50	17. 34	17. 22
马鞍山	14. 39	14. 38	14. 37	14. 36	14. 36	14. 33	14. 36	14. 33
淮北	15. 64	15. 65	15. 65	15. 65	15. 65	15. 65	15. 65	15. 65
铜陵	16. 61	16. 59	16. 62	16. 62	16. 61	16. 58	16. 54	16. 60
安庆	18. 02	18. 03	18. 05	18. 12	17. 09	17. 12	17. 13	17. 19
黄山	27. 99	27. 99	27. 99	27. 99	27. 99	27. 99	27. 99	27. 99
滁州	18. 61	18. 14	18. 52	18. 73	17. 77	18. 41	18. 48	18. 41
阜阳	27. 99	27. 99	27. 99	27. 99	27. 99	27. 99	27. 99	27. 99
宿州	16. 48	16. 34	16. 29	16. 02	16. 67	16. 68	16. 69	16. 67
六安	21. 18	21. 18	21. 18	21. 18	21. 18	21. 18	21. 18	21. 18
亳州	21. 17	21. 17	21. 17	21. 17	21. 17	21. 17	21. 17	21. 17
池州	15. 65	15. 65	15. 65	15. 65	15. 65	15. 65	15. 65	15. 65
宣城	19. 59	19. 69	19. 70	17. 83	18. 06	18. 46	18. 46	18. 41
景德镇	27. 99	27. 99	27. 99	27. 99	27. 99	27. 99	27. 99	27. 99
萍乡	18. 60	18. 40	18. 30	18. 10	18. 69	20. 13	19. 68	20. 22
九江	27. 99	27. 99	27. 99	27. 99	27. 99	27. 99	27. 99	27. 99
新余	21. 18	21. 18	21. 18	21. 18	21. 18	21. 18	21. 18	21. 18
鹰潭	28. 00	27. 99	27. 99	27. 99	27. 99	27. 99	27. 99	27. 99
赣州	28. 01	28. 01	28. 01	28. 01	28. 01	28. 01	28. 01	28. 01
吉安	28. 00	28. 00	28. 00	28. 00	28. 00	28. 00	28. 00	28. 00
宜春	19. 18	20. 23	20. 09	19. 74	19. 38	19. 79	19. 61	19. 84
抚州	28. 00	28. 00	28. 00	28. 00	28. 00	28. 00	28. 00	28. 00

续表

城市	2000 年	2001 年	2002 年	2003 年	2004 年	2005 年	2006 年	2007 年
上饶	28.00	28.00	28.00	28.00	28.00	28.00	28.00	28.00
开封	19.14	19.18	19.17	19.02	19.17	17.99	18.49	17.64
平顶山	19.35	19.39	19.39	19.37	19.36	19.44	19.48	19.37
安阳	15.65	15.65	15.65	15.65	15.65	15.65	15.65	15.65
鹤壁	15.64	15.64	15.64	15.64	15.64	15.64	15.64	15.64
新乡	17.05	16.91	16.86	16.55	16.75	16.80	16.83	16.82
焦作	15.65	15.65	15.65	15.65	15.65	15.65	15.65	15.65
濮阳	18.77	18.84	18.91	18.85	18.82	18.91	18.92	18.94
许昌	17.46	17.41	17.52	16.64	17.02	17.06	17.13	16.96
漯河	16.93	16.94	16.94	16.97	16.95	16.91	16.91	16.93
三门峡	15.29	15.27	15.28	15.29	15.30	15.31	15.31	15.30
南阳	28.00	28.00	28.00	28.00	28.00	28.00	28.00	28.00
商丘	21.17	21.17	21.17	21.17	21.17	21.17	21.17	21.17
信阳	27.99	21.18	27.99	27.99	27.99	27.99	27.99	27.99
周口	18.13	18.03	17.87	17.94	19.72	19.48	19.63	19.39
驻马店	21.17	21.17	21.17	21.17	21.17	21.17	21.17	21.17
黄石	9.86	9.87	9.87	9.86	9.87	9.88	9.88	9.92
十堰	28.01	28.01	28.01	28.01	28.01	28.01	28.01	28.01
宜昌	28.00	28.00	28.00	28.00	28.00	28.00	28.00	28.00
襄樊	28.00	28.00	28.00	28.00	28.00	28.00	28.00	28.00
鄂州	3.86	3.85	3.86	3.86	3.86	3.87	3.87	3.88
荆门	28.00	28.00	28.00	28.00	28.00	28.00	28.00	28.00
孝感	21.17	21.17	21.17	21.17	21.17	21.17	21.17	21.17
荆州	28.00	28.00	28.00	28.00	28.00	28.00	28.00	28.00
黄冈	3.91	3.91	3.91	3.91	3.92	3.94	3.94	3.94
咸宁	21.17	21.17	21.17	21.17	21.17	21.18	21.18	21.18
随州	27.99	27.99	27.99	27.99	27.99	27.99	27.99	27.99

续表

城市	2000 年	2001 年	2002 年	2003 年	2004 年	2005 年	2006 年	2007 年
株洲	8.93	8.93	8.93	8.93	8.94	8.94	8.96	8.96
湘潭	8.89	8.90	8.90	8.91	8.92	8.93	8.94	8.96
衡阳	28.00	28.00	28.00	28.00	28.00	28.00	28.00	28.00
邵阳	28.00	28.00	28.00	28.00	28.00	28.00	28.00	28.00
岳阳	28.00	28.00	28.00	28.00	28.00	28.00	28.00	28.00
常德	28.00	28.00	28.00	28.00	28.00	28.00	28.00	28.00
张家界	28.01	28.01	28.01	28.01	28.01	28.01	28.01	28.01
益阳	21.18	21.18	21.18	21.18	21.18	21.18	21.18	21.18
郴州	28.00	28.00	28.00	28.00	28.00	28.00	28.00	28.00
永州	28.00	28.00	28.00	28.00	28.00	28.00	28.00	28.00
怀化	37.95	37.95	37.95	37.95	37.95	37.95	37.95	37.95
娄底	21.18	21.18	21.18	21.18	21.18	21.18	21.18	21.18
柳州	37.95	37.95	37.95	37.95	37.95	37.95	37.95	37.95
桂林	37.95	37.95	37.95	37.95	37.95	37.95	37.95	37.95
梧州	28.01	28.01	28.01	28.01	28.01	28.01	28.01	28.01
北海	28.01	28.01	28.01	28.01	28.01	28.01	28.01	28.01
防城港	21.20	21.20	21.20	21.20	21.20	21.20	21.20	21.20
钦州	21.20	21.20	21.20	21.20	21.20	21.20	21.20	21.20
贵港	28.01	28.01	28.01	28.01	28.01	28.01	28.01	28.01
玉林	28.01	28.01	28.01	28.01	28.01	28.01	28.01	28.01
乌海	28.01	28.01	28.01	28.01	28.01	28.01	28.01	28.01
赤峰	37.95	37.95	37.95	37.95	37.95	37.95	37.95	37.95
通辽	37.95	37.95	37.95	37.95	37.95	37.95	37.95	37.95
铜川	21.18	21.18	21.18	21.18	21.18	21.18	21.18	21.18
宝鸡	28.01	28.01	28.01	28.01	28.01	28.01	28.01	28.01
咸阳	11.25	11.26	11.26	11.26	11.27	11.27	11.31	11.33
渭南	21.18	21.18	21.18	21.18	21.18	21.18	21.18	21.18

城市	2000 年	2001 年	2002 年	2003 年	2004 年	2005 年	2006 年	2007 年
延安	37.95	37.95	37.95	37.95	37.95	37.95	37.95	37.95
汉中	28.01	28.01	28.01	28.01	28.01	28.01	28.01	28.01
榆林	37.95	37.95	37.95	37.95	37.95	37.95	37.95	37.95
安康	28.01	28.01	28.01	28.01	28.01	28.01	28.01	28.01
嘉峪关	90.24	90.24	90.24	90.24	90.24	90.24	90.24	90.24
金昌	50.24	50.24	50.24	50.24	50.24	50.24	50.24	50.24
白银	28.01	28.01	28.01	28.01	28.01	28.01	28.01	28.01
天水	37.95	37.95	37.95	37.95	37.95	37.95	37.95	37.95
石嘴山	28.01	28.01	28.01	28.01	28.01	28.01	28.01	28.01
吴忠	28.01	28.01	28.01	28.01	28.01	28.01	28.01	28.01
克拉玛依	90.24	90.24	90.24	90.24	90.24	90.24	90.24	90.24
自贡	16.62	16.63	16.63	16.64	16.63	16.64	16.64	16.60
攀枝花	50.23	50.23	50.23	50.23	50.23	50.23	50.23	50.23
泸州	28.00	28.00	28.00	28.00	28.00	28.00	28.00	28.00
德阳	19.63	19.27	19.78	20.00	19.93	19.75	19.75	20.05
绵阳	21.47	21.47	21.47	21.47	21.47	21.47	21.48	21.47
广元	28.01	28.01	28.01	28.01	28.01	28.01	28.01	28.01
遂宁	21.18	21.18	21.18	21.18	21.18	21.18	21.18	21.18
内江	16.62	16.63	16.62	16.44	16.90	16.95	16.44	16.71
乐山	21.18	21.18	21.18	21.18	21.18	21.18	21.18	21.18
南充	21.18	21.18	21.18	21.18	21.18	21.18	21.18	21.18
眉山	19.37	18.59	18.30	19.89	19.84	19.61	19.55	19.46
宜宾	28.00	28.00	28.00	28.00	28.00	28.00	28.00	28.00
广安	28.00	28.00	28.00	28.00	28.00	28.00	28.00	28.00
达州	28.01	28.01	28.01	28.01	28.01	28.01	28.01	28.01
雅安	28.01	28.01	28.01	28.01	28.01	28.01	28.01	28.01
巴中	28.01	28.01	28.01	28.01	28.01	28.01	28.01	28.01

城市	2000 年	2001 年	2002 年	2003 年	2004 年	2005 年	2006 年	2007 年
资阳	21. 18	21. 18	21. 18	21. 18	21. 18	21. 18	21. 18	21. 18
六盘水	37. 95	37. 95	37. 95	37. 95	37. 95	37. 95	37. 95	37. 95
遵义	37. 95	37. 95	37. 95	37. 95	37. 95	37. 95	37. 95	37. 95
安顺	28. 01	28. 01	28. 01	28. 01	28. 01	28. 01	28. 01	28. 01
曲靖	37. 96	37. 96	37. 96	37. 96	37. 96	37. 96	37. 96	37. 96
玉溪	28. 02	28. 02	28. 02	28. 02	28. 02	28. 02	28. 02	28. 02
保山	68. 14	68. 14	68. 14	68. 14	68. 14	68. 14	90. 23	90. 24

附录 4　　**2008～2014 年中国地级及以上城市边界统计**　　单位：千米

城市	2008 年	2009 年	2010 年	2011 年	2012 年	2013 年	2014 年
北京	19. 76	18. 56	19. 58	19. 52	19. 29	18. 97	18. 61
天津	21. 18	21. 18	21. 18	21. 18	21. 17	21. 17	21. 17
上海	21. 17	21. 17	21. 17	21. 17	20. 67	20. 38	18. 77
重庆	28. 00	28. 00	28. 00	28. 00	28. 00	28. 00	28. 00
沈阳	15. 65	15. 65	15. 65	15. 65	15. 65	15. 65	15. 65
长春	28. 01	28. 01	28. 01	28. 01	28. 01	28. 01	28. 01
哈尔滨	37. 95	37. 95	37. 95	37. 95	37. 95	37. 95	37. 95
南京	14. 91	14. 88	14. 83	14. 79	14. 81	14. 70	14. 73
武汉	15. 65	15. 64	15. 64	15. 64	15. 64	15. 64	15. 64
广州	8. 94	8. 92	8. 88	8. 85	8. 83	8. 74	8. 71
济南	19. 30	18. 43	19. 25	18. 91	19. 11	19. 30	19. 25
杭州	17. 04	17. 04	16. 93	16. 94	16. 84	16. 74	16. 62
西安	10. 81	10. 77	10. 76	10. 78	10. 76	10. 75	10. 76
成都	21. 18	21. 18	21. 18	21. 18	19. 97	19. 95	19. 80
深圳	16. 40	15. 97	15. 64	15. 64	15. 64	15. 64	15. 64
厦门	18. 15	17. 31	18. 15	17. 29	18. 15	18. 16	18. 16
宁波	21. 18	21. 18	21. 18	21. 18	21. 18	21. 18	21. 18

续表

城市	2008 年	2009 年	2010 年	2011 年	2012 年	2013 年	2014 年
青岛	28.00	28.00	28.00	28.00	28.00	28.00	28.00
大连	28.01	28.01	28.01	28.01	28.01	28.01	28.01
南宁	28.01	28.01	28.01	28.01	28.01	28.01	28.01
昆明	28.01	28.01	28.01	28.01	28.01	28.01	28.01
长沙	15.17	15.07	15.08	15.05	15.03	15.00	14.96
石家庄	27.99	27.99	27.99	27.99	27.99	27.99	27.99
太原	12.72	12.74	12.67	12.57	12.57	12.67	12.68
呼和浩特	37.95	37.95	37.95	37.95	37.95	37.95	37.95
合肥	21.17	21.17	21.17	21.17	21.17	21.17	21.17
福州	28.00	28.00	28.00	28.00	28.00	28.00	28.00
南昌	27.99	27.99	27.99	27.99	27.99	27.99	27.99
郑州	17.23	17.32	17.35	17.20	17.13	16.24	16.88
海口	50.23	50.23	50.23	50.23	50.23	50.23	50.23
贵阳	28.01	28.01	28.01	28.01	28.01	28.01	28.01
兰州	28.01	28.01	28.01	28.01	28.01	28.01	28.01
西宁	50.24	50.24	50.24	50.24	50.24	50.24	50.24
银川	21.19	21.19	21.19	21.19	21.19	21.19	21.19
乌鲁木齐	90.24	90.24	90.24	90.24	90.24	90.24	90.24
唐山	28.00	28.00	28.00	28.00	28.00	28.00	28.00
大同	28.01	28.01	28.01	28.01	28.01	28.01	28.01
包头	50.23	50.23	50.23	50.23	50.23	50.23	50.23
鞍山	10.17	10.18	10.19	10.20	10.22	10.23	10.24
抚顺	15.65	15.65	15.65	15.65	15.65	15.65	15.65
吉林	28.01	28.01	28.01	28.01	28.01	28.01	37.95
齐齐哈尔	50.23	50.23	50.23	50.23	50.23	50.23	50.23
无锡	13.65	13.65	13.63	13.59	13.60	13.60	13.61
淮南	17.18	17.81	17.02	17.36	17.49	18.06	17.93

续表

城市	2008 年	2009 年	2010 年	2011 年	2012 年	2013 年	2014 年
洛阳	21.18	21.18	21.18	21.18	21.18	21.18	21.18
淄博	21.17	21.17	21.17	21.17	21.17	21.17	21.17
邯郸	17.93	16.96	16.99	18.01	18.01	18.00	18.09
本溪	17.41	17.48	17.53	17.67	17.44	17.42	17.40
徐州	16.53	17.45	17.40	16.78	16.82	17.06	17.12
苏州	14.84	14.82	14.73	14.66	14.60	14.53	14.51
丹东	37.95	37.95	37.95	37.95	37.95	37.95	37.95
锦州	19.87	19.92	19.92	19.91	19.17	20.55	19.63
营口	21.18	21.18	21.18	21.18	21.18	21.18	21.18
阜新	28.00	28.00	28.00	28.00	28.00	28.00	28.00
辽阳	10.11	10.13	10.14	10.15	10.15	10.16	10.19
盘锦	19.58	19.63	18.23	18.37	19.91	18.72	19.97
铁岭	18.13	19.47	19.47	19.48	19.49	19.38	19.38
朝阳	28.00	28.00	28.00	28.00	28.00	28.00	28.00
葫芦岛	21.63	21.63	21.63	21.62	21.62	21.62	21.62
秦皇岛	28.01	28.01	28.01	28.01	28.01	28.01	28.01
邢台	19.73	19.88	19.92	19.97	18.58	19.50	20.08
保定	28.00	28.00	28.00	28.00	28.00	28.00	28.00
张家口	37.95	37.95	37.95	37.95	37.95	37.95	37.95
承德	37.95	37.95	37.95	37.95	37.95	37.95	37.95
沧州	28.00	28.00	28.00	28.00	28.00	28.00	28.00
廊坊	20.93	21.15	20.04	20.05	20.03	19.93	19.86
衡水	21.18	21.18	21.18	21.18	21.18	21.18	21.18
枣庄	21.17	21.17	21.17	21.17	21.17	21.17	21.17
东营	21.18	21.18	21.18	21.18	21.18	21.18	21.18
烟台	28.01	28.01	28.00	28.00	28.00	28.00	28.00
潍坊	28.00	28.00	28.00	28.00	28.00	28.00	28.00

城市	2008 年	2009 年	2010 年	2011 年	2012 年	2013 年	2014 年
济宁	21.17	21.17	21.17	21.17	21.17	21.17	21.17
泰安	17.44	17.41	17.62	17.47	17.48	17.53	17.58
威海	28.01	28.01	28.01	28.01	28.01	28.01	28.01
日照	28.00	28.00	28.00	28.00	28.00	28.00	28.00
莱芜	18.84	18.89	18.87	19.54	19.00	18.77	17.89
临沂	21.18	21.18	21.18	21.18	21.18	21.18	21.18
德州	21.18	21.18	21.18	21.18	21.18	21.18	21.18
聊城	21.18	21.18	21.18	21.18	21.18	21.18	21.18
滨州	19.97	20.11	20.78	20.04	19.84	20.10	20.01
菏泽	21.17	21.17	21.17	21.17	21.17	21.17	21.17
常州	14.92	14.93	14.93	14.91	14.91	14.92	14.90
南通	21.17	21.17	21.17	21.17	21.17	21.17	21.17
连云港	27.99	27.99	27.99	27.99	27.99	27.99	27.99
淮安	21.18	21.18	21.18	21.18	21.18	21.18	21.18
盐城	28.00	28.00	28.00	28.00	28.00	28.00	28.00
扬州	10.70	10.70	10.68	10.68	10.69	10.68	10.67
镇江	10.61	10.62	10.62	10.63	10.63	10.63	10.62
泰州	16.62	16.63	16.60	16.61	16.59	16.58	16.55
宿迁	21.18	21.18	21.18	21.18	21.18	21.18	21.18
温州	28.00	28.00	28.00	28.00	28.00	28.00	28.00
嘉兴	18.10	17.99	17.58	17.63	17.71	17.60	17.41
湖州	16.97	17.18	17.27	17.29	17.29	17.26	17.27
绍兴	18.42	18.40	18.44	18.42	18.44	18.43	18.42
金华	21.18	21.18	21.18	21.18	21.18	21.18	21.18
衢州	27.99	27.99	27.99	27.99	27.99	27.99	28.00
舟山	28.00	28.00	28.00	28.00	28.00	28.00	28.00
台州	28.01	28.01	28.01	28.01	28.01	28.01	28.01

续表

城市	2008 年	2009 年	2010 年	2011 年	2012 年	2013 年	2014 年
丽水	28.00	28.00	28.00	28.00	28.00	28.00	28.00
莆田	28.00	28.00	28.00	28.00	28.00	28.00	28.00
三明	28.00	28.00	28.00	28.00	28.00	28.00	28.00
泉州	21.18	21.18	21.18	21.18	21.18	21.18	21.18
漳州	19.04	19.08	19.09	19.08	19.08	19.14	19.08
南平	28.00	28.00	28.00	28.00	28.00	28.00	28.00
龙岩	28.00	28.00	28.00	28.00	28.00	28.00	28.00
宁德	28.01	28.01	28.01	28.01	28.01	28.01	28.01
韶关	28.00	28.00	28.00	28.00	28.00	28.00	28.00
珠海	14.51	14.50	14.51	14.52	14.53	14.53	14.54
汕头	14.04	14.06	14.08	14.11	14.12	14.13	14.14
佛山	9.19	9.18	9.17	9.16	9.17	9.14	9.14
江门	14.02	13.99	14.00	14.02	14.06	14.07	14.09
湛江	28.01	28.01	28.01	28.01	28.01	28.01	28.01
茂名	28.01	28.01	28.01	28.01	28.01	28.01	28.01
肇庆	17.57	17.55	17.58	17.57	17.54	17.50	17.50
惠州	21.17	21.17	21.17	21.17	21.17	21.17	21.17
梅州	28.00	28.00	28.00	28.00	28.00	28.00	28.00
汕尾	28.01	28.01	28.01	28.01	28.01	28.01	28.01
河源	28.00	28.00	28.00	28.00	28.00	28.00	28.00
阳江	28.01	28.01	28.01	28.01	28.01	28.01	28.01
清远	21.18	21.18	21.18	21.18	21.18	21.18	21.18
东莞	14.58	14.80	14.65	14.63	15.03	15.08	14.80
中山	12.35	12.35	12.34	12.36	12.36	12.36	12.36
潮州	12.02	12.02	12.05	12.06	12.08	12.10	12.11
揭阳	12.70	12.70	12.71	12.73	12.73	12.75	12.75
云浮	19.86	19.83	19.76	19.99	18.92	20.08	19.96

续表

城市	2008 年	2009 年	2010 年	2011 年	2012 年	2013 年	2014 年
阳泉	21.18	21.18	21.18	21.18	21.18	21.18	21.18
长治	21.18	21.18	21.18	21.18	21.18	21.18	21.18
晋城	17.24	17.26	16.48	16.76	16.80	16.73	17.38
朔州	28.01	28.01	28.01	28.01	28.01	28.01	28.01
晋中	12.86	13.09	13.10	13.11	13.11	13.11	13.10
运城	15.65	15.65	15.66	15.66	15.66	15.66	15.66
忻州	21.18	21.18	21.18	21.18	21.18	21.18	21.18
临汾	28.00	28.00	28.00	28.00	28.00	28.00	28.00
四平	28.00	28.00	28.00	28.00	28.00	28.00	28.00
辽源	28.00	28.00	28.00	28.00	28.00	28.00	28.00
通化	21.19	21.19	21.19	21.19	21.19	21.19	21.19
白山	21.19	21.19	21.19	21.19	21.19	21.19	21.19
松原	37.95	37.95	37.95	37.95	37.95	37.95	37.95
白城	50.23	50.23	50.23	50.23	50.23	50.23	50.23
鸡西	28.01	28.01	28.01	28.01	28.01	28.01	28.01
鹤岗	28.01	28.01	28.01	28.01	28.01	28.01	28.01
双鸭山	28.01	28.01	28.01	28.01	28.01	28.01	28.01
大庆	37.95	37.95	37.95	37.95	37.95	37.95	37.95
伊春	37.96	37.96	37.96	37.96	37.96	37.96	37.96
佳木斯	28.01	28.01	28.01	28.01	28.01	28.01	28.01
七台河	21.19	21.19	21.19	21.20	21.20	21.20	21.20
牡丹江	50.23	50.23	50.23	50.23	50.23	50.23	50.23
黑河	90.24	90.24	90.24	90.24	90.24	90.24	90.24
绥化	37.96	37.96	37.96	37.96	37.96	37.96	37.96
芜湖	14.85	14.86	14.88	14.98	14.99	14.99	14.97
蚌埠	18.16	17.33	18.15	18.16	18.16	18.15	18.16
马鞍山	14.36	14.34	14.33	14.48	14.50	14.52	14.54

续表

城市	2008 年	2009 年	2010 年	2011 年	2012 年	2013 年	2014 年
淮北	15.65	15.65	15.65	15.65	15.65	15.65	15.65
铜陵	16.63	16.51	16.60	16.60	16.62	16.63	16.61
安庆	17.13	18.18	18.17	18.17	18.18	18.19	18.17
黄山	27.99	27.99	27.99	27.99	27.99	27.99	27.99
滁州	18.42	18.43	18.47	18.44	18.47	18.50	18.47
阜阳	27.99	27.99	27.99	27.99	27.99	27.99	27.99
宿州	16.67	16.69	16.42	16.48	16.54	16.58	16.55
六安	21.18	21.18	21.18	21.18	21.18	21.18	21.18
亳州	21.17	21.17	21.17	21.17	21.17	21.17	21.17
池州	15.65	15.65	15.65	15.65	15.65	15.85	15.87
宣城	18.46	18.38	18.18	18.39	18.22	18.29	19.88
景德镇	27.99	27.99	27.99	27.99	27.99	27.99	27.99
萍乡	20.28	21.43	21.44	21.69	21.17	21.17	21.17
九江	27.99	27.99	27.99	27.99	27.99	27.99	27.99
新余	21.18	21.18	21.18	21.18	21.18	21.18	21.18
鹰潭	27.99	28.00	28.00	28.00	28.00	28.00	28.00
赣州	28.01	28.01	28.01	28.01	28.01	28.01	28.01
吉安	28.00	28.00	28.00	28.00	28.00	28.00	28.00
宜春	18.35	18.28	18.13	19.24	19.19	18.94	18.38
抚州	28.00	28.00	28.00	28.00	28.00	28.00	28.00
上饶	28.00	28.00	28.00	28.00	28.00	28.00	28.00
开封	17.89	18.23	19.10	19.11	19.13	20.54	19.97
平顶山	19.04	19.66	19.80	19.18	19.86	19.92	19.50
安阳	15.65	15.65	15.65	15.65	15.65	15.65	15.65
鹤壁	15.64	15.64	15.64	15.64	15.64	15.64	15.64
新乡	16.88	16.93	17.05	17.04	17.10	17.14	17.13
焦作	15.65	15.65	16.25	16.25	16.27	16.28	16.30

城市	2008 年	2009 年	2010 年	2011 年	2012 年	2013 年	2014 年
濮阳	17.48	17.65	19.07	18.65	19.07	19.14	19.13
许昌	16.96	17.09	17.29	17.26	17.33	17.53	17.93
漯河	16.91	16.90	16.88	16.86	16.85	16.84	16.84
三门峡	15.32	15.33	15.65	15.65	15.65	15.65	15.65
南阳	28.00	28.00	28.00	28.00	28.00	28.00	28.00
商丘	21.17	21.17	21.17	21.17	21.17	21.17	21.17
信阳	27.99	27.99	27.99	27.99	27.99	27.99	27.99
周口	19.64	19.83	19.49	19.58	19.45	19.53	19.46
驻马店	21.17	21.17	21.18	21.18	21.18	21.18	21.18
黄石	9.90	9.91	9.93	9.97	10.00	10.01	10.03
十堰	28.01	28.01	28.01	28.01	28.01	28.01	28.01
宜昌	28.00	28.00	28.00	28.00	28.00	28.00	28.00
襄樊	28.00	28.00	28.00	28.00	28.00	28.00	28.00
鄂州	3.88	3.88	3.89	3.89	3.89	3.90	3.90
荆门	28.00	28.00	28.00	28.00	28.00	28.00	28.00
孝感	21.17	21.17	21.17	21.17	21.17	21.17	21.17
荆州	28.00	28.00	28.00	28.00	28.00	28.00	28.00
黄冈	3.95	3.94	3.95	3.95	3.96	3.95	3.95
咸宁	21.18	21.18	21.18	21.18	21.18	21.18	21.18
随州	27.99	27.99	27.99	27.99	27.99	27.99	27.99
株洲	8.96	8.93	8.94	8.93	8.94	8.94	8.95
湘潭	8.94	8.94	8.94	8.93	8.94	8.95	8.96
衡阳	28.00	28.00	28.00	28.00	28.00	28.00	28.00
邵阳	28.00	28.00	28.00	28.00	28.00	28.00	28.00
岳阳	28.00	28.00	28.00	28.00	28.00	28.00	28.00
常德	28.00	28.00	28.00	28.00	28.00	28.00	28.00
张家界	28.01	28.01	28.01	28.01	28.01	28.01	28.01

续表

城市	2008 年	2009 年	2010 年	2011 年	2012 年	2013 年	2014 年
益阳	21.18	21.18	21.18	21.18	21.18	21.18	21.18
郴州	28.01	28.00	28.00	28.00	28.00	28.00	28.00
永州	28.00	28.00	28.00	28.00	28.00	28.00	28.00
怀化	37.95	37.95	37.95	37.95	37.95	37.95	37.95
娄底	21.18	21.18	21.18	21.18	21.18	21.18	21.18
柳州	37.95	37.95	37.95	37.95	37.95	37.95	37.95
桂林	37.95	37.95	37.95	37.95	37.95	37.95	37.95
梧州	28.01	28.01	28.01	28.01	28.01	28.01	28.01
北海	28.01	28.01	28.01	28.01	28.01	28.01	28.01
防城港	21.20	21.20	21.20	21.20	21.20	21.20	21.20
钦州	21.20	21.20	21.20	21.20	21.20	21.20	21.20
贵港	28.01	28.01	28.01	28.01	28.01	28.01	28.01
玉林	28.00	28.01	28.01	28.01	28.01	28.01	28.01
乌海	28.01	28.01	28.01	28.01	28.01	28.01	28.01
赤峰	37.95	37.95	37.95	37.95	37.95	37.95	37.95
通辽	37.95	37.95	37.95	37.95	37.95	37.95	37.95
铜川	21.18	21.18	21.18	21.18	21.18	21.18	21.18
宝鸡	28.01	28.01	28.01	28.01	28.01	28.01	28.01
咸阳	11.33	11.33	11.35	11.36	11.35	11.36	11.35
渭南	21.18	21.18	21.18	21.18	21.18	21.18	21.18
延安	37.95	37.95	37.95	37.95	37.95	37.95	37.95
汉中	28.01	28.01	28.01	28.01	28.01	28.01	28.01
榆林	37.95	37.95	37.95	37.95	37.95	37.95	37.95
安康	28.01	28.01	28.01	28.01	28.01	28.01	28.01
嘉峪关	90.24	90.24	90.24	90.24	90.24	90.24	90.24
金昌	50.24	50.24	50.24	50.24	50.24	50.24	50.24
白银	28.01	28.01	28.01	28.01	28.01	28.01	28.01

城市	2008 年	2009 年	2010 年	2011 年	2012 年	2013 年	2014 年
天水	37.95	37.95	37.95	37.95	37.95	37.95	37.95
石嘴山	28.01	28.01	28.01	28.01	28.01	28.01	28.01
吴忠	28.01	28.01	28.01	28.01	28.01	28.01	28.01
克拉玛依	90.24	90.24	90.24	90.24	90.24	90.24	90.24
自贡	16.60	16.62	16.62	16.58	16.53	16.36	16.82
攀枝花	50.23	50.23	50.23	50.23	50.23	50.23	50.23
泸州	28.00	28.00	28.00	28.00	28.00	28.00	28.00
德阳	20.09	20.05	20.09	18.47	18.69	18.85	19.17
绵阳	21.47	21.47	21.47	21.47	21.47	21.47	21.47
广元	28.01	28.01	28.01	28.01	28.01	28.01	28.01
遂宁	21.18	21.18	21.18	21.18	21.18	21.18	21.18
内江	16.70	16.56	16.71	16.77	16.98	17.08	17.12
乐山	21.18	21.18	21.18	21.18	21.18	21.18	21.18
南充	21.18	21.18	21.18	21.18	21.18	21.18	21.18
眉山	19.96	20.23	19.96	19.93	19.98	18.58	20.02
宜宾	28.00	28.00	28.00	28.00	28.00	28.00	28.00
广安	28.00	28.00	28.00	28.00	28.00	28.00	28.00
达州	28.01	28.01	28.01	28.01	28.01	28.01	28.01
雅安	28.01	28.01	28.01	28.01	28.01	28.01	28.01
巴中	28.01	28.01	28.01	28.01	28.01	28.01	28.01
资阳	21.18	21.18	21.18	21.18	21.18	21.18	21.18
六盘水	37.95	37.95	37.95	37.95	37.95	37.95	37.95
遵义	37.95	37.95	37.95	37.95	37.95	37.95	37.95
安顺	28.01	28.01	28.01	28.01	28.01	28.01	28.01
曲靖	37.96	37.96	37.96	37.96	37.96	37.96	37.96
玉溪	28.02	28.02	28.02	28.02	28.02	28.02	28.02
保山	90.24	90.24	90.24	90.24	90.24	90.24	90.24

附录 5　　　　　　2000～2007 年中国地级及以上城市承载力统计

单位：1×10^{-4} 得分/平方千米

城市	2000 年	2001 年	2002 年	2003 年	2004 年	2005 年	2006 年	2007 年
北京	3.03	3.09	3.12	3.19	3.25	4.25	4.28	3.57
天津	2.80	2.82	2.84	2.88	2.91	2.96	3.00	3.05
上海	3.13	3.19	3.19	3.31	3.38	3.55	3.64	3.72
重庆	1.51	1.52	1.54	1.56	1.58	1.60	1.63	1.65
沈阳	5.05	5.07	5.09	5.14	5.17	5.21	5.24	5.30
长春	1.57	1.50	1.51	1.53	1.54	1.55	1.56	1.57
哈尔滨	0.82	0.82	0.82	0.83	0.84	0.84	0.85	0.85
南京	5.11	5.15	5.20	5.25	5.34	5.86	5.96	6.12
武汉	4.54	4.59	4.63	4.72	4.95	4.84	4.94	5.51
广州	15.40	15.65	15.94	16.40	16.87	17.32	17.34	17.90
济南	3.85	3.36	3.42	3.48	3.89	3.71	3.95	3.48
杭州	4.25	4.32	4.38	4.45	4.48	4.52	4.57	4.53
西安	10.32	10.38	10.47	10.58	10.66	10.90	10.98	11.20
成都	2.70	2.72	2.75	2.77	2.80	2.83	2.87	2.90
深圳	4.77	4.81	4.82	5.48	6.09	6.16	6.08	5.63
厦门	3.80	3.82	3.84	3.87	3.89	3.91	3.95	4.33
宁波	2.77	2.79	2.81	2.84	2.87	2.90	2.86	2.89
青岛	1.51	1.52	1.53	1.55	1.57	1.59	1.62	1.64
大连	0.83	0.84	0.84	0.85	1.57	0.86	0.86	1.60
南宁	1.54	1.55	1.55	1.48	1.48	1.49	1.51	1.52
昆明	1.53	1.54	1.55	1.56	1.57	1.58	1.59	1.60
长沙	4.82	4.85	4.88	4.94	4.98	5.06	5.10	5.19
石家庄	1.50	1.51	1.52	1.53	1.53	1.54	1.56	1.57
太原	7.76	7.84	7.81	7.86	7.92	8.01	7.99	8.06
呼和浩特	0.81	0.81	0.82	0.83	0.83	0.84	0.85	0.85
合肥	2.66	2.67	2.69	2.72	2.73	2.78	2.81	2.84

城市	2000 年	2001 年	2002 年	2003 年	2004 年	2005 年	2006 年	2007 年
福州	1.51	1.51	1.52	1.54	1.54	1.54	1.56	1.57
南昌	1.50	1.51	1.52	1.53	1.55	1.57	1.58	1.59
郑州	3.99	4.02	4.05	4.08	4.11	4.62	4.47	4.40
海口	0.48	0.48	0.48	0.47	0.47	0.47	0.48	0.48
贵阳	1.51	1.51	1.52	1.53	1.53	1.53	1.58	1.56
兰州	1.55	1.55	1.56	1.61	1.62	1.63	1.63	1.64
西宁	0.47	0.47	0.47	0.48	0.48	0.48	0.49	0.49
银川	2.68	2.68	2.70	2.67	2.66	2.70	2.71	2.74
乌鲁木齐	0.16	0.16	0.16	0.16	0.16	0.16	0.16	0.16
唐山	1.47	1.48	1.49	1.51	1.52	1.53	1.54	1.55
大同	1.50	1.53	1.52	1.52	1.53	1.54	1.54	1.55
包头	0.47	0.47	0.48	0.49	0.48	0.49	0.50	0.50
鞍山	11.53	11.54	11.56	11.69	11.79	11.75	11.72	11.89
抚顺	4.88	4.88	4.89	4.91	4.93	4.93	4.96	4.97
吉林	1.56	1.48	1.49	1.50	1.50	1.49	1.50	1.51
齐齐哈尔	0.44	0.44	0.44	0.45	0.45	0.45	0.45	0.45
无锡	6.42	6.60	6.65	6.74	6.84	6.93	6.91	6.99
淮南	3.66	3.67	3.68	3.71	4.12	4.08	3.96	3.98
洛阳	2.60	2.62	2.62	2.62	2.63	2.64	2.66	2.68
淄博	2.65	2.66	2.67	2.71	2.76	2.77	2.75	2.77
邯郸	3.55	3.58	3.60	3.63	3.67	3.66	3.66	4.15
本溪	3.93	3.95	3.96	3.99	3.99	4.03	4.04	4.06
徐州	3.60	3.73	3.74	3.66	3.84	3.84	4.10	4.21
苏州	4.96	4.92	4.96	5.05	5.12	5.55	5.84	6.02
丹东	0.79	0.79	0.79	0.79	0.80	0.80	0.81	0.81
锦州	2.87	2.87	2.92	2.95	2.88	2.88	2.92	2.92
营口	2.56	2.56	2.57	2.59	2.61	2.62	2.64	2.65

续表

城市	2000 年	2001 年	2002 年	2003 年	2004 年	2005 年	2006 年	2007 年
阜新	1.47	1.47	1.46	1.45	1.45	1.44	1.46	1.46
辽阳	11.33	11.34	11.39	11.47	11.67	11.64	11.69	11.74
盘锦	3.55	3.10	3.01	3.02	3.43	3.35	3.08	3.03
铁岭	3.24	3.20	3.07	3.17	3.19	3.34	3.43	2.99
朝阳	1.43	1.42	1.41	1.42	1.43	1.43	1.43	1.44
葫芦岛	2.43	2.43	2.44	2.45	2.46	2.45	2.47	2.48
秦皇岛	1.47	1.47	1.48	1.49	1.50	1.51	1.51	1.51
邢台	2.87	2.88	2.89	2.91	2.92	2.97	3.00	3.00
保定	1.45	1.46	1.47	1.48	1.49	1.48	1.49	1.50
张家口	0.80	0.81	0.81	0.81	0.81	0.80	0.81	0.81
承德	0.79	0.78	0.79	0.79	0.79	0.79	0.80	0.80
沧州	1.44	1.44	1.45	1.46	1.46	1.49	1.49	1.49
廊坊	2.75	2.76	2.79	2.79	3.02	2.52	2.54	2.76
衡水	2.51	2.51	2.53	2.52	2.53	2.54	2.54	2.55
枣庄	2.54	2.55	2.57	2.59	2.62	2.64	2.64	2.65
东营	2.64	2.65	2.66	2.69	2.70	2.73	2.74	2.74
烟台	1.48	1.49	1.50	1.52	1.54	1.56	1.57	1.59
潍坊	1.45	1.46	1.47	1.48	1.48	1.50	1.52	1.54
济宁	2.53	2.55	2.56	2.59	2.62	2.63	2.62	2.64
泰安	3.74	3.78	3.83	3.85	3.87	3.89	3.91	3.92
威海	1.46	1.47	1.48	1.50	1.51	1.52	1.53	1.54
日照	1.42	1.43	1.44	1.45	1.47	1.47	1.48	1.49
莱芜	3.26	3.28	3.31	3.00	3.22	3.11	3.38	3.39
临沂	2.53	2.54	2.55	2.59	2.61	2.63	2.64	2.66
德州	2.48	2.50	2.52	2.54	2.56	2.58	2.60	2.61
聊城	2.46	2.47	2.49	2.52	2.54	2.55	2.57	2.60
滨州	2.49	2.51	2.96	2.53	2.93	2.86	2.90	2.95

续表

城市	2000 年	2001 年	2002 年	2003 年	2004 年	2005 年	2006 年	2007 年
菏泽	2.41	2.42	2.43	2.45	2.47	2.49	2.50	2.52
常州	5.31	5.44	5.46	5.51	5.57	5.61	5.58	5.63
南通	2.56	2.58	2.59	2.62	2.65	2.67	2.69	2.73
连云港	1.43	1.43	1.44	1.44	1.45	1.46	1.48	1.49
淮安	2.48	2.49	2.50	2.53	2.54	2.55	2.57	2.59
盐城	1.43	1.43	1.44	1.45	1.46	1.47	1.47	1.49
扬州	10.06	10.23	10.30	10.38	10.47	10.53	10.49	10.59
镇江	10.56	11.02	10.51	10.60	10.69	10.67	10.90	11.03
泰州	4.14	4.16	4.17	4.20	4.22	4.24	4.28	4.34
宿迁	2.44	2.45	2.46	2.49	2.49	2.50	2.52	2.54
温州	1.53	1.54	1.55	1.57	1.57	1.59	1.60	1.61
嘉兴	3.49	3.51	3.59	3.39	3.52	3.55	3.63	3.81
湖州	3.85	3.87	3.91	3.93	3.93	3.99	3.66	3.70
绍兴	3.81	3.81	3.73	3.70	3.71	3.72	3.64	3.68
金华	2.64	2.64	2.67	2.69	2.71	2.72	2.75	2.76
衢州	1.44	1.44	1.45	1.46	1.47	1.47	1.49	1.50
舟山	1.43	1.45	1.45	1.47	1.48	1.51	1.51	1.53
台州	1.48	1.49	1.50	1.52	1.53	1.53	1.54	1.55
丽水	1.42	1.43	1.44	1.45	1.46	1.47	1.48	1.49
莆田	1.45	1.46	1.46	1.47	1.48	1.48	1.49	1.49
三明	1.43	1.43	1.44	1.44	1.45	1.44	1.45	1.46
泉州	1.52	1.52	1.53	2.70	2.71	1.56	2.75	2.77
漳州	3.47	3.06	3.21	3.23	3.24	3.11	3.12	3.14
南平	1.43	1.43	1.43	1.44	1.44	1.44	1.44	1.45
龙岩	1.43	1.43	1.44	1.44	1.45	1.45	1.46	1.47
宁德	1.41	1.42	1.42	1.43	1.43	1.44	1.44	1.45
韶关	1.45	1.45	1.46	1.47	1.47	1.47	1.48	1.49

城市	2000 年	2001 年	2002 年	2003 年	2004 年	2005 年	2006 年	2007 年
珠海	6.01	6.04	6.05	6.06	6.08	6.14	6.15	6.15
汕头	6.07	6.07	6.09	6.13	6.16	6.23	6.24	6.25
佛山	13.99	14.08	14.22	14.39	14.49	14.88	15.49	15.90
江门	5.96	6.00	6.03	6.06	6.12	6.12	6.12	6.13
湛江	1.44	1.43	1.44	1.45	1.46	1.46	1.46	1.46
茂名	1.43	1.43	1.43	1.44	1.44	1.45	1.45	1.47
肇庆	3.47	3.92	3.80	3.67	3.68	3.69	3.68	3.74
惠州	2.59	2.59	2.60	2.63	2.63	2.67	2.70	2.72
梅州	1.42	1.42	1.43	1.44	1.44	1.45	1.46	1.46
汕尾	1.42	1.43	1.43	1.43	1.44	1.44	1.45	1.47
河源	1.49	1.40	1.41	1.42	1.43	1.45	1.47	1.49
阳江	1.41	1.41	1.42	1.42	1.43	1.43	1.44	1.45
清远	2.44	2.45	2.45	2.47	2.49	2.53	2.55	2.60
东莞	4.97	5.03	5.10	5.22	5.38	5.35	6.07	6.17
中山	7.63	7.71	7.77	7.88	7.98	8.15	8.34	8.39
潮州	7.78	7.81	7.82	7.88	8.06	8.14	8.29	8.41
揭阳	7.01	7.01	7.01	7.03	7.11	7.07	7.19	7.20
云浮	3.40	3.36	3.28	2.89	3.04	2.82	3.23	2.87
阳泉	2.68	2.69	2.68	2.71	2.71	2.74	2.75	2.76
长治	2.54	2.56	2.57	2.60	2.62	2.65	2.67	2.68
晋城	3.89	4.00	4.02	4.02	4.02	4.06	4.06	4.05
朔州	1.44	1.48	1.47	1.47	1.48	1.50	1.51	1.52
晋中	6.65	6.67	6.70	6.74	6.76	6.85	6.91	6.96
运城	4.57	4.63	4.65	4.69	4.70	4.75	4.77	4.78
忻州	2.50	2.53	2.52	2.53	2.54	2.57	2.59	2.62
临汾	1.46	1.47	1.48	1.49	1.50	1.52	1.53	1.53
四平	1.48	1.40	1.41	1.41	1.41	1.42	1.42	1.42

续表

城市	2000 年	2001 年	2002 年	2003 年	2004 年	2005 年	2006 年	2007 年
辽源	1.47	1.43	1.44	1.44	1.45	1.46	1.47	1.48
通化	2.64	2.53	2.54	2.55	2.56	2.56	2.59	2.60
白山	2.67	2.57	2.57	2.57	2.57	2.62	2.62	2.63
松原	0.78	0.76	0.76	0.77	0.77	0.78	0.79	0.79
白城	0.46	0.44	0.44	0.44	0.44	0.44	0.45	0.45
鸡西	2.53	2.53	2.54	2.54	2.53	2.53	1.45	1.46
鹤岗	1.47	1.47	1.48	1.48	1.48	1.49	1.49	1.50
双鸭山	1.43	1.43	1.44	1.44	1.45	1.45	1.45	1.46
大庆	0.86	0.86	0.85	0.86	0.86	0.86	0.87	0.87
伊春	0.80	0.80	0.81	0.80	0.80	0.80	0.80	0.80
佳木斯	1.43	1.43	1.44	1.44	1.44	1.44	1.44	1.44
七台河	2.58	2.58	2.59	2.60	2.60	2.60	2.62	2.64
牡丹江	0.46	0.46	0.47	0.47	0.47	0.46	0.46	0.46
黑河	0.14	0.14	0.14	0.14	0.14	0.14	0.14	0.14
绥化	0.77	0.77	0.77	0.77	0.77	0.76	0.77	0.77
芜湖	5.14	5.16	5.29	5.33	5.37	5.43	5.51	5.57
蚌埠	3.50	3.50	3.53	3.55	3.69	3.70	3.78	3.84
马鞍山	5.69	5.73	5.75	5.82	5.85	5.94	5.92	6.01
淮北	4.71	4.71	4.72	4.77	4.76	4.82	4.81	4.84
铜陵	4.32	4.35	4.34	4.37	4.40	4.45	4.51	4.49
安庆	3.45	3.45	3.45	3.43	3.87	3.88	3.89	3.88
黄山	1.43	1.43	1.44	1.44	1.44	1.46	1.46	1.47
滁州	3.22	3.41	3.27	3.23	3.56	3.30	3.29	3.34
阜阳	1.39	1.39	1.39	1.40	1.40	1.41	1.42	1.43
宿州	4.01	4.06	4.10	4.26	3.94	3.95	3.96	4.00
六安	2.44	2.45	2.45	2.47	2.47	2.50	2.50	2.52
亳州	2.43	2.43	2.43	2.45	2.45	2.46	2.47	2.48

城市	2000 年	2001 年	2002 年	2003 年	2004 年	2005 年	2006 年	2007 年
池州	4.54	4.55	4.57	4.58	4.58	4.61	4.63	4.65
宣城	2.92	2.89	2.89	3.54	3.46	3.31	3.33	3.36
景德镇	1.47	1.48	1.50	1.51	1.52	1.51	1.52	1.52
萍乡	3.32	3.41	3.46	3.57	3.35	2.90	3.05	2.90
九江	1.46	1.46	1.46	1.47	1.47	1.48	1.49	1.50
新余	2.53	2.54	2.57	2.59	2.60	2.61	2.63	2.66
鹰潭	1.43	1.48	1.45	1.47	1.47	1.48	1.49	1.51
赣州	1.41	1.41	1.42	1.43	1.43	1.44	1.45	1.46
吉安	1.40	1.41	1.41	1.42	1.41	1.43	1.44	1.44
宜春	3.00	2.69	2.74	2.86	2.96	2.87	2.94	2.88
抚州	1.41	1.41	1.42	1.43	1.42	1.43	1.44	1.45
上饶	1.40	1.41	1.42	1.43	1.44	1.44	1.45	1.46
开封	3.01	3.00	3.01	3.10	3.05	3.46	3.30	3.66
平顶山	3.05	3.04	3.06	3.08	3.09	3.09	3.09	3.15
安阳	4.59	4.61	4.63	4.68	4.69	4.72	4.74	4.77
鹤壁	4.59	4.60	4.63	4.65	4.65	4.69	4.72	4.76
新乡	3.85	3.94	3.99	4.19	4.10	4.10	4.11	4.14
焦作	4.67	4.69	4.71	4.77	4.78	4.82	4.86	4.89
濮阳	3.19	3.17	3.15	3.21	3.22	3.21	3.22	3.23
许昌	3.67	3.70	3.67	4.13	3.96	3.96	3.95	4.06
漯河	3.90	3.92	3.93	3.97	3.98	3.99	4.02	4.05
三门峡	4.92	4.96	4.97	4.98	4.98	5.00	5.04	5.08
南阳	1.42	1.42	1.42	1.43	1.43	1.44	1.45	1.46
商丘	2.43	2.44	2.44	2.47	2.47	2.48	2.49	2.50
信阳	1.40	2.48	1.41	1.42	1.42	1.42	1.43	1.44
周口	3.33	3.37	3.44	3.44	2.84	2.92	2.88	2.98
驻马店	2.45	2.46	2.45	2.48	2.46	2.46	2.48	2.50

续表

城市	2000 年	2001 年	2002 年	2003 年	2004 年	2005 年	2006 年	2007 年
黄石	12.03	11.99	12.03	12.21	12.19	12.19	12.27	12.16
十堰	1.46	1.46	1.47	1.47	1.47	1.48	1.48	1.49
宜昌	1.47	1.47	1.48	1.48	1.48	1.48	1.49	1.49
襄樊	1.44	1.45	1.45	1.45	1.46	1.46	1.47	1.48
鄂州	77.71	78.18	78.26	78.58	78.33	77.67	78.02	77.98
荆门	1.43	1.43	1.44	1.45	1.44	1.43	1.43	1.44
孝感	2.48	2.49	2.50	2.52	2.52	2.51	2.53	2.55
荆州	1.41	1.42	1.42	1.43	1.43	1.42	1.43	1.43
黄冈	73.07	73.51	73.67	73.56	73.26	71.44	71.88	71.87
咸宁	2.48	2.48	2.49	2.52	2.52	2.50	2.52	2.52
随州	1.44	1.44	1.44	1.45	1.45	1.45	1.46	1.46
株洲	14.39	14.44	14.49	14.59	14.56	14.64	14.67	14.71
湘潭	14.62	14.58	14.65	14.65	14.59	14.60	14.61	14.59
衡阳	1.42	1.43	1.43	1.44	1.44	1.45	1.45	1.46
邵阳	1.40	1.40	1.40	1.42	1.42	1.42	1.43	1.43
岳阳	1.43	1.44	1.44	1.45	1.46	1.46	1.47	1.48
常德	1.42	1.42	1.43	1.44	1.44	1.44	1.44	1.45
张家界	1.42	1.42	1.43	1.44	1.44	1.45	1.46	1.46
益阳	2.48	2.49	2.49	2.50	2.50	2.49	2.50	2.51
郴州	1.43	1.43	1.44	1.45	1.45	1.47	1.47	1.48
永州	1.41	1.40	1.41	1.41	1.42	1.42	1.43	1.43
怀化	0.77	0.77	0.78	0.78	0.78	0.78	0.79	0.79
娄底	2.50	2.50	2.51	2.53	2.53	2.54	2.55	2.58
柳州	0.84	0.84	0.85	0.81	0.81	0.82	0.82	0.83
桂林	0.77	0.77	0.78	0.78	0.78	0.79	0.79	0.80
梧州	1.41	1.42	1.42	1.43	1.44	1.45	1.46	1.46
北海	1.42	1.43	1.43	1.43	1.44	1.44	1.45	1.46

城市	2000 年	2001 年	2002 年	2003 年	2004 年	2005 年	2006 年	2007 年
防城港	2.45	2.46	2.47	2.48	2.49	2.50	2.52	2.55
钦州	2.40	2.40	2.41	2.42	2.43	2.44	2.46	2.48
贵港	1.39	1.39	1.40	1.39	1.40	1.42	1.42	1.43
玉林	1.40	1.40	1.40	1.41	1.41	1.42	1.43	1.43
乌海	1.57	1.57	1.59	1.61	1.63	1.64	1.65	1.66
赤峰	0.78	0.78	0.78	0.78	0.78	0.78	0.79	0.80
通辽	0.76	0.76	0.77	0.77	0.77	0.78	0.78	0.79
铜川	2.61	2.70	2.61	2.64	2.64	2.65	2.66	2.67
宝鸡	1.47	1.47	1.47	1.48	1.48	1.50	1.50	1.50
咸阳	8.93	8.92	8.96	9.01	8.98	9.05	8.97	8.96
渭南	2.48	2.48	2.48	2.50	2.51	2.53	2.53	2.53
延安	0.78	0.79	0.79	0.80	0.81	0.83	0.83	0.83
汉中	1.42	1.43	1.42	1.43	1.43	1.43	1.43	1.43
榆林	0.78	0.79	0.79	0.79	0.80	0.81	0.81	0.82
安康	1.41	1.41	1.42	1.43	1.42	1.43	1.43	1.43
嘉峪关	0.15	0.15	0.15	0.16	0.16	0.16	0.16	0.16
金昌	0.46	0.46	0.46	0.46	0.47	0.47	0.48	0.48
白银	1.45	1.45	1.46	1.46	1.46	1.47	1.48	1.48
天水	0.79	0.79	0.79	0.79	0.79	0.79	0.79	0.79
石嘴山	1.50	1.51	1.51	1.52	1.52	1.53	1.54	1.55
吴忠	1.46	1.46	1.46	1.45	1.45	1.45	1.46	1.46
克拉玛依	0.16	0.16	0.16	0.16	0.16	0.16	0.16	0.16
自贡	4.06	4.07	4.07	4.09	4.08	4.11	4.14	4.16
攀枝花	0.47	0.47	0.47	0.48	0.48	0.48	0.48	0.48
泸州	1.42	1.42	1.43	1.43	1.44	1.44	1.44	1.45
德阳	2.90	3.02	2.88	2.83	2.85	2.92	2.94	2.86
绵阳	2.44	2.45	2.46	2.46	2.45	2.46	2.59	2.49

续表

城市	2000 年	2001 年	2002 年	2003 年	2004 年	2005 年	2006 年	2007 年
广元	1.39	1.39	1.39	1.40	1.41	1.41	1.42	1.43
遂宁	2.44	2.45	2.46	2.47	2.48	2.47	2.48	2.49
内江	4.05	4.06	4.08	4.18	3.96	3.92	4.20	4.07
乐山	2.50	2.50	2.51	2.53	2.54	2.54	2.56	2.56
南充	2.45	2.45	2.46	2.48	2.47	2.48	2.52	2.51
眉山	2.92	3.18	3.30	2.81	2.85	2.90	2.93	2.97
宜宾	1.43	1.43	1.44	1.44	1.44	1.44	1.46	1.46
广安	1.40	1.40	1.41	1.41	1.42	1.42	1.42	1.43
达州	1.39	1.40	1.40	1.41	1.40	1.41	1.46	1.42
雅安	1.42	1.42	1.42	1.43	1.44	1.43	1.44	1.44
巴中	1.37	1.37	1.38	1.38	1.40	1.38	1.39	1.39
资阳	2.43	2.44	2.44	2.45	2.45	2.45	2.47	2.48
六盘水	0.78	0.79	0.79	0.79	0.82	0.81	0.81	0.82
遵义	0.76	0.76	0.77	0.77	0.77	0.78	0.84	0.79
安顺	1.40	1.40	1.41	1.41	1.42	1.42	1.43	1.43
曲靖	0.77	0.78	0.78	0.78	0.79	0.79	0.79	0.80
玉溪	1.48	1.48	1.48	1.48	1.49	1.48	1.49	1.49
保山	0.23	0.23	0.23	0.24	0.24	0.24	0.14	0.14

附录 6　　　　　**2008～2014 年中国地级及以上城市承载力统计**

单位：1×10^{-4} 得分/平方千米

城市	2008 年	2009 年	2010 年	2011 年	2012 年	2013 年	2014 年
北京	4.10	4.79	4.53	4.58	4.92	5.36	5.90
天津	3.10	3.16	3.29	3.36	3.64	3.62	3.78
上海	3.83	3.94	4.16	4.26	4.61	4.90	6.04
重庆	1.69	1.72	1.77	1.83	1.96	2.02	2.12
沈阳	5.34	5.38	5.44	5.48	5.54	5.59	5.60

续表

城市	2008 年	2009 年	2010 年	2011 年	2012 年	2013 年	2014 年
长春	1.58	1.59	1.61	1.62	1.64	1.65	1.67
哈尔滨	0.86	0.86	0.87	0.88	0.88	0.88	0.88
南京	6.19	6.27	6.43	6.55	6.55	6.81	6.79
武汉	5.59	5.65	5.74	5.84	5.94	6.02	6.09
广州	18.34	18.63	19.26	19.80	20.12	21.30	21.75
济南	3.49	3.86	3.56	3.69	3.64	3.61	3.64
杭州	4.65	4.70	4.89	4.94	5.04	5.14	5.28
西安	11.27	11.49	11.66	11.68	11.87	12.03	12.11
成都	2.94	3.00	3.05	3.09	3.54	3.65	3.73
深圳	5.75	6.13	6.72	6.88	6.88	7.08	7.17
厦门	4.00	4.42	4.05	4.50	4.10	4.11	4.14
宁波	2.92	2.94	3.02	3.05	3.06	3.09	3.13
青岛	1.65	1.66	1.67	1.69	1.72	1.77	1.79
大连	1.61	1.62	1.65	1.66	1.69	1.71	1.70
南宁	1.52	1.53	1.54	1.55	1.57	1.58	1.59
昆明	1.59	1.63	1.63	1.66	1.69	1.69	1.70
长沙	5.58	5.78	5.82	5.92	5.98	6.07	6.19
石家庄	1.58	1.59	1.60	1.62	1.63	1.64	1.65
太原	8.08	8.04	8.35	8.58	8.63	8.51	8.53
呼和浩特	0.85	0.86	0.89	0.91	0.90	0.90	0.91
合肥	2.88	2.85	2.91	2.91	2.93	2.97	3.01
福州	1.58	1.59	1.61	1.63	1.64	1.66	1.67
南昌	1.59	1.60	1.63	1.65	1.66	1.67	1.69
郑州	4.43	4.42	4.47	4.63	4.70	5.37	5.05
海口	0.48	0.48	0.48	0.49	0.49	0.50	0.50
贵阳	1.56	1.57	1.59	1.59	1.61	1.62	1.63
兰州	1.64	1.65	1.66	1.67	1.68	1.66	1.66

城市	2008 年	2009 年	2010 年	2011 年	2012 年	2013 年	2014 年
西宁	0.49	0.49	0.49	0.50	0.50	0.50	0.50
银川	2.75	2.84	2.87	2.89	2.89	2.89	2.86
乌鲁木齐	0.16	0.16	0.16	0.17	0.17	0.17	0.17
唐山	1.57	1.57	1.59	1.61	1.62	1.63	1.64
大同	1.55	1.55	1.56	1.57	1.57	1.57	1.57
包头	0.51	0.51	0.52	0.52	0.52	0.52	0.52
鞍山	11.86	11.85	11.90	11.89	11.82	11.84	11.82
抚顺	4.98	4.98	5.03	5.04	5.03	5.04	5.04
吉林	1.52	1.53	1.53	1.54	1.55	1.55	0.84
齐齐哈尔	0.45	0.46	0.46	0.46	0.46	0.46	0.46
无锡	7.02	7.06	7.17	7.32	7.33	7.39	7.39
淮南	4.05	3.81	4.19	4.03	3.98	3.74	3.79
洛阳	2.69	2.69	2.71	2.74	2.75	2.76	2.77
淄博	2.78	2.80	2.82	2.84	2.86	2.92	2.92
邯郸	3.72	4.16	4.16	3.72	3.74	3.75	3.71
本溪	4.08	4.11	4.13	4.09	4.21	4.24	4.26
徐州	4.44	4.01	4.09	4.45	4.46	4.38	4.39
苏州	6.16	6.24	6.47	6.67	6.83	7.03	7.11
丹东	0.81	0.81	0.82	0.82	0.82	0.82	0.82
锦州	2.94	2.92	2.95	2.97	3.21	2.80	3.08
营口	2.66	2.68	2.70	2.71	2.71	2.72	2.72
阜新	1.45	1.46	1.46	1.46	1.47	1.48	1.48
辽阳	11.74	11.71	11.77	11.76	11.83	11.79	11.70
盘锦	3.10	3.07	3.61	3.58	3.05	3.46	3.03
铁岭	3.47	3.02	3.04	3.04	3.05	3.08	3.04
朝阳	1.44	1.45	1.45	1.46	1.45	1.46	1.46
葫芦岛	2.47	2.48	2.49	2.50	2.50	2.52	2.51

续表

城市	2008 年	2009 年	2010 年	2011 年	2012 年	2013 年	2014 年
秦皇岛	1.52	1.51	1.51	1.52	1.52	1.52	1.53
邢台	3.01	2.98	2.97	2.96	3.42	3.11	2.94
保定	1.50	1.52	1.53	1.54	1.54	1.55	1.56
张家口	0.81	0.81	0.81	0.81	0.81	0.81	0.81
承德	0.81	0.81	0.81	0.81	0.81	0.81	0.81
沧州	1.50	1.50	1.52	1.52	1.53	1.54	1.55
廊坊	2.67	2.62	2.94	2.95	2.96	3.00	3.03
衡水	2.56	2.56	2.56	2.56	2.56	2.60	2.60
枣庄	2.65	2.67	2.68	2.69	2.69	2.71	2.72
东营	2.76	2.75	2.77	2.80	2.82	2.89	2.91
烟台	1.60	1.61	1.64	1.65	1.67	1.69	1.70
潍坊	1.55	1.55	1.58	1.59	1.60	1.62	1.63
济宁	2.66	2.66	2.67	2.68	2.71	2.73	2.74
泰安	3.93	3.97	3.87	3.99	4.01	4.00	4.00
威海	1.55	1.55	1.55	1.56	1.56	1.59	1.60
日照	1.50	1.51	1.52	1.52	1.53	1.54	1.54
莱芜	3.37	3.35	3.37	3.15	3.33	3.43	3.78
临沂	2.67	2.69	2.73	2.76	2.79	2.84	2.84
德州	2.63	2.63	2.64	2.66	2.68	2.72	2.73
聊城	2.60	2.61	2.63	2.65	2.67	2.69	2.70
滨州	2.97	2.93	2.76	2.99	3.06	3.02	3.05
菏泽	2.53	2.56	2.59	2.63	2.64	2.68	2.69
常州	5.66	5.66	5.72	5.77	5.80	5.83	5.90
南通	2.78	2.76	2.79	2.83	2.85	2.89	2.93
连云港	1.49	1.49	1.51	1.52	1.53	1.53	1.54
淮安	2.60	2.62	2.68	2.67	2.68	2.69	2.72
盐城	1.50	1.50	1.53	1.54	1.55	1.56	1.58

续表

城市	2008 年	2009 年	2010 年	2011 年	2012 年	2013 年	2014 年
扬州	10.64	10.68	10.85	10.92	10.96	11.05	11.17
镇江	11.06	11.03	11.13	11.16	11.21	11.27	11.40
泰州	4.38	4.39	4.46	4.48	4.52	4.58	4.64
宿迁	2.55	2.57	2.60	2.62	2.64	2.66	2.68
温州	1.62	1.63	1.65	1.65	1.66	1.67	1.67
嘉兴	3.78	3.85	4.08	4.08	4.07	4.15	4.27
湖州	4.20	4.10	4.09	4.10	4.12	4.15	4.17
绍兴	3.68	3.70	3.71	3.74	3.75	3.78	3.81
金华	2.77	2.77	2.80	2.80	2.82	2.83	2.85
衢州	1.50	1.51	1.52	1.53	1.52	1.53	1.53
舟山	1.54	1.55	1.56	1.56	1.57	1.57	1.58
台州	1.56	1.56	1.57	1.58	1.58	1.59	1.59
丽水	1.50	1.50	1.51	1.52	1.52	1.53	1.53
莆田	1.49	1.50	1.51	1.52	1.53	1.53	1.54
三明	1.47	1.48	1.49	1.50	1.50	1.50	1.51
泉州	2.79	2.81	2.87	2.89	2.91	2.93	2.95
漳州	3.18	3.19	3.23	3.24	3.26	3.26	3.31
南平	1.45	1.46	1.46	1.46	1.46	1.46	1.47
龙岩	1.47	1.49	1.49	1.51	1.51	1.51	1.52
宁德	1.46	1.46	1.47	1.47	1.47	1.48	1.49
韶关	1.49	1.49	1.50	1.51	1.51	1.52	1.52
珠海	6.15	6.19	6.23	6.26	6.26	6.31	6.33
汕头	6.25	6.24	6.24	6.21	6.23	6.24	6.25
佛山	15.93	16.16	16.38	16.53	16.56	16.95	17.07
江门	6.14	6.24	6.28	6.27	6.21	6.23	6.23
湛江	1.47	1.47	1.48	1.48	1.48	1.49	1.50
茂名	1.47	1.47	1.48	1.48	1.48	1.49	1.50

城市	2008 年	2009 年	2010 年	2011 年	2012 年	2013 年	2014 年
肇庆	3.71	3.76	3.77	3.79	3.81	3.85	3.88
惠州	2.72	2.75	2.77	2.79	2.82	2.84	2.86
梅州	1.46	1.47	1.47	1.47	1.47	1.47	1.48
汕尾	1.47	1.48	1.48	1.48	1.48	1.49	1.49
河源	1.49	1.49	1.49	1.50	1.49	1.50	1.51
阳江	1.45	1.45	1.46	1.47	1.47	1.48	1.49
清远	2.61	2.63	2.65	2.62	2.62	2.62	2.63
东莞	7.11	6.66	7.06	7.14	6.34	6.29	6.89
中山	8.45	8.46	8.58	8.58	8.60	8.67	8.71
潮州	8.33	8.35	8.35	8.35	8.33	8.28	8.32
揭阳	7.27	7.30	7.35	7.34	7.37	7.39	7.43
云浮	2.85	2.88	2.91	2.84	3.17	2.83	2.89
阳泉	2.77	2.77	2.79	2.80	2.80	2.80	2.80
长治	2.70	2.71	2.72	2.74	2.74	2.74	2.74
晋城	4.08	4.09	4.51	4.38	4.37	4.40	4.09
朔州	1.53	1.54	1.54	1.55	1.56	1.55	1.55
晋中	7.66	6.97	6.98	6.99	7.00	7.00	7.03
运城	4.78	4.74	4.74	4.77	4.77	4.79	4.80
忻州	2.62	2.60	2.62	2.64	2.65	2.65	2.66
临汾	1.54	1.52	1.53	1.54	1.55	1.54	1.54
四平	1.43	1.44	1.44	1.46	1.46	1.46	1.46
辽源	1.49	1.50	1.51	1.51	1.52	1.53	1.52
通化	2.62	2.63	2.64	2.65	2.66	2.67	2.68
白山	2.65	2.67	2.68	2.69	2.71	2.70	2.71
松原	0.80	0.80	0.80	0.80	0.81	0.81	0.81
白城	0.45	0.45	0.46	0.46	0.46	0.46	0.46
鸡西	1.46	1.47	1.47	1.47	1.47	1.47	1.46

城市	2008 年	2009 年	2010 年	2011 年	2012 年	2013 年	2014 年
鹤岗	1.49	1.49	1.49	1.50	1.49	1.49	1.49
双鸭山	1.45	1.45	1.46	1.46	1.46	1.46	1.45
大庆	0.88	0.87	0.88	0.89	0.88	0.88	0.88
伊春	0.80	0.80	0.80	0.80	0.81	0.81	0.80
佳木斯	1.44	1.44	1.45	1.45	1.45	1.45	1.45
七台河	2.66	2.67	2.69	2.67	2.66	2.63	2.63
牡丹江	0.46	0.47	0.47	0.47	0.46	0.47	0.47
黑河	0.14	0.14	0.14	0.14	0.14	0.14	0.14
绥化	0.77	0.77	0.77	0.77	0.77	0.77	0.77
芜湖	5.64	5.64	5.65	5.51	5.53	5.56	5.64
蚌埠	3.46	3.84	3.51	3.52	3.54	3.56	3.59
马鞍山	5.99	6.06	6.14	5.88	5.86	5.86	5.86
淮北	4.86	4.87	4.90	4.91	4.93	4.95	4.97
铜陵	4.48	4.61	4.58	4.61	4.61	4.63	4.64
安庆	3.92	3.49	3.53	3.55	3.56	3.57	3.59
黄山	1.48	1.49	1.49	1.50	1.50	1.51	1.51
滁州	3.35	3.35	3.36	3.40	3.40	3.40	3.44
阜阳	1.43	1.44	1.44	1.45	1.45	1.46	1.48
宿州	4.02	4.02	4.17	4.16	4.15	4.15	4.19
六安	2.53	2.53	2.55	2.56	2.57	2.58	2.59
亳州	2.49	2.49	2.50	2.51	2.52	2.53	2.55
池州	4.66	4.70	4.73	4.74	4.75	4.64	4.66
宣城	3.37	3.41	3.50	3.45	3.53	3.53	2.99
景德镇	1.52	1.53	1.54	1.54	1.55	1.55	1.55
萍乡	2.90	2.60	2.62	2.58	2.71	2.71	2.72
九江	1.51	1.52	1.53	1.54	1.55	1.55	1.56
新余	2.68	2.69	2.72	2.74	2.74	2.74	2.75

城市	2008 年	2009 年	2010 年	2011 年	2012 年	2013 年	2014 年
鹰潭	1.50	1.50	1.51	1.52	1.52	1.53	1.53
赣州	1.47	1.47	1.48	1.49	1.50	1.51	1.52
吉安	1.45	1.46	1.47	1.49	1.48	1.49	1.50
宜春	3.38	3.42	3.51	3.14	3.18	3.28	3.50
抚州	1.45	1.46	1.47	1.47	1.47	1.48	1.49
上饶	1.46	1.47	1.48	1.49	1.50	1.51	1.52
开封	3.57	3.45	3.13	3.14	3.15	2.76	2.95
平顶山	3.28	3.08	3.05	3.26	3.04	3.02	3.15
安阳	4.79	4.81	4.84	4.86	4.86	4.87	4.88
鹤壁	4.79	4.79	4.81	4.83	4.85	4.88	4.89
新乡	4.12	4.12	4.08	4.10	4.08	4.08	4.10
焦作	4.90	4.92	4.58	4.60	4.59	4.61	4.62
濮阳	3.80	3.72	3.19	3.34	3.20	3.20	3.22
许昌	4.09	4.03	3.97	4.01	3.99	3.92	3.77
漯河	4.06	4.08	4.11	4.12	4.14	4.15	4.18
三门峡	5.08	5.07	4.89	4.91	4.91	4.91	4.91
南阳	1.47	1.47	1.48	1.49	1.50	1.50	1.51
商丘	2.53	2.53	2.54	2.55	2.57	2.62	2.58
信阳	1.44	1.44	1.45	1.45	1.45	1.46	1.46
周口	2.91	2.86	2.97	2.96	3.02	3.02	3.05
驻马店	2.51	2.52	2.52	2.53	2.54	2.55	2.57
黄石	12.25	12.26	12.26	12.07	11.96	11.97	11.92
十堰	1.49	1.49	1.50	1.50	1.49	1.49	1.50
宜昌	1.50	1.51	1.51	1.52	1.52	1.54	1.54
襄樊	1.48	1.49	1.50	1.52	1.53	1.54	1.55
鄂州	77.70	78.21	78.21	78.48	78.49	78.41	78.53
荆门	1.44	1.45	1.46	1.47	1.48	1.48	1.48

续表

城市	2008 年	2009 年	2010 年	2011 年	2012 年	2013 年	2014 年
孝感	2.55	2.56	2.57	2.58	2.59	2.60	2.61
荆州	1.43	1.43	1.44	1.45	1.45	1.46	1.46
黄冈	71.93	72.49	72.50	72.51	72.68	73.46	74.23
咸宁	2.53	2.54	2.56	2.57	2.58	2.59	2.60
随州	1.47	1.47	1.48	1.48	1.49	1.49	1.50
株洲	14.79	15.06	15.16	15.36	15.35	15.41	15.42
湘潭	14.76	14.85	14.96	15.13	15.16	15.18	15.22
衡阳	1.47	1.48	1.49	1.51	1.51	1.52	1.53
邵阳	1.44	1.45	1.45	1.46	1.46	1.47	1.47
岳阳	1.49	1.51	1.51	1.52	1.53	1.54	1.55
常德	1.46	1.47	1.48	1.49	1.51	1.52	1.52
张家界	1.46	1.48	1.48	1.48	1.48	1.49	1.49
益阳	2.51	2.53	2.54	2.55	2.57	2.58	2.59
郴州	1.48	1.50	1.51	1.52	1.53	1.54	1.55
永州	1.44	1.44	1.44	1.45	1.46	1.46	1.47
怀化	0.79	0.80	0.81	0.81	0.81	0.81	0.81
娄底	2.56	2.58	2.59	2.60	2.60	2.61	2.61
柳州	0.83	0.84	0.85	0.85	0.85	0.86	0.86
桂林	0.80	0.80	0.81	0.81	0.81	0.82	0.82
梧州	1.47	1.48	1.49	1.49	1.50	1.51	1.51
北海	1.46	1.45	1.46	1.46	1.48	1.48	1.49
防城港	2.56	2.57	2.59	2.61	2.62	2.63	2.64
钦州	2.49	2.49	2.51	2.54	2.52	2.53	2.54
贵港	1.44	1.44	1.46	1.45	1.45	1.45	1.46
玉林	1.53	1.45	1.46	1.46	1.47	1.47	1.48
乌海	1.67	1.67	1.68	1.69	1.68	1.69	1.69
赤峰	0.80	0.81	0.81	0.81	0.82	0.82	0.82

城市	2008 年	2009 年	2010 年	2011 年	2012 年	2013 年	2014 年
通辽	0.80	0.81	0.81	0.82	0.82	0.82	0.82
铜川	2.67	2.68	2.68	2.69	2.70	2.71	2.71
宝鸡	1.50	1.50	1.51	1.51	1.52	1.52	1.53
咸阳	8.99	9.04	9.03	9.05	9.11	9.17	9.26
渭南	2.53	2.57	2.57	2.58	2.58	2.59	2.60
延安	0.83	0.83	0.83	0.84	0.84	0.84	0.84
汉中	1.43	1.44	1.45	1.45	1.45	1.46	1.46
榆林	0.83	0.83	0.84	0.85	0.85	0.85	0.86
安康	1.43	1.44	1.45	1.46	1.47	1.48	1.49
嘉峪关	0.16	0.16	0.16	0.16	0.17	0.17	0.17
金昌	0.48	0.48	0.48	0.48	0.48	0.48	0.48
白银	1.48	1.48	1.49	1.50	1.50	1.50	1.50
天水	0.79	0.79	0.79	0.80	0.79	0.80	0.80
石嘴山	1.57	1.56	1.56	1.58	1.59	1.59	1.59
吴忠	1.46	1.47	1.47	1.48	1.48	1.49	1.49
克拉玛依	0.16	0.16	0.16	0.16	0.16	0.16	0.16
自贡	4.19	4.20	4.24	4.28	4.31	4.42	4.19
攀枝花	0.49	0.49	0.49	0.49	0.49	0.49	0.51
泸州	1.46	1.47	1.49	1.49	1.50	1.51	1.51
德阳	2.85	2.89	2.89	3.44	3.37	3.33	3.23
绵阳	2.49	2.51	2.53	2.55	2.56	2.56	2.57
广元	1.42	1.43	1.44	1.46	1.46	1.47	1.47
遂宁	2.51	2.52	2.54	2.54	2.56	2.58	2.59
内江	4.10	4.20	4.15	4.14	4.03	3.99	3.98
乐山	2.57	2.59	2.61	2.63	2.64	2.64	2.65
南充	2.52	2.54	2.54	2.56	2.57	2.58	2.59
眉山	2.83	2.78	2.88	2.90	2.89	3.36	2.91

续表

城市	2008 年	2009 年	2010 年	2011 年	2012 年	2013 年	2014 年
宜宾	1.46	1.47	1.49	1.49	1.50	1.50	1.50
广安	1.43	1.44	1.45	1.46	1.46	1.47	1.47
达州	1.43	1.44	1.45	1.46	1.46	1.47	1.47
雅安	1.45	1.46	1.46	1.47	1.48	1.48	1.49
巴中	1.40	1.41	1.42	1.43	1.44	1.46	1.47
资阳	2.49	2.52	2.53	2.54	2.55	2.56	2.57
六盘水	0.82	0.82	0.83	0.83	0.83	0.84	0.83
遵义	0.81	0.80	0.80	0.81	0.81	0.82	0.82
安顺	1.43	1.44	1.45	1.46	1.46	1.46	1.46
曲靖	0.80	0.80	0.80	0.80	0.81	0.81	0.81
玉溪	1.50	1.50	1.51	1.51	1.52	1.52	1.52
保山	0.14	0.14	0.14	0.14	0.14	0.14	0.14

参 考 文 献

［1］阿兰纳·伯兰德等．公众参与与社区公共空间的生产——对绿色社区建设的个案研究［J］．社会学研究，2007（4）．

［2］白洁等．基于生产要素视角的中国大都市空间扩展——以武汉市为例［J］．经济地理，2016（12）．

［3］包庆德等．哈维的历史—地理唯物主义与空间正义理论［J］．自然辩证法研究，2018（9）．

［4］包炜杰．建构中国特色社会主义政治经济学话语体系的几点思考［J］．改革与战略，2018（8）．

［5］蔡昉等．改革开放40年与中国经济发展［J］．经济学动态，2018（8）．

［6］蔡昉．穷人的经济学——中国扶贫理念、实践及其全球贡献［J］．世界经济与政治，2018（10）．

［7］蔡运龙等．马克思主义地理学及其中国化：规划与实践反思［J］．地理研究，2016（8）．

［8］蔡运龙等．马克思主义地理学及其中国化："跨国、跨界、跨代"知识行动［J］．地理研究，2016（7）．

［9］曹海军．城市政治学：研究对象、性质、特点及发展趋势［J］．思想战线，2013（6）．

［10］曹霞等．生态环境管理体制改革背景下基层环境规制问题研究［J］．经济问题，2019（3）．

［11］曹现强等．空间正义：形成、内涵及意义［J］．城市发展研究，2011（4）．

［12］曹现强等．我国城市发展中的空间社会抗争及其治理［J］．理论探讨，2016（1）．

［13］常江等．马克思的资本批判逻辑及启示［J］．社会科学战线，2013

(5).

［14］车玉玲．空间修复与"城市病"：当代马克思主义的视野［J］．苏州大学学报（哲学社会科学版），2017（5）．

［15］陈恒等．全球化时代的中心城市转型及其路径［J］．中国社会科学，2017（12）．

［16］陈辉等．马克思主义民族理论中国化的内在逻辑——以实践思维方式的视角［J］．中南民族大学学报（人文社会科学版），2019（1）．

［17］陈良斌．城市化不平衡发展的双重逻辑——基于新马克思主义空间理论视角［J］．山东社会科学，2018（11）．

［18］陈明星．城市化领域的研究进展和科学问题［J］．地理研究，2015（4）．

［19］陈明星等．中国特色新型城镇化理论内涵的认知与建构［N］．地理学报，2019（4）．

［20］陈明星等．中国新型城镇化在"十九大"后发展的新态势［N］．地理研究，2019（1）．

［21］陈庆江等．信息化、市场分割与产业结构合理化［J］．经济问题，2018（6）．

［22］陈晓亮等．中国大陆社会与文化地理学研究领域综观［J］．地理研究，2018（10）．

［23］陈友华等．人类人口数量及其空间演进研究［J］．福建论坛（人文社会科学版），2018（10）．

［24］陈羽．印度产业升级的路径依赖和路径创新——基于新制度经济学视角的探讨［J］．南亚研究，2013（4）．

［25］陈悦等．CiteSpace知识图谱的方法论功能［J］．科学学研究，2015（2）．

［26］陈忠．空间辩证法、空间正义与集体行动的逻辑［J］．哲学动态，2010（6）．

［27］程迪尔等．公共卫生服务均等化对民生获得感的影响研究［J］．统计与决策，2019（5）．

［28］程瑜．真实的"穿越"：外来工精神健康的个案研究［J］．广西民族大学学报（哲学社会科学版），2014（4）．

［29］程玉申等．国外有关城市社区的研究述评［J］．社会学研究，1998

(4).

　　[30] 丛亮.前所未有的发展奇迹　经济史册的壮丽篇章——改革开放40年来我国经济社会发展成就 [J].宏观经济管理,2018 (11).

　　[31] 崔翔.论城镇化进程的资本逻辑与空间生产 [J].人民论坛,2014 (14).

　　[32] 代兰海等.西安新城市贫困空间固化及其治理研究——基于空间正义视角 [J].人文地理,2019 (2).

　　[33] 丁晓钦等.回归与发展:积累的社会结构最新理论研究 [J].马克思主义研究,2017 (2).

　　[34] 董慧.大卫·哈维的不平衡地理发展理论述评 [J].哲学动态,2008 (5).

　　[35] 董慧.当代资本的空间化实践——大卫·哈维对城市空间动力的探寻 [J].哲学动态,2010 (10).

　　[36] 董慧等.空间政治经济学批判与城市权利的建构 [J].苏州大学学报 (哲学社会科学版),2018 (2).

　　[37] 董慧.空间、生态与正义的辩证法——大卫·哈维的生态正义思想 [J].哲学研究,2011 (8).

　　[38] 董慧.现代空间维度的后现代想象——大卫·哈维的后现代主义思想探究 [J].哲学动态,2009 (8).

　　[39] 段巍.开放格局、区域一体化与重塑经济地理——基于“一带一路”、长江经济带的新经济地理学分析 [J].国际贸易问题,2018 (5).

　　[40] 段学军等.克鲁格曼的新经济地理研究及其意义 [N].地理学报,2010 (2).

　　[41] 樊杰等.现今中国区域发展值得关注的问题及其经济地理阐释 [J].经济地理,2012 (1).

　　[42] 范春永.苏联生产力布局和区域规划 [J].经济地理,1989 (4).

　　[43] 范建红等.时空压缩视角下城市蔓延特征及治理述评 [J].城市发展研究,2018 (10).

　　[44] 方世南.论治国理政思想的唯物史观基石 [J].马克思主义研究,2016 (7).

　　[45] 方玉梅.习近平新时代中国特色社会主义经济思想的逻辑理论——基于马克思主义政治经济学的分析框架 [J].社会主义研究,2018 (6).

［46］费钧．资本、权力与村庄空间形态的变迁——基于苏南 A 村的分析［J］．南京农业大学学报（社会科学版），2017（2）．

［47］冯健等．近 20 年来北京都市区人口增长与分布［N］．地理学报，2003（6）．

［48］付金存等．新经济地理理论视域下地区差距的形成机制及政策启示［J］．经济体制改革，2014（5）．

［49］付清松．大卫·哈维不平衡地理发展思想的理论化进程［J］．学习与探索，2012（5）．

［50］付清松．资本再生产批判视阈的反向延展——大卫·哈维的剥夺性积累理论探赜［J］．马克思主义与现实，2016（1）．

［51］傅鸿源等．城市综合承载力研究综述［J］．城市问题，2009（5）．

［52］傅歆．空间批判理论与城市正义的建构［J］．浙江社会科学，2018（5）．

［53］高峰．城市空间生产的运作逻辑——基于新马克思主义空间理论的分析［J］．学习与探索，2010（1）．

［54］耿虹等．基于 GIS – DEA 的大城市周边小城镇发展效率评价——以武汉为例［J］．经济地理，2018（10）．

［55］顾朝林等．北京城市社会区分析［N］．地理学报，2003（6）．

［56］郭文等．基于场域理论的文化遗产旅游地多维空间生产研究——以江南水乡周庄古镇为例［J］．人文地理，2013（2）．

［57］郭文等．旅游空间生产及社区居民体验研究——江南水乡周庄古镇案例［J］．旅游学刊，2012（4）．

［58］郭文．"空间的生产"内涵、逻辑体系及对中国新型城镇化实践的思考［J］．经济地理，2014（6）．

［59］郝时远．大国成长与民族问题：中国及其国际比较［J］．国际经济评论，2014（5）．

［60］何雄浪等．新经济地理学的反思与展望［N］．上海财经大学学报，2013（6）．

［61］赫曦滢等．马克思主义空间理论的批判性重构［J］．社会科学战线，2011（7）．

［62］赫曦滢．逻辑实证主义与关系辩证法的双重变奏——兼论大卫·哈维城市理论的研究价值［J］．理论与改革，2018（1）．

［63］赫曦滢.曼纽尔·卡斯特城市理论的思想谱系与论域构建［J］.社会科学战线，2013（12）.

［64］洪世键等.经济学视野下的中国城市空间扩展［J］.人文地理，2015（6）.

［65］胡安俊等.空间层级与产业布局［J］.财贸经济，2018（10）.

［66］胡鞍钢等.中国经济增长与减少贫困（1978—2004）［J］.清华大学学报（哲学社会科学版），2006（5）.

［67］胡大平.地理学想象力和空间生产的知识——空间转向之理论和政治意味［J］.天津社会科学，2014（4）.

［68］胡大平.社会批判理论之空间转向与历史唯物主义的空间化［J］.江海学刊，2007（2）.

［69］胡大平.哲学与"空间转向"——通往地方生产的知识［J］.哲学研究，2018（10）.

［70］胡家勇.改革开放40年收入分配理论的创新和发展［J］.中国经济史研究，2018（6）.

［71］胡钧等.政治经济学研究对象确定为生产关系的重大实践意义与当代价值［J］.经济纵横，2016（11）.

［72］胡敏中等.马克思的资本逻辑批判及其启示［J］.马克思主义与现实，2016（1）.

［73］胡宪洋等.消费转型背景下度假型旅游地时空修复——基于三亚海棠湾的案例研究［N］.地理学报，2018（12）.

［74］胡毅等.资本的空间不平衡发展：城中村的空间生产［J］.城市发展研究，2014（5）.

［75］黄群慧.改革开放40年中国的产业发展与工业化进程［J］.中国工业经济，2018（9）.

［76］黄文义等.马克思经济学中的个人工资量系统决定模型分析［J］.中国经济问题，2018（3）.

［77］黄妍妍等.国际比较视域下我国小城镇的建设与发展［J］.学术交流，2015（3）.

［78］季谟.新技术革命与苏联的科技政策［J］.今日苏联东欧，1984（3）.

［79］贾桠钊.论马克思主义与中国传统文化的融通［J］.科学社会主义，2018（5）.

［80］姜安．马克思的国际观及其当代价值［J］．中国社会科学，2017（11）．

［81］柯福艳等．工业化、城镇化、农业现代化同步发展：障碍因素、长效机制与改革举措［J］．农村经济，2013（1）．

［82］孔祥云等．论改革开放以来我国城镇化的若干模式［J］．中国特色社会主义研究，2013（2）．

［83］李春敏．大卫·哈维的"历史—地理唯物主义"及其理论建构［J］．天津社会科学，2013（5）．

［84］李春敏．马克思恩格斯对城市居住空间的研究及启示［J］．天津社会科学，2013（3）．

［85］李鲁奇等．飞地经济的空间生产与治理结构——基于国家空间重构视角［J］．地理科学进展，2019（3）．

［86］李省龙．论市场经济模式的一般概念与体系［J］．经济评论，1996（5）．

［87］李秀玲．大卫·哈维不平衡空间发展理论及其意义［J］．理论月刊，2013（7）．

［88］李洋．浅议习近平中国特色城镇化思想［J］．学理论，2018（6）．

［89］李增添．建国初期毛泽东的城市管理思想［J］．党史文苑，2010（14）．

［90］李志刚等．中国模式下的"全球化城市"营造：广州经验［J］．规划师，2011（2）．

［91］李宗建．党的十八大以来习近平意识形态工作新思想［J］．社会主义研究，2016（2）．

［92］［苏］理克拉索夫．区域经济学理论、问题、方法［M］．许维新，许晶心译．北京：东方出版社，1987：09．

［93］梁琦．空间经济学：过去、现在与未来——兼评"空间经济学：城市、区域与国际贸易"［J］．经济学（季刊），2005（3）．

［94］林拉洒．广州黑人"落脚城市"的社会空间生产［J］．才智，2014（20）．

［95］刘辰阳等．"空间正义"视角下老旧住区公共空间更新实施机制优化研究［J］．现代城市研究，2019（12）．

［96］刘怀玉．"空间的生产"若干问题研究［J］．哲学动态，2014（11）．

[97] 刘炜. 我国城市化可持续发展的多重困境及现实出路 [N]. 中央财经大学学报, 2013 (10).

[98] 刘亚品. 资本积累与权力逻辑——大卫·哈维与艾伦·伍德的新帝国主义观之比较 [J]. 北京师范大学学报 (社会科学版), 2014 (4).

[99] 刘云刚等. 城乡结合部的空间生产与黑色集群——广州 M 垃圾猪场的案例研究 [J]. 地理科学, 2011 (5).

[100] 刘云刚等. 尺度的人文地理内涵与尺度政治——基于 1980 年代以来英语圈人文地理学的尺度研究 [J]. 人文地理, 2011 (3).

[101] 刘云刚等. 全球化背景下在华跨国移民社区的空间生产——广州远景路韩国人聚居区的案例研究 [J]. 地理科学, 2017 (7).

[102] 刘祯贵. 论邓小平城市建设思想的深刻内涵及启示 [J]. 邓小平研究, 2019 (1).

[103] 龙钰. 列斐伏尔城市空间思想探析 [J]. 世界哲学, 2018 (6).

[104] 鲁克亮等. 略论近代中国区域城市发展不平衡的原因 [J]. 西南民族大学学报 (人文社科版), 2005 (6).

[105] 陆江源等. 结构演进、诱致失灵与效率补偿 [J]. 经济研究, 2018 (9).

[106] 陆小成. 空间正义视域下新型城镇化的资源配置研究 [J]. 社会主义研究, 2017 (1).

[107] 陆扬. 析索亚"第三空间"理论 [J]. 天津社会科学, 2005 (2).

[108] 罗秋菊等. 旅游发展背景下民居客栈的空间生产——以大理双廊为例 [J]. 地理科学, 2018 (6).

[109] 罗知等. 兼顾效率与公平的城镇化：理论模型与中国实证 [J]. 经济研究, 2018 (7).

[110] 马桂萍等. 改革开放 40 年中国共产党解决农民问题的基本遵循 [J]. 马克思主义与现实, 2019 (1).

[111] 马建堂. 伟大的实践　深邃的理论——学习习近平新时代中国特色社会主义经济思想的体会 [J]. 管理世界, 2019 (1).

[112] 马香品等. 马克思资本周转理论的科学变革、指导价值与现实启示 [J]. 财经科学, 2019 (2).

[113] 马学广等. 广州市城市居住空间的社会生产研究 [J]. 中山大学学报 (自然科学版), 2010 (5).

[114] 马昀等. 用唯物史观科学把握生产力的历史作用 [J]. 中国社会科学, 2013 (11).

[115] 毛艳华等. 粤港澳大湾区建设的理论基础与制度创新 [J]. 中山大学学报 (社会科学版), 2019 (2).

[116] 毛泽东. 毛泽东选集第 4 卷 [M]. 北京: 人民出版社, 1991: 1427.

[117] 米红等. 从覆盖到衔接: 论中国和谐社会保障体系 "三步走" 战略 [N]. 公共管理学报, 2008 (1).

[118] 米文宝等. 限制开发生态区主体功能细分研究——以宁夏同心县为例 [J]. 经济地理, 2013 (1).

[119] 苗长虹等. 城市群空间性质的透视与中原城市群的构建 [J]. 地理科学进展, 2015 (3).

[120] 莫岳云. 建国初期中国共产党的城市管理思想 [J]. 高校理论战线, 2008 (6).

[121] 宁越敏等. 新型城镇化背景下城市外来人口的社会融合 [J]. 地理研究, 2019 (1).

[122] 牛俊伟. 城市问题马克思主义化的典范——卡斯特 "城市问题" 析微 [J]. 国际城市规划, 2015 (1).

[123] 牛俊伟. 城市中的问题与问题中的城市 [M]. 南京: 南京大学出版社, 2013.

[124] 欧健等. 十八大以来习近平的扶贫思想研究 [J]. 社会主义研究, 2017 (6).

[125] 欧阳峣. 中国的大国经济发展道路及其世界意义 [J]. 经济学动态, 2018 (8).

[126] 庞明川. 中国特色宏观调控的结构性范式及形成逻辑 [J]. 财经问题研究, 2016 (12).

[127] 逢锦聚. 构建和发展中国特色社会主义政治经济学的三个重大问题 [J]. 经济研究, 2018 (11).

[128] 彭国昌. 分离与融合: 中国特色社会主义城乡一体化发展趋势与路径选择 [J]. 湖南社会科学, 2014 (1).

[129] 仇方道等. 再生性资源型城市工业化与城镇空间耦合格局及驱动因素——以徐州市为例 [J]. 地理科学, 2018 (10).

[130] 齐晓安. 马克思主义理论学科建设的两个重大理论问题探讨 [J]. 求索，2011（5）.

[131] 钱厚诚. 解放政治的生态话语——大卫·哈维生态人类学思想的阐释与批判 [J]. 天津社会科学，2013（3）.

[132] Ralph Gakenheimer 等. 中国城市的土地使用和交通研究 [J]. 国外城市规划，2006（6）.

[133] 任平. 空间的正义——当代中国可持续城市化的基本走向 [J]. 城市发展研究，2006（5）.

[134] 任平. 论空间生产与马克思主义的出场路径 [J]. 江海学刊，2007（2）.

[135] 任瑞敏. 资本形态演变中的金融逻辑——基于资本在生产与流通中的限制分析 [J]. 马克思主义与现实，2017（5）.

[136] 任政. 都市马克思主义的理论限度及其总体批判 [J]. 国外社会科学，2018（3）.

[137] 任政. 资本、空间与正义批判——大卫·哈维的空间正义思想研究 [J]. 马克思主义研究，2014（6）.

[138] 申秋红. 印度人口发展状况与人口政策 [J]. 人口学刊，2014（1）.

[139] 沈广明. 分享经济的规制策略——以辅助性原则为基点 [J]. 当代法学，2018（3）.

[140] 盛广耀. 城市群区域人口变动的时空演化模式——来自京津冀地区的证据 [J]. 城市与环境研究，2018（2）.

[141] 施昌德. 我国与苏联东欧社会主义国家贸易中瑞士法郎汇率变化对我国进口货物影响的探讨 [J]. 国际贸易问题，1987（2）.

[142] 宋伟轩等. 城市滨水空间生产的效益与公平——以南京为例 [J]. 国际城市规划，2009（6）.

[143] 宋周莺等. 中国区域投入产出效率的综合测度与时空格局 [J]. 地理研究，2019（2）.

[144] 苏红键等. 改革开放40年中国城镇化历程、启示与展望 [J]. 改革，2018（11）.

[145] 苏静等. 民族旅游社区空间想象建构及空间生产——以黔东南岜沙社区为例 [J]. 旅游科学，2018（2）.

[146] 孙东琪等. 主体间战略互动视角下的区域空间生产解析——基于

环上海与环北京地区的比较研究［J］. 地理科学，2017（7）.

　　［147］孙峰华等. 中国城市生活空间及社区可持续发展研究现状与趋势［J］. 地理科学进展，2002（5）.

　　［148］孙九霞等. 多重逻辑下民族旅游村寨的空间生产——以岜沙社区为例［J］. 广西民族大学学报（哲学社会科学版），2013（6）.

　　［149］孙久文等. "建立更加有效的区域协调发展新机制"笔谈［J］. 中国工业经济，2017（11）.

　　［150］孙久文等. 我国区域经济演进轨迹及其总体趋势［J］. 改革，2017（7）.

　　［151］孙祁祥等. 城镇化对经济增长作用的再审视——基于经济学文献的分析［J］. 经济学动态，2013（11）.

　　［152］孙钦梅. 近五年国外关于中国经济发展模式的研究动向分析［J］. 国外社会科学，2017（6）.

　　［153］孙全胜. 城市空间生产批判的三重理论形态及意义［J］. 重庆社会科学，2018（11）.

　　［154］孙全胜. 城市空间生产批判对中国城镇化的现实意义［J］. 城市发展研究，2017（2）.

　　［155］孙全胜. 城市空间生产：性质、逻辑和意义［J］. 城市发展研究，2014（5）.

　　［156］孙全胜. 列斐伏尔社会空间辩证法的特征及其建构意义［J］. 浙江理工大学学报（社会科学版），2017（5）.

　　［157］邰丽华等. 资本逻辑主导的城市空间生产研究［J］. 经济纵横，2019（2）.

　　［158］汤铎铎等. 全球复苏、杠杆背离与金融风险——2018年中国宏观经济报告［J］. 经济学动态，2018（3）.

　　［159］唐莉. 从列宁到戈尔巴乔夫：苏联社会主义发展阶段理论的历史嬗变［J］. 社会主义研究，2004（1）.

　　［160］田松青. 收入分配"二元化"与和谐劳动关系构建［J］. 经济管理，2008（Z3）.

　　［161］田野等. 国际贸易、要素禀赋与政体类型的变迁——一个基于阶级均势的分析框架［J］. 世界经济与政治，2016（2）.

　　［162］涂江波. 论"人类命运共同体"理念与"真正共同体"构想的内

在契合 [J]. 马克思主义哲学研究, 2018 (2).

[163] 涂丽等. 城镇化与中国乡村振兴: 基于乡村建设理论视角的实证分析 [J]. 农业经济问题, 2018 (11).

[164] 汪芳等. 迁移中的记忆与乡愁: 城乡记忆的演变机制和空间逻辑 [J]. 地理研究, 2017 (1).

[165] 汪连杰. 马克思贫困理论及其中国化的探索与发展 [J]. 上海经济研究, 2018 (9).

[166] 汪民安. 空间生产的政治经济学 [J]. 国外理论动态, 2006 (1).

[167] 王成新等. 基于结构视角的中国人口城市化与土地城市化异速增长研究 [J]. 中国人口·资源与环境, 2016 (8).

[168] 王翠平等. 城市扩张背景下城市群环境问题的区域性特征分析 [N]. 生态学报, 2017 (23).

[169] 王岱等. 习近平经济思想与马克思主义政治经济学的内在关系 [J]. 当代世界与社会主义, 2019 (2).

[170] 王丹莉. 工业布局调整中的中央与地方关系: 解读 "大跃进" 时期的财政放权 [J]. 中国经济史研究, 2018 (5).

[171] 王德起等. 城市发展新空间及其现实驱动: 观察远郊工业区 [J]. 改革, 2016 (9).

[172] 王丰龙等. 空间的生产研究综述与展望 [J]. 人文地理, 2011 (2).

[173] 王甫园等. 城市化地区生态空间可持续利用的科学内涵 [J]. 地理研究, 2018 (10).

[174] 王耕等. 中国生态文明建设效率空间均衡性及格局演变特征 [N]. 地理学报, 2018 (11).

[175] 王建娥. 民族冲突治理的理念、方法和范式 [J]. 中央民族大学学报 (哲学社会科学版), 2014 (6).

[176] 王立等. 世界城市跨国空间形成发展过程比较——基于柏林和广州的实证 [J]. 城市规划, 2018 (4).

[177] 王芹等. 马克思生产理论的批判性何以可能? ——马尔库什对马克思生产理论及思想发展阶段的理解 [J]. 山东社会科学, 2015 (9).

[178] 王青等. 中国城市群经济发展水平不平衡的定量测度 [J]. 数量经济技术经济研究, 2018 (11).

[179] 王生鹏等. 对中国十大城市群综合发展水平的灰色综合评价与非

均衡差异研究［J］.西北民族大学学报（哲学社会科学版），2008（2）.

［180］王伟光.深化对建设社会主义政治文明的认识［N］.中共中央党校学报，2003（2）.

［181］王颖等.中外城市增长边界研究进展［J］.国际城市规划，2014（4）.

［182］王雨辰等.空间批判与国外马克思主义解放政治的逻辑［J］.哲学研究，2016（11）.

［183］王苑等.空间生产视角下城郊奥特莱斯的演化和异化［J］.现代城市研究，2019（12）.

［184］王忠武.中国发展模式的价值理性基础与价值目标追求［J］.东南学术，2016（5）.

［185］卫兴华等.2018年理论经济学若干热点问题研究及讨论综述［J］.经济纵横，2019（1）.

［186］魏成等.全球化与制度转型脉络下中国区域空间生产逻辑及其研判［J］.经济地理，2009（3）.

［187］魏开等.城市空间生产批判——新马克思主义空间研究范式述评［J］.城市问题，2009（4）.

［188］魏丽华.我国三大城市群内部经济联系对比研究［J］.经济纵横，2018（1）.

［189］温权.发达资本主义社会的集体消费危机与国家干预限度——曼纽尔·卡斯特的马克思主义城市政治经济学批判［J］.国外理论动态，2018（10）.

［190］温权.资本主义城市化格局下西方社会正义理念的空间限度——从大卫·哈维空间政治哲学批判的中观视角谈起［J］.社会科学研究，2017（1）.

［191］无为等.1999—2000年中国经济史研究述评［J］.中国经济史研究，2001（2）.

［192］吴红涛.大卫·哈维空间理论研究的逻辑架构及方法取径［J］.河南师范大学学报（哲学社会科学版），2014（6）.

［193］吴宁.列斐伏尔的城市空间社会学理论及其中国意义［J］.社会，2008（2）.

［194］吴廷烨等.城乡结合部流动人口聚居区的空间生产——以广州市

瑞宝村为例 [J].人文地理，2013 (6).

[195] 吴重庆等.小农与乡村振兴——现代农业产业分工体系中小农户的结构性困境与出路 [J].南京农业大学学报（社会科学版），2019 (1).

[196] 武廷海.建立新型城乡关系　走新型城镇化道路——新马克思主义视野中的中国城镇化 [J].城市规划，2013 (11).

[197] 奚建武.改革开放40年来的社会主义市场经济：历程、经验与探索 [J].当代世界与社会主义，2018 (3).

[198] 习近平.齐心开创共建"一带一路"美好未来 [N].人民日报，2019 (3).

[199] 习近平.在庆祝改革开放40周年大会上的讲话 [N].人民日报，2018 (2).

[200] 习近平.在省部级主要领导干部学习贯彻党的十八届五中全会精神专题研讨班上的讲话 [N].人民日报，2016 (2).

[201] 谢福泉等.城镇化与房地产市场供需：基于中国数据的检验 [J].上海经济研究，2013 (8).

[202] 谢富胜等.资本积累驱动下不同尺度地理空间的不平衡发展——史密斯马克思主义空间理论探讨 [N].地理学报，2018 (8).

[203] 辛向阳.当代中国伟大社会变革的性质 [J].理论探讨，2019 (1).

[204] 熊小果等."历史—地理唯物主义"的失真——大卫·哈维实证主义地理学视域下空间理论的局限 [J].上海交通大学学报（哲学社会科学版），2016 (3).

[205] 徐步华.马克思社会运动理论范式的基本特征及其当代解释力 [J].马克思主义与现实，2018 (1).

[206] 徐姣姣等.城市基础设施建设与房地产价格变动的相关性研究——基于35个大中城市面板数据分析 [J].价格理论与实践，2017 (4).

[207] 徐则荣等.新时代马克思主义政治经济学：基本前提与发展理念 [J].上海经济研究，2018 (5).

[208] 许维新.苏联的经济战略与生产力布局 [J].外国问题研究，1982 (2).

[209] 薛安伟.复苏向好的世界经济：新格局、新风险、新动力——2018年世界经济分析报告 [J].世界经济研究，2018 (1).

[210] 薛德升等.管制之外的"管制"：城中村非正规部门的空间集聚与

生存状态——以广州市下渡村为例 [J]. 地理研究, 2008 (6).

[211] 薛稷. 空间批判与正义发掘——大卫·哈维空间正义思想的生成逻辑 [J]. 马克思主义与现实, 2018 (4).

[212] 杨晨等. 区域专利政策协同及其实证研究 [J]. 科技管理研究, 2017 (10).

[213] 杨根乔. 论习近平以人民为中心的新发展理念 [J]. 当代世界与社会主义, 2019 (2).

[214] 杨建刚. 阿尔都塞学派的兴起与西方马克思主义文论的变革 [J]. 山东社会科学, 2018 (1).

[215] 杨静等. 马克思恩格斯民生思想及其在当代中国的运用发展 [J]. 马克思主义研究, 2019 (2).

[216] 杨璐璐. 我国城镇化建设、土地政策关联度及其实态因应 [J]. 经济管理, 2013 (3).

[217] 姚德文等. 产业专业化对城镇化的影响——基于长三角地区 1986 ~ 2012 年的面板数据分析 [N]. 山西财经大学学报, 2016 (2).

[218] 姚国跃等. 中国与印度土地制度及其效能比较研究 [J]. 世界地理研究, 2015 (2).

[219] 姚士谋等. 中国新型城镇化理论与实践问题 [J]. 地理科学, 2014 (6).

[220] 叶超等. "空间的生产"理论、研究进展及其对中国城市研究的启示 [J]. 经济地理, 2011 (3).

[221] 叶超. 空间正义与新型城镇化研究的方法论 [J]. 地理研究, 2019 (1).

[222] 叶超. 马克思主义与城市问题结合研究的典范——大卫·哈维的"资本的城市化"述评 [J]. 国际城市规划, 2013 (4).

[223] 叶丹等. 日常生活实践视角下的非正规空间生产研究——以宁波市孔浦街区为例 [J]. 人文地理, 2015 (5).

[224] 叶子荣等. "国家治理论": 中国特色社会主义财政本质的科学阐释 [J]. 财政研究, 2017 (1).

[225] 殷会良等. 规划体制改革背景下的城市开发边界划定研究 [J]. 城市规划, 2017 (3).

[226] 殷洁等. 国家级新区的空间生产与治理尺度建构 [J]. 人文地理,

2018（3）.

[227] 殷洁等. 资本、权力与空间："空间的生产"解析［J］. 人文地理，2012（2）.

[228] 尹才祥. 城市治理的空间正义之维探究——基于"历史地理唯物主义"视角［J］. 福建论坛（人文社会科学版），2017（1）.

[229] 于飞等. 城市互联网在中国发展的典型模式：智慧型特色小镇iTown 的内涵及智慧架构标准［J］. 城市发展研究，2018（11）.

[230] 于立. 中国生态城镇发展现状问题的批判性分析［J］. 国际城市规划，2012（3）.

[231] 余构雄. 都市水上夜游游船的空间生产——以珠江夜游游船为例［J］. 兰州学刊，2019（6）.

[232] 元晋秋."资本论"与中国化马克思主义政治经济学的生成逻辑［J］. 学术论坛，2016，39（10）.

[233] 曾鹏等. 城市空间生产关系的集聚——扩散效应：时空修复与空间正义［J］. 社会科学，2018（5）.

[234] 曾鹏等. 中国十大城市群空间结构特征比较研究［J］. 经济地理，2011（4）.

[235] 曾鹏等. 中国"时空修复"语境下城市群空间生产转型研究［J］. 社会科学，2017（2）.

[236] 曾鹏. 中国十大城市群综合发展水平：因素分析与综合集成评估［J］. 中国人口·资源与环境，2008（1）.

[237] 张发余. 新经济地理学的研究内容及其评价［J］. 经济学动态，2000（11）.

[238] 张贡生. 我国区域协调发展战略的演进逻辑［J］. 经济问题，2018（3）.

[239] 张洪昌等. 城市旅游社区的空间生产及治理路向［J］. 学习与实践，2019（1）.

[240] 张鸿雁."大上海国际化都市圈"的整合与建构——中国长三角城市群差序化格局创新研究［J］. 社会科学，2007（5）.

[241] 张佳. 大卫·哈维的空间批判理论论析［J］. 江汉论坛，2012（2）.

[242] 张佳. 大卫·哈维的空间正义思想探析［J］. 北京大学学报（哲学社会科学版），2015（1）.

[243] 张嘉欣等.空间生产视角下广州里仁洞"淘宝村"的空间变迁[J].经济地理,2016(1).

[244] 张京祥等.地域大事件营销效应的城市增长机器分析——以南京奥体新城为例[J].经济地理,2007(3).

[245] 张京祥等.基于区域空间生产视角的区域合作治理——以江阴经济开发区靖江园区为例[J].人文地理,2011(1).

[246] 张京祥等.解读城市近现代风貌型消费空间的塑造——基于空间生产理论的分析视角[J].国际城市规划,2009(1).

[247] 张京祥等.空间生产视角下的城中村物质空间与社会变迁——南京市江东村的实证研究[J].人文地理,2014(2).

[248] 张京祥等.全球化时代的城市大事件营销效应:基于空间生产视角[J].人文地理,2013(5).

[249] 张娟.宜居环境建设的省域规划探索——以福建省为例[J].城市规划学刊,2016(4).

[250] 张芦华.中国城市化进程中政府由物到人的发展理念转变——以昆明为例[J].改革与战略,2013(4).

[251] 张敏等.南京大学文化地理学研究进展[J].地理科学,2013(1).

[252] 张楠.苏联生产力理论的历史回顾[J].俄罗斯中亚东欧研究,2007(6).

[253] 张瑞.中国特色城镇化的发展方向和路径[J].当代世界与社会主义,2016(5).

[254] 张万清等.苏联的生产力布局和区域规划[J].计划经济研究,1990(2).

[255] 张文忠.新经济地理学的研究视角探析[J].地理科学进展,2003(1).

[256] 张晓山.巩固脱贫攻坚成果应关注的重点[J].经济纵横,2018(10).

[257] 张笑夷.列菲伏尔的"空间"概念[J].山东社会科学,2018(9).

[258] 张笑夷.论都市社会的可能性——列斐伏尔都市理论初解[J].马克思主义与现实,2017(2).

[259] 张馨.住宅问题:历史唯物主义的空间切片[N].北京行政学院

学报，2017（1）.

[260] 张学良. 中国区域经济转变与城市群经济发展 [J]. 学术月刊，2013（7）.

[261] 张应祥等. 资本主义城市社会的政治经济学分析——新马克思主义城市理论述评 [J]. 国外社会科学，2009（1）.

[262] 张应祥等. 资本主义与城市社会变迁——新马克思主义城市理论视角 [J]. 城市发展研究，2006（1）.

[263] 张应祥. 住房商品化与社区空间生产 [J]. 广东社会科学，2011（3）.

[264] 张幼文. 政策引致性扭曲的评估与消除——中国开放型经济体制改革的深化 [J]. 学术月刊，2008（1）.

[265] 章征涛等. 从新城市主义到形态控制准则——美国城市地块形态控制理念与工具发展及启示 [J]. 国际城市规划，2018（4）.

[266] 赵海月等. 列斐伏尔“空间三元辩证法”的辨识与建构 [N]. 吉林大学社会科学学报，2012（2）.

[267] 赵晋. 新中国初期私营工商业的变革与生存——以刘鸿生家族上海章华毛纺公司为例 [J]. 中共党史研究，2014（11）.

[268] 赵祥. 滞后还是失衡——我国城市化面临的主要问题与思考 [J]. 江淮论坛，2014（5）.

[269] 赵兴胜. 近代以来华北乡村研究中的惯性表述及困境——以济南冷水沟村为例 [J]. 历史研究，2015（2）.

[270] 赵永平. 中国城镇化演进轨迹、现实困境与转型方向 [J]. 经济问题探索，2016（5）.

[271] 郑丽莹. 国外“新马克思主义城市理论”研究评述：总体评介、分析视角与核心主题 [J]. 福建师范大学学报（哲学社会科学版），2018（5）.

[272] 郑震. 空间：一个社会学的概念 [J]. 社会学研究，2010（5）.

[273] 郑震. 时空社会学的基本问题——迈向当代中国社会的研究路径 [J]. 人文杂志，2015（7）.

[274] 钟君. 风险社会的历史唯物主义分析 [J]. 马克思主义研究，2014（4）.

[275] 钟瑞添. 论“共产党宣言”与中国共产党的初心 [J]. 马克思主义与现实，2018（3）.

[276] 钟瑛. 20 世纪 90 年代中国经济改革与发展若干理论研讨综述 [J]. 当代中国史研究，2015（5）.

[277] 钟章奇等. 创新扩散与全球产业结构优化——基于 Agent 模拟的研究 [J]. 科学学研究，2017（4）.

[278] 周荣坤. 展望八十年代的苏联经济 [J]. 现代国际关系，1983（5）.

[279] 周韬. 空间生产视角下的城市群分工机理探析 [J]. 技术经济与管理研究，2018（6）.

[280] 周韬. 空间异质性、城市群分工与区域经济一体化——来自长三角城市群的证据 [J]. 城市发展研究，2017（9）.

[281] 朱富强. 新自由主义的十大考辨自由的本质内涵和特性 [J]. 经济社会体制比较，2017（6）.

[282] 朱华友等. 去地方化、三角制造网络与地区产业升级 [J]. 经济地理，2015（11）.

[283] 朱健刚等. 影像与城市边缘群体社会空间的生产——从视觉人类学的视角看城市社区中的参与式影像实践 [J]. 民族艺术，2018（3）.

[284] 朱鹏华等. 中国特色社会主义政治经济学研究对象探析 [J]. 马克思主义与现实，2019（1）.

[285] 朱英明等. 资源短缺、环境损害及其产业集聚效果研究——基于 21 世纪我国省级工业集聚的实证分析 [J]. 管理世界，2012（11）.

[286] 朱宇. 中国乡治发展"三步走"的战略构想 [J]. 学习与探索，2005（4）.

[287] 诸武毅等. 深圳 OCT‐LOFT 华侨城创意产业园的空间生产 [J]. 华南师范大学学报（自然科学版），2013（5）.

[288] 庄友刚. 何谓空间生产？——关于空间生产问题的历史唯物主义分析 [J]. 南京社会科学，2012（5）.

[289] 庄友刚. 空间生产的当代发展与资本的生态逻辑 [J]. 马克思主义与现实，2014（3）.

[290] 庄友刚. 空间生产与资本逻辑 [J]. 学习与探索，2010（1）.

[291] 庄友刚. 西方空间生产理论研究的逻辑、问题与趋势 [J]. 马克思主义与现实，2011（6）.

[292] 宗晓莲. 旅游地空间商品化的形式与影响研究——以云南省丽江古城为例 [J]. 旅游学刊，2005（4）.

［293］邹升平等. 社会主义公有制与共享发展的逻辑共性及实践途径［J］. 思想理论教育，2018（7）.

［294］邹诗鹏. 空间转向的生存论阐释［J］. 哲学动态，2012（4）.

［295］邹战勇等. 中国经济周期特征分析［J］. 统计与决策，2018（17）.

［296］David Harvey. Social Justice and the City［M］. Athens：University of Georgia Press，2010：307.

［297］David Harvey. Social Justice and the City［M］. London：Edward Arnold，1973：10 – 11.

［298］David Harvey. Social Justice, Postmodernism and the City［J］. International Journal of Urban and Regional Research，1992（16）：588.

［299］David Harvey. Space of Hope［M］. Edinburgh：Edinburgh University Press，2000：133 – 157.

［300］David Harvey. Spaces of Capital：Towards a Critical［M］. Geograp Edinburgh：Edinburgh University Press，2001：237.

［301］David Harvey. The Limits to Capital［M］. New York：Verso，2006：415.

［302］David Harvey. The Urbanization of Capital［M］. Oxford：Basil Blaclcwell Ltd，1985：15 – 16.

后　　记

治学有如攀峰，登高才能望远。毫无疑问，中国社会科学院博士学位，于我而言是一座高耸入云的高山。人言山峰之美，在于凌绝顶而望众山之小，但对我来说，登山之美在于路途风景之盛，在中国社会科学院三年紧张而又艰苦的博士学习，实在是难以忘怀的历程。

首先，我要感谢带领我勇攀高峰的领路人，我的博士生导师——中国著名经济学家、中国社会科学院学部委员程恩富教授。程老师不仅教给我广博深邃的经济学知识，把我领入了马克思主义政治经济学研究的前沿，而且程老师渊博的学识、严谨的治学作风、兢兢业业的工作态度深深地影响着我，让我终生受益。在博士论文的写作过程中，我始终得到程老师的悉心指导，从论文的选题、开题、撰写、修改到定稿的全过程，每一步都浸透着程老师的心血，书中很多创新观点，甚至研究资料都直接来源于程老师，是程老师带着我一路爬坡过坎，翻山越岭，美景尽收眼底的同时，又让我登上了新的高度，在此，我要对程老师这三年来的心血表示由衷的感激。

其次，我要对广西民族大学的党委书记卞成林教授表示衷心的感谢。劲鸟须宿林，游鱼终入渊，作为我工作单位的领导，卞书记为我的学习提供了非常大的帮助，使我实现了人生的转型，开始了新的学术生涯。在我攻读博士学位的时间里，卞书记更是为我创造了大量的机会，才使得我在繁忙的行政管理和教学科研工作中能够有时间静下心来完成我的博士论文。在此，我要对卞书记无微不至的关怀表示深深的感谢。

再次，要感谢在我不断翻越一座又一座学术高峰，在每一次超越和提升中，那些引领我、帮助我、关怀我的人。我要对一直以来悉心指导我研究和学习的、中国著名经济学家、山东大学经济研究院院长、教育部长江学者、我的博士后合作导师黄少安教授，哈尔滨工业大学经济与管理学院前院长、我的博士生导师于渤教授和广西师范大学经济管理学院前院长蒋团标教授表示深深的

224

敬意和感激。从我进入本科阶段学习至今的十九年里，是黄老师、于老师和蒋老师不顾公务繁忙，时常给予我点拨，一点一滴地教导我做人、做事、做学问。三位老师的治学态度和对晚辈的慷慨帮助，着实让我感动，我对三位老师的帮助和指点表示诚挚的敬意和感激。

我还要感谢中国社会科学院的胡乐明教授、王振中教授、李成勋教授、侯为民研究员在论文开题时所提出的有益建议，以及广西民族大学的刘金林教授、陈铭彬研究员、胡良人副教授、黄焕汉副教授和胡玉平副教授，是他们在我最艰难的时候给予我的帮助和支持，我才能顺利完成中国社会科学院研究生院的学习。感谢所有关心和支持我的朋友们！

最后，我要对我的家人在这三年读书期间给予我的大力支持和帮助表示深深的感谢，是他们和我一起默默地承担着读书期间的辛酸与艰苦。

学术之峰本无至顶，登峰之志永不止休。路漫漫其修远兮，吾将上下而求索！

曾　鹏

2021 年 8 月